船舶电力系统
（第2版）

主　编　燕居怀　谭银朝
副主编　臧爱清　李建伟
　　　　王　磊　龚成林
参　编　巩方超　刘　璐
　　　　邢博闻　杨淑娟
　　　　李玉山　赵锦涛
主　审　孙　志　宋伟伟

北京理工大学出版社
BEIJING INSTITUTE OF TECHNOLOGY PRESS

内容提要

本书主要介绍船舶电力系统概述、船舶电源、船舶配电装置、船舶同步发电机并联运行及功率转移操作、船舶电网、船舶照明负载、船舶电力系统继电保护、船舶电站运行自动化、综合全电力推进技术、船舶安全用电和安全管理、负荷计算和船舶电站容量的确定、船舶电网短路计算方法。

本书内容涵盖船舶电站方面的学历教育和船员培训考证，力求深入浅出，具有一定的理论系统性和可操作性。通过学习，学习者可以为船舶电站设计、运行管理和维护维修打下基础。

本书可作为高等学校船舶电子电气技术、船舶工程技术、轮机工程技术等相关专业的教材或参考书，也可供船厂、从事船舶电系统设计的工程技术人员以及从事船舶运输的船员参考。

版权专有　侵权必究

图书在版编目（CIP）数据

船舶电力系统 / 燕居怀，谭银朝主编.--2版.--北京：北京理工大学出版社，2024.3
ISBN 978-7-5763-3033-5

Ⅰ.①船… Ⅱ.①燕… ②谭… Ⅲ.①船舶－电力系统 Ⅳ.①U665

中国国家版本馆CIP数据核字（2023）第205857号

责任编辑：阎少华	文案编辑：阎少华
责任校对：周瑞红	责任印制：王美丽

出版发行 / 北京理工大学出版社有限责任公司
社　　址 / 北京市丰台区四合庄路6号
邮　　编 / 100070
电　　话 / (010) 68914026（教材售后服务热线）
　　　　　 (010) 68944437（课件资源服务热线）
网　　址 / http://www.bitpress.com.cn
版 印 次 / 2024年3月第2版第1次印刷
印　　刷 / 河北鑫彩博图印刷有限公司
开　　本 / 787 mm×1092 mm　1/16
印　　张 / 14.5
字　　数 / 379千字
定　　价 / 72.00元

图书出现印装质量问题，请拨打售后服务热线，负责调换

前言 Preface

党的二十大报告提出："发展海洋经济，保护海洋生态环境，加快建设海洋强国。"我们要加快航海和海洋科技创新步伐，推动航海和海洋事业高质量发展，加快建设成海洋强国、航运强国、造船强国。船舶电力系统的设计与管理是船舶电子电气技术专业学生和相关行业专业技术人员需要掌握的一项基础性技能。本书编者遵循职业教育改革的要求，结合行业的实际需求，根据近年来船舶电气设计与教学实践的总结，编写了本书。本书力求反映我国及世界船舶电力系统设计的最新技术和成果，是高职类船舶电子电气技术、轮机工程技术、船舶工程技术等专业的教学用书，也可以作为船舶电气工程的设计、制造、安装、修理、检验等科技人员的参考用书。

本书由威海海洋职业学院燕居怀、谭银朝担任主编，由大连航运职业技术学院臧爱清、青岛港湾职业技术学校李建伟、威海职业学院王磊和武汉交通职业学院龚成林担任副主编，威海海洋职业学院巩方超和刘璐、上海海洋大学邢博闻、山东交通职业学院杨淑娟、招商局金陵船舶（威海）有限公司李玉山、黄海造船有限公司赵锦涛担任参编。威海海洋职业学院孙志、宋伟伟担任主审。本书共分为12个项目，项目1由燕居怀、巩方超和李玉山编写，项目2由臧爱清、李建伟和王磊编写，项目3由王磊、龚成林和李建伟编写，项目4由谭银朝、邢博闻和巩方超编写，项目5由刘璐、刘玉山和燕居怀编写，项目6由邢博闻、赵锦涛和龚成林编写，项目7由燕居怀、赵锦涛和臧爱清编写，项目8由谭银朝、邢博闻和龚成林编写，项目9由杨淑娟、刘璐和李建伟编写，项目10由王磊、谭银朝、杨淑娟编写，项目11由燕居怀、巩方超和龚成林编写，项目12由杨淑娟、刘璐和臧爱清编写。

项目1是对船舶电力系统的总体概述，从中可以了解船舶电力系统的组成、特点及相关参数；项目2～项目6分别对船舶电力系统中的船舶电源、船舶配电装置、船舶同步发电机并联运行与功率转移操作、船舶电网、船舶照明负载做了详细介绍；项目7着重讲解了船舶电力系统的保护，把常用保护电器的工作原理及其在船舶电力系统中的具体应用做了介绍；项目8主要介绍了船舶电站自动化的实现；项目9详细介绍了现代船舶电力运用的重要方向——船舶综合全电力推进技术，从中可以了解到将电力和推进两大系统从统筹全船能源的高度实现全面融合的新型船舶电力系统；项目10介绍了船舶用电安全与安全管理的内容；项目11和项目12讲解了船舶电力系统设计中用到的相关计算，包括负荷计算和船舶电站容量的确定、船舶电网短路计算方法。每个项目后均有对应的练习题。

在编写过程中，刘胜教授、兰海教授和刘国平教授等对书稿提出了很有价值的改进意见，在此深表感谢。本书在编写及完善的过程中，参考及引用了国内外关于船舶电站方面的论文，在此一并致以诚挚的谢意。由于编者水平有限，书中难免存在不妥之处，恳请批评指正。

编 者

目录

项目1 船舶电力系统概述 ·················· 1

任务1.1 船舶电力系统的组成和类型的认知 ·················· 2
1.1.1 船舶电力系统的组成 ·················· 2
1.1.2 船舶电力系统的类型 ·················· 3

任务1.2 船舶电力系统特点及基本要求的认知 ·················· 7
1.2.1 船舶电力系统特点 ·················· 7
1.2.2 船舶电力系统的基本要求 ·················· 8

任务1.3 船舶电力系统的主要电气参数认知 ·················· 8
1.3.1 电流种类 ·················· 8
1.3.2 额定电压 ·················· 9
1.3.3 额定频率 ·················· 11

项目2 船舶电源 ·················· 14

任务2.1 船舶主电源认知 ·················· 15
2.1.1 主电源发电机组的类别与选型 ·················· 16
2.1.2 船舶同步发电机的起压与励磁 ·················· 18
2.1.3 主发电机组的安装与试验 ·················· 22

任务2.2 船舶应急电源认知 ·················· 23
2.2.1 应急电源的要求及特点 ·················· 23
2.2.2 船舶蓄电池 ·················· 23

任务2.3 轴带发电机的认知 ·················· 26
2.3.1 轴带发电机系统的特点、分类和功率输出特性 ·················· 26

2.3.2 轴带发电机系统的组成及工作原理 28
  2.3.3 轴带发电机的运行操作程序及操作注意事项 29
  2.3.4 轴带发电机的几种主要工作模式 29

项目3 船舶配电装置 33

任务3.1 船舶配电装置认知 34
  3.1.1 配电装置的功能 34
  3.1.2 配电装置的分类 34
  3.1.3 配电装置的注意事项 35

任务3.2 主配电板认知 35
  3.2.1 主配电板原理图 36
  3.2.2 主配电板上配备的电器和仪表 37
  3.2.3 主配电板的面板布置和安装要求 38

任务3.3 应急配电板和其他配电板 39
  3.3.1 应急配电板 39
  3.3.2 充放电配电板 42
  3.3.3 岸电箱及其他配电装置 45

项目4 船舶同步发电机并联运行与功率转移操作 49

任务4.1 同步发电机并联运行条件认知 50
  4.1.1 同步发电机的理想并车条件 50
  4.1.2 同步发电机的实际并车条件 50

任务4.2 同步发电机并车操作 53
  4.2.1 手动准同步并车 53
  4.2.2 同步指示灯法 55
  4.2.3 电抗同步并车法 57

任务4.3 并联运行发电机间无功功率的分配 58
  4.3.1 同步发电机的自励恒压概述 59
  4.3.2 不可控相复励自励恒压装置 61
  4.3.3 可控硅自励恒压装置 64
  4.3.4 可控相复励自励恒压装置 67
  4.3.5 无刷同步发电机自励恒压装置 68

	4.3.6	并联运行发电机组间无功负荷的自动分配基本原理	69
	4.3.7	并联运行发电机组间无功负荷的自动分配方法	71

任务4.4 并联运行发电机间有功功率的分配、转移 74

- 4.4.1 电力系统有功功率自动调整基础知识 74
- 4.4.2 调速器及其调速特性 75
- 4.4.3 单机运行时频率的调整 77
- 4.4.4 有功功率的转移分配 77
- 4.4.5 自动调频调载装置的组成和调频调载的方法 78

项目5 船舶电网 88

任务5.1 船舶电网分析 90

- 5.1.1 船舶电网基本类型 90
- 5.1.2 世界船舶电网实例分析 93

任务5.2 船舶用电网及其选择 98

- 5.2.1 船舶供电网络的分类 98
- 5.2.2 电力负荷的分级 100
- 5.2.3 分配电箱设置原则 102
- 5.2.4 提高供电网络的可靠性和生命力 102

任务5.3 船舶电缆认知及选型 104

- 5.3.1 船舶电缆的构造和性能 104
- 5.3.2 船用电缆的分类及常用型号 104
- 5.3.3 船舶电缆牌号的选择 105
- 5.3.4 船用电缆的性能要求 105

项目6 船舶照明负载 108

任务6.1 船舶照明系统管理 109

- 6.1.1 船舶照明系统分类 109
- 6.1.2 船舶照明系统特点及要求 109
- 6.1.3 航行灯信号灯系统 110

任务6.2 船舶常用灯具的选型与控制线路的维保 111

- 6.2.1 船舶常用灯具的基本类型 111
- 6.2.2 船舶照明属具 112

6.2.3 油船及特殊船舶的附加要求 ········ 112
　　6.2.4 电光源 ········ 113
　　6.2.5 船舶照明系统的维护保养 ········ 115
　　6.2.6 船舶照明系统的常见故障检查 ········ 115

项目7　船舶电力系统继电保护 ········ 119

任务7.1　船舶电力系统继电保护认知 ········ 120
　　7.1.1 继电保护装置及其作用 ········ 120
　　7.1.2 保护配置原则 ········ 121

任务7.2　船舶电力系统的常用电器认知 ········ 123
　　7.2.1 自动空气断路器 ········ 123
　　7.2.2 配电装置中的其他开关电器 ········ 127
　　7.2.3 互感器 ········ 128
　　7.2.4 选择电器和载流导体的一般条件 ········ 129

任务7.3　船舶电力系统保护分类 ········ 131
　　7.3.1 发电机保护 ········ 132
　　7.3.2 变压器保护 ········ 134
　　7.3.3 电网保护 ········ 135
　　7.3.4 保护配合与协调 ········ 138
　　7.3.5 断路器选型 ········ 139

项目8　船舶电站运行自动化 ········ 143

任务8.1　船舶电站自动化系统操作 ········ 144
　　8.1.1 船舶电站自动化系统要求 ········ 144
　　8.1.2 船舶电站自动化系统的自动化操作 ········ 144
　　8.1.3 某轮船电站的自动控制系统的操纵程序 ········ 145

任务8.2　船舶电站、柴油发电机组启动与停止 ········ 146
　　8.2.1 船舶柴油发电机启动事项 ········ 146
　　8.2.2 柴油发电机组的自动启、停功能及程序 ········ 148

任务8.3　自动电站的总体控制系统及其功能 ········ 150
　　8.3.1 总体系统方框图 ········ 150
　　8.3.2 功能分析 ········ 150

项目9　综合全电力推进技术 ... 156

任务9.1　电力推进技术认知 ... 157
9.1.1　电力推进装置的优点 ... 157
9.1.2　传统电力推进装置 ... 159
9.1.3　综合电力推进的概念 ... 160
9.1.4　综合电力推进技术的特点与优势 ... 161
9.1.5　船舶综合电力系统的关键技术 ... 162

任务9.2　推进电机的种类、特点 ... 164
9.2.1　推进电机的性能特点 ... 164
9.2.2　推进电机的结构特点 ... 165

任务9.3　综合电力推进系统典型实例 ... 167
9.3.1　美国的综合电力系统（IPS） ... 167
9.3.2　英国的综合全电力推进系统（IFEP） ... 170

项目10　船舶安全用电和安全管理 ... 175

任务10.1　船舶安全用电常识 ... 176
10.1.1　触电伤害的种类与触电方式 ... 176
10.1.2　人体触电电流及安全电压 ... 177
10.1.3　触电的原因与预防触电的措施 ... 177
10.1.4　安全用电规则 ... 177
10.1.5　触电急救 ... 178

任务10.2　船舶电气设备的安全管理 ... 178
10.2.1　船舶电气火灾的预防 ... 178
10.2.2　船舶电气设备的船用条件及船检规定 ... 179
10.2.3　船舶电缆安全使用与维护 ... 181
10.2.4　船舶电气设备的接地的意义和要求 ... 182
10.2.5　船舶电气设备绝缘 ... 184

任务10.3　油船电气设备的安全管理 ... 187
10.3.1　油船的舱室区域划分与电气装置要求 ... 187
10.3.2　油船静电起火的预防 ... 187
10.3.3　油船电气设备的管理要求 ... 188

项目11 负荷计算和船舶电站容量的确定 ··· 192

任务11.1 船舶用电设备和运行工况 ··· 194
11.1.1 船舶用电设备和安全用电的原则 ··· 194
11.1.2 船舶用电设备的分类 ··· 195
11.1.3 船舶运行工况 ··· 196

任务11.2 负荷的计算 ··· 197
11.2.1 三类负荷法 ··· 197
11.2.2 需要系数法 ··· 201
11.2.3 电站容量确定的原则 ··· 203

项目12 船舶电网短路计算方法 ··· 205

任务12.1 船舶电力系统短路计算 ··· 208
12.1.1 短路电流计算基础知识 ··· 208
12.1.2 短路点选择 ··· 210
12.1.3 船舶电力系统短路电流常用算法 ··· 210

附　录 ··· 220

参考文献 ··· 221

项目 1 船舶电力系统概述

》项目导入

某船舶正常航行，此时投入运行，一个功率较大的负载，舱室的白炽灯忽然暗了一下，随即恢复了正常亮度。为什么会出现这种现象？这和船舶电力系统的什么特点有关呢？通过扫描二维码观看"船舶电力系统的组成""船舶电力系统的特征"课程视频了解船舶电力系统的组成和特点，了解船舶电力系统各部分的分布。

》项目分析

现代船舶上都装备有一个供给电能的独立系统，这就是船舶电力系统。随着船舶日趋大型化和自动化，船舶电力系统的容量日益增大，复杂性日益提高。本项目的任务是简明扼要地介绍船舶电力系统的基本组成、特点和要求，使读者对船舶电力系统有一个整体的了解。

》学习目标

知识目标

1. 了解船舶电力系统的组成及类型。
2. 了解船舶电力系统的特点及基础要求。
3. 了解船舶电力系统参数。

能力目标

1. 能够进行船舶电力系统组成部分和类型的分析。
2. 能够进行船舶电力系统特点及基本要求的分析。
3. 根据船舶电力参数的不同，掌握船舶的分类。

素质目标

1. 通过掌握船舶电力系统总体构成及初步设计准备,锻炼学生的统筹思维。
2. 通过对船舶电力系统整体的统筹规划合作的工作特点讲解,激励学生踔厉奋发、勇毅前行。
3. 通过对陆上和船上船舶电力系统特点的比较,说明同一设备在不同的环境中应用要求的不同,融入创新精神的内涵。
4. 通过掌握船舶电力系统特点并将其运用于电力系统的初步设计,锻炼学生的独立思考能力。

任务1.1 船舶电力系统的组成和类型的认知

1.1.1 船舶电力系统的组成

船舶电力系统包括以下四个组成部分:

(1)发电部分,又称为电源装置。船上常用的电源装置是发电机组和蓄电池。发电机由原动机拖动,原动机的类型可分为蒸汽机、汽轮机和燃气轮机等。

船舶电力系统的组成

(2)配电部分,又称为配电装置。它的作用是对电源进行分配、切换、保护、监视、控制。船舶配电装置可以分为主配电板、应急配电板、动力分配电箱、照明分配电箱和蓄电池充放电配电板等。

(3)输电部分,又称为电网。它是全船输电电缆和电线的总称。其作用是将电能传送给全船所有用电设备(负载)。船舶电网通常由动力电网、照明电网、应急电网、低压电网、弱电电网等部分构成。

(4)用电部分,又称为负载。船舶负载可分成以下几种类型:

① 各种船舶机械的电力拖动设备。

a. 甲板机械——舵机、锚机、绞缆机、起货机等。

b. 舱室机械——各类油泵、水泵、空压机、冷冻机、通风机、空调设备等。

c. 电力推进机械——推进电动机、螺旋桨等。

d. 工程船舶的生产机械。

② 船舶电气照明。工作场所和生活舱室的各种照明灯具以及航行信号灯具等。

③ 船舶通信和电航设备。

a. 船舶通信设备——无线电收发报机、电话、广播、声光警报器、电车钟、舵角指示器等。

b. 电航设备——电罗经、雷达、无线电测向仪、电子测深仪、电子计程仪等。

④ 其他用电设备。如电热器、电风扇、电视机等。

船舶电力系统的组成如图1.1所示。

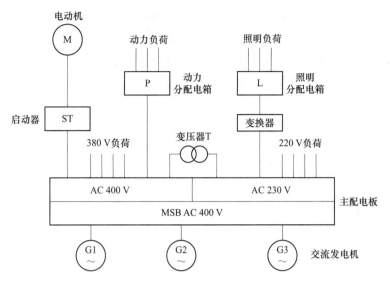

图 1.1　船舶电力系统的组成

1.1.2　船舶电力系统的类型

不同用途、不同吨位的船舶，其电力系统有很大的差异。通常将船舶电力系统的发电机组和主配电板称为电站。船舶电力系统按船舶包含电站的数量、电源种类及其与船舶能源系统的连接形式可以分为以下几种类型。

船舶电力系统的类型及线制

1. 单主电站电力系统

单主电站电力系统除了配备主电站，保证船舶正常运行工况下各种用电设备的供电外，还设置停泊电站或应急电站，用来保证船舶处于低负荷、应急或其他特殊工况下部分电气设备的供电。单主电站电力系统中常设置两台以上的发电机组，以便在检修或一台发电机组发生故障时替换使用。这种形式的系统常用于各种民用船舶和军用辅助舰船。

图 1.2 所示为万吨级货轮单主电站电力系统。电站的容量为 1 000～1 200 kW，发电机的台数为 3～4 台。每台机组通过电缆、自动空气开关和主配电板汇流排(母线)相连接。当两台机组同时供电时，发电机并联运行在共同的汇流排上。这种运行方式不但简化了供电网络，提高了电站备用容量的备用程度，还可以减小由于用电负荷的急剧变化(如启动大电动机时)所引起的电网电压波动。图 1.2 中主配电板汇流排采用分段汇流形式的连接方式，即通过隔离开关把汇流排分为两段或几段。它比单汇流排式的连接方式仅多了一只或几只自动开关，但具有一系列的优点。例如，同时工作的发电机可以单独运行，也可以并联运行；当汇流排的一段发生故障时，断开汇流排的分段开关，就可以通过另一台机组使未发生故障的一段汇流排仍保持正常供电；当某段馈线发生短路故障时，由于分段隔离开关的迅速跳开，切断了另一段汇流排上供给的短路电流，因而馈线上的短路电流就相应地减小。

在单主电站电力系统中，正常情况下是由主发电机供电给主配电板汇流排和应急配电板汇流排。在主发电机发生故障停止供电时，应急发电机可手动或自动启动投入工作，并通过联锁装置将连接主配电板和应急配电板的联络开关断开，既可防止应急发电机向主配电板供电而造成过载，也可避免当主发电机组恢复供电时出现两者同时向应急配电板供电的现象而发生事故。当船舶停靠码头时，还可以利用陆上的电网供电。岸电一般均接到应急配电板上，然后通过联络开关送至主配电板。

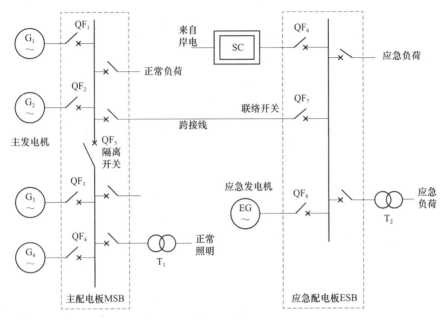

图 1.2　万吨级货轮单主电站电力系统

MSB—主配电板；$G_1 \sim G_4$—主发电机；T_1—照明变压器；SC—岸电箱；
ESB—应急配电板；EG—应急发电机；T_2—应急照明变压器；$QF_1 \sim QF_8$—自动空气开关

2. 多主电站电力系统

多主电站电力系统是指船舶上设有两个以上主电站的电力系统，大型的航空母舰上有时甚至设置 8 个主电站。这些电站分散布置在船舶比较安全的部位，保证电力系统具有较高的供电可靠性和生命力。这种系统通常用于战斗舰艇、核动力船或其他对供电可靠性有较高要求的船舶上。

船舶电力系统可靠性及生命力

图 1.3 所示为某型舰艇的多主电站电力系统。舰上有两个发电站：一个为汽轮机电站（艉电站）；另一个为柴油机电站（艏电站）。每个电站各装有两组发电机组，同一电站发电机可长期并联运行。为了提高供电的可靠性，系统采用跨接线将艏艉两电站的主配电板连接起来。在非战斗状态时，全舰负载轻，跨接线的自动开关（联络开关）接通，这时可只由一个电站向全舰供电。在战斗状态时，跨接线上的开关断开，两电站独立工作，分区供电。对重要的负载，可以由两个电站供电。当一条供电线路断电时，可以在负载处将转换开关接到另一电站的供电线路上去，以提高供电可靠性。

3. 交直流混合电力系统

图 1.4 所示为交直流混合电力系统，主要用于潜艇等特种舰艇。它可以在蓄电池中储存电能，有较高的供电可靠性。根据船舶主要用电设备是交流还是直流，交直流混合电力系统又可分为交流供电系统和直流供电系统。

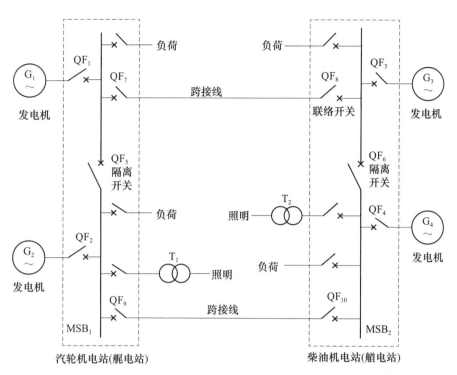

图 1.3 某型舰艇的多主电站电力系统

G_1、G_2—汽轮发电机；$QF_1 \sim QF_4$—发电机主开关；QF_5、QF_6—隔离开关；
G_3、G_4—柴油发电机；T_1、T_2—照明变压器；$QF_7 \sim QF_{10}$—联络开关

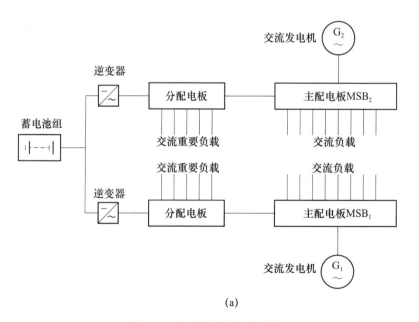

(a)

图 1.4 交直流混合电力系统

(a)交流供电系统

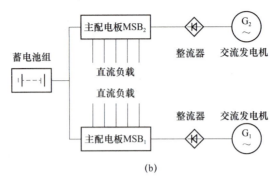

(b)

图 1.4 交直流混合电力系统(续)

(b)直流供电系统

4. 交流电力推进联合电力系统

电力推进的船舶,如破冰船、工程船等常采用推进和供电联合起来的电力系统,这样的电力系统具有更大的经济性和机动性。交流电力推进联合电力系统如图 1.5 所示。

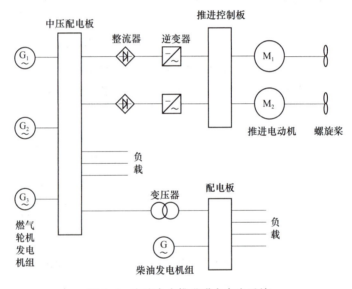

图 1.5 交流电力推进联合电力系统

5. 直流电力推进联合电力系统

直流电力推进联合电力系统是柴电常规潜艇早期应用较多的一种电力系统,它既可由蓄电池组供电,也可由推进发电机供电,如图 1.6 所示。

除了以上几种电力系统外,还有一种利用主机余能发电的电力系统,这是近几年来发展起来的一种节能型电力系统。它除了有通常的柴油发电机组外,还配备有利用主机(汽轮机等热力机)余能发电的轴带发电机或利用主机排出的废气发电的废气涡轮发电机。当主机持续工作时,主要依靠节能发电机组提供全船用电,运行十分经济,应用日趋广泛。新的电力系统形式还在不断涌现,可见船舶电力系统形式和内容十分丰富,始终处在不断更新和发展变化中。

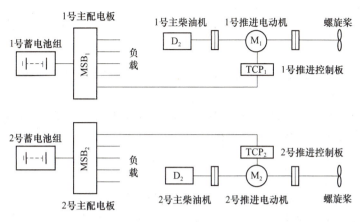

图 1.6 直流电力推进联合电力系统

任务 1.2　船舶电力系统特点及基本要求的认知

1.2.1　船舶电力系统特点

由于船舶是一个孤立的活动于海洋上的独立体，使船舶电力系统与陆上电力系统相比有很大差异，主要有以下几个方面。

船舶电力系统的特征

1. 船舶电站容量较小

陆上电网容量一般为几百万至几千万千瓦，单机容量大多为数十万千瓦，而船舶发电机单机容量较小，一般不超过 1 000 kW。

由于船舶电站容量较小，某些大负载容量可与单台发电机容量相比，所以当这样的负载启动时将对电网造成很大的冲击（电压、频率跌落均很大），因而对船舶电力系统的稳定性提出了较高的要求。如船用发电机调压器的动态特性与陆上发电机相比具有较高的指标要求，有强行励磁的能力，发电机应能承受较大的过载能力。另外，由于船舶工况变动也较频繁，因此对自动控制装置的可靠性也提出了较高的要求。

2. 船舶电网输电线路短

与陆上数千千米高压输电网络相比，船舶发电机端电压、电网电压、负荷电压是同一个电压等级，所以输配电装置较陆上系统简单。由于船舶容积的限制，电气设备比较集中，电网长度不大并都采用电缆，所以对发电机和电网的保护比陆上系统要简单，一般只设置有发电机过载及外部短路的保护，电网的保护和发电机的保护通常共用一套装置。

3. 船舶电力系统的工作环境恶劣

船舶的环境条件往往比陆地要恶劣得多，环境条件对电气设备的运行性能和工作寿命有很大的影响。

船舶电气设备的工作环境归纳有下列几个主要特点：

(1)航行区域广(特别是远洋船舶),气温变化大,湿度高,空气中常常有盐雾、油雾及霉菌等腐蚀物,甚至还混合有爆炸性气体。此外,船舶还因受风浪的作用而产生大幅度的倾斜和摇摆。

(2)主机及推进系统运行时会产生振动,如舰艇在战斗过程中会受到各种强烈的机械冲击和振动。

(3)船舶舱室容积小,空间狭窄,周围的船体、隔墙和管路都是导电体。

(4)电气设备之间有较大的电磁干扰。

1.2.2 船舶电力系统的基本要求

根据以上的船舶环境条件,对船舶电力系统提出下列几点基本要求:

(1)工作可靠。主要是指电气设备在运行过程中不发生结构和性能上的故障,最大限度地保证不间断供电。

(2)生命力强。主要是指船舶发生舱室破损进水或失火时,电力系统仍能保持不间断工作的能力。

(3)应具有防盐雾、防油雾、防霉菌(通常称"三防")、防水、防燃、防爆等性能和耐冲击、耐振动、耐摇摆的能力。长期横倾不超过15°,长期纵倾不超过10°,周期横摇幅值不超过22.5°。

(4)要求能在-25~+45 ℃的环境空气温度和最大空气相对湿度为95%的条件下正常工作。

(5)保证工作人员的人身安全,防止发生触电事故。

(6)电气设备的外壳结构要便于装拆和维修。

(7)要有防止无线电干扰和电磁干扰的措施。

(8)尽可能提高系统工作效率,减少燃料消耗和确保船舶应有的续航能力。

不同类型的船舶对上述各点要求是不尽相同的,应根据具体情况而有所侧重。某些特殊用途的船舶更有其特殊的要求。

任务1.3 船舶电力系统的主要电气参数认知

船舶电力系统的电气参数主要是指电流种类(电制)、额定电压和额定频率。

1.3.1 电流种类

船舶电源有交流和直流两种电制。与直流电制相比,交流电制具有以下优点:

船舶电力系统的参数

(1)交流电站电源装置采用同步发电机,通常配自励恒压装置,没有整流子,工作可靠;动力负荷选用三相交流异步电动机,也没有整流子,结构简单、工作可靠、维护量小、容量小、多直接启动,启动控制设备简单。

(2)交流电站的动力网络与照明网络之间的联系可通过变压器,没有电的直接联系,只有磁的联系。绝缘阻抗偏低的照明网络基本上不影响动力网络。而直流电站的动力网络直接受到照明网络的影响,使绝缘电阻降低。

(3)与直流电气设备相比交流电气设备质量轻、尺寸小、价格低。

早期的船舶多采用直流电制。交流电制从20世纪30年代开始在军用舰船上应用,后来逐步推广到各种民用船舶。由于交流电制具有显著的优越性,20世纪50年代向交流电制的更替形成了高潮。我国船舶在20世纪60—70年代完成了从直流电制向交流电制的过渡。近年来建造的船舶除少数小型或特种工程船舶仍考虑直流电制外,绝大多数的船舶(包括油轮、客轮、货轮、旅游船、工作船、调查船和军用舰船等)采用交流电制。

船舶电力系统的电流种类仍然会受到船舶能源类型或某些条件的限制,例如,有较高调速性能要求的推进电力系统往往采用直流电制;小渔船、小快艇和只有少量照明负荷的小船上仍采用蓄电池组做电源。

有些船舶只有少量工作机械,功率比较大、拖动自动控制要求比较高,采用直流电更适宜时,可以考虑采用交直流混合电制,以交流电供给机舱辅机及一般甲板机械和照明等用电,而以直流电供给少量工作机械。

1.3.2 额定电压

额定电压是电力系统的重要参数之一。船舶直流和交流配电系统的最高电压,我国船舶设计规范做了相应的规定。表1.1所示为《钢质海船入级与建造规范》关于船舶配电系统最高电压的规定。

表1.1 船舶配电系统最高电压的规定

序号	用途	最高电压/V	
		直流	交流
1	电力推进装置	1 200	15 000
2	固定安装、连接于固定布线、交流设备必须是符合《钢质海船入级与建造规范》的交流高压电气装置特殊要求的电力设备	500	15 000
3	(1)固定安装并连接于固定布线的电力设备、电炊设备和除室内取暖器以外的电热设备; (2)固定安装的电力设备和除室内取暖器以外的电热设备,由于使用上的原因需用软电缆连接者,如可移动的起重机等; (3)以软电缆与插座连接,运行中不需手握持,并以截面面积符合《钢质海船入级与建造规范》要求的连续接地导体可靠接地的可移动设备,如电焊变压器等	500	1 000
4	(1)居住舱室内的照明设备、取暖器; (2)向下列设备供电的插座: ① 具有双重绝缘的设备; ② 符合《钢质海船入级与建造规范》要求的连续接地导体接地的设备	250	250
5	人体特别容易触电的场所,如特别潮湿、狭窄处所中的插座: (1)不用隔离变压器供电; (2)由只供一个用电设备的安全隔离变压器供电,这些插座系统的两根导线均应对地绝缘	50 250	50 250

目前设计制造的船舶电力系统常用的电压等级：50 Hz 电网为 380 V；60 Hz 电网为 400 V。我国船舶规范规定：一般交流电网采用 50 Hz，380 V；固定安装的电气设备采用 380 V 或 220 V；可携带电气设备选用 24 V。

特种船舶(包括电力推进或带有大功率电力传动装置的船舶)或船上的某些专用局部供电系统采用的电压原则上不做限制，但应参照规范的有关规定。例如，有些舰艇的武器系统就使用 28 V 的直流电压。

船舶电气设备使用电源等级应尽量选用标准电压种类。对于 50 Hz 三相对地绝缘系统，电气设备应选用三相额定电压 380 V。某些船舶上所采用直流电网电压的选择应注意电气设备的标准化，尽量选用船舶规范规定的 220 V 额定电压。常规潜艇的直流电力推进系统的电压，除了 220 V 外，还可选用 440 V。

下面讨论船舶电力系统额定电压选择的几个特殊问题。

1. 大型船舶采用中压电力系统

随着船舶电站容量的增大，从 20 世纪 60 年代开始，一些大型船舶采用中压电力系统。其中，有的只有某些特定的大功率负载选用局部中压系统，有的则包括日常用电、大功率负荷在内甚至其电力推进装置均采用中压系统。目前中压系统较多应用在大型工程船舶、钻井平台以及工作性质特殊的大型船舶上。促使船舶采用中压电力系统的主要原因如下：

(1) 船舶消耗的电力日益增长，要求电力系统的容量增大，这引起系统故障的短路电流增大，而目前低压空气断路器的最大分断能力不能满足断流要求，即保护装置的断流容量限制了船舶电力系统容量的增大。采用中压系统可以减少短路电流的绝对值，增大电力系统的极限容量，缓和这个矛盾。

(2) 发电机和负载电动机的单机容量增大，如采用低压，则制造困难，而且不经济。美国造船和轮机工程协会认为，450 V 低压发电机的实际单机容量极限为 2 500 kW，超过这个极限时，则推荐采用 2 300 V(配电电压 2 200 V)。

(3) 配电系统容量增大，采用低压，电缆用铜量大，布线施工困难且不经济。

船舶电力系统是否采用中压，需要综合分析主发电机和大功率负载电动机的容量及电力设备能达到的实际容量水平。根据自动开关今后可能达到的分段能力，有人认为故障电力容量小于 10 MV·A 采用 380~440 V 较为合适；故障电力容量为 10~15 MV·A 应采用 3 300 V 电压系统；故障电力容量为 15~30 MV·A 应采用 6 600 V 电压系统；容量超过 30 MV·A 最好采用 11 000 V 电压系统。

2. 常规潜艇电力系统的直流幅压

常规潜艇以蓄电池组为主要电源。由于蓄电池组在放电和充电过程中电压不是恒定的，因此常规潜艇的直流电网出现一个额定电压值上下波动的变化范围，称为电网的幅压范围。以铅酸蓄电池为例，单个电池的标准电压是 2 V，以 1 h 放电率放电到终了，电压可能下降到 1.65 V，只占标称电压的 82.5%；而在蓄电池充电末尾时，每块电池的电压可上升到 2.7 V 以上，为标称电压的 135%。采用铅酸蓄电池的常规潜艇电压的幅压范围可能达到额定电压的 80%~140%。

3. 发电机额定电压

由于网络上的电压降，通常电力系统的发电机额定电压应比相同电压等级的用电设备

(如电动机)的额定电压高 5%。按照国家标准,受电电压为 380 V 时,发电机额定电压应为 400 V。

4. 生活用电电压

近年来,陆上某些地区电网的生活用电采用对人身相对安全的 100～110 V 电压。一些客船上也开始采用 110 V 电压作为生活用电。这种发展趋势应该引起船舶电力系统设计人员的注意。除了安全之外,110 V 电压的另一个优点是用于照明时有较高的发光效率。

1.3.3 额定频率

船舶交流电力系统现行的额定频率有 50 Hz 和 60 Hz 两种。使用 60 Hz 电制具有较高的同步转速,50 Hz 电制具有较低的电磁损耗,但在实际应用中并不能看出它们有任何显著的差别。因此,究竟应选取何种频率为船舶交流电力系统的标准频率,取决于各国所在地区电力工业的通用额定频率、技术经济发展的影响以及相互间开展贸易交往的需要。表 1.2 所示为世界部分国家船舶和陆用电力系统的额定频率。英、美、日本等国采用 60 Hz 的频率。

表 1.2 世界部分国家船舶和陆用电力系统的额定频率

国家	船舶电力系统频率/Hz	陆上电力系统频率/Hz
中国	50	50
美国	60	60
英国	60	60
日本	60	50(东京电力公司及以北的东部地区各公司) 60(中部电力公司及以西地区各公司)
德国	民船 50,军船 60	50

我国《钢质海船入级与建造规范》对船用电源的频率规定:交流配电系统的标准频率为 50 Hz 或 60 Hz。新设计制造的船舶除出口船舶采用 60 Hz 的频率外,国内船舶电源与陆用电源一律采用 50 Hz 为标准频率。无线导航等弱电设备要求的特殊频率,通常由相应的变频器或变频机组提供。

▶ 项目实施

引导问题 1:了解船舶电力系统的组成,概括船舶电力系统四个组成部分并简述其作用。

_____
_____
_____
_____

引导问题 2:了解主配电板组成、结构、外形、电缆进出口及电气设备相关参数。在表 1.3 中从左至右列出主配电板的组成。

表 1.3 主配电板的组成

序号	名称	包含的主要电气器件
1		
2		
3		
4		
5		
6		
7		

引导问题 3：画出电力系统单线布置图（参考图 1.2）。

引导问题 4：了解船舶电力系统的主要电气参数，结合我国《钢质海船入级与建造规范》谈谈认识，并回答项目导入中的问题。

引导问题 5：写出安全注意事项。

》项目评价

序号	评价项目	自我评价	教师评价
1	学习准备		
2	引导问题填写		
3	规范操作		
4	完成质量		
5	关键操作要领掌握		
6	完成速度		
7	5S 管理、环保节能		
8	参与讨论主动性		
9	沟通协作		
10	展示汇报		

续表

序号	评价项目	自我评价	教师评价

说明：表格中每项10分，满分100分。学生根据任务学习的过程与结果真实、诚信地完成自我评价。教师根据学生学习过程与结果客观、公正地完成对学生的评价。

知识拓展：船舶微电网及其发展

技能操作参考手册：船舶电站实训室安全

》课后习题

1-1 我国建造的非电力推进交流船舶的发电机额定电压为（　　）；动力负载的额定电压为（　　）。

A. 380 V　220 V　　　B. 400 V　220 V　　　C. 400 V　380 V　　　D. 230 V　220 V

1-2 我国建造的非电力推进交流船舶的动力负载额定电压为（　　）；照明电源的额定电压为（　　）。

A. 380 V　220 V　　　B. 400 V　230 V　　　C. 400 V　380 V　　　D. 380 V　230 V

1-3 下列不属于船舶电力系统基本参数的是（　　）。

A. 额定电流　　　　B. 额定电压　　　　C. 额定频率　　　　D. 电制

1-4 船舶电力系统是由（　　）组成。

A. 控制屏、负载屏、分配电盘、应急配电盘

B. 电源设备、调压器、电力网

C. 电源设备、负载

D. 电源设备、配电装置、电力网、负载

1-5 将船舶电网与陆地电网相比，下列说法错误的是（　　）。

A. 船舶电网的频率、电压易波动　　　　B. 船舶电网的容量很小

C. 船舶电网的电流小　　　　D. 我国船舶电网额定频率为50 Hz

1-6 船舶电网的线制，目前应用最为广泛的是（　　）。

A. 三相绝缘系统　　　　B. 中性点接地的三相四线制系统

C. 利用船体做中线的三线系统　　　　D. 中性点不接地的三相四线制系统

1-7 我国建造的民用运输船舶电源频率为（　　）。

A. 50 Hz　　　　B. 60 Hz　　　　C. A 或 B　　　　D. A 和 B

1-8 船舶电力系统参数与陆上一致，好处是（　　）。

A. 便于接用岸电　　　　B. 便于直接采用陆用电器设备

C. 便于管理、控制　　　　D. A 和 B

1-9 船舶电力系统研究的对象是什么？

1-10 船舶电力系统由哪几部分组成？各部分的作用有哪些？

1-11 与陆地电力系统相比，船舶电力系统的特征有哪些？

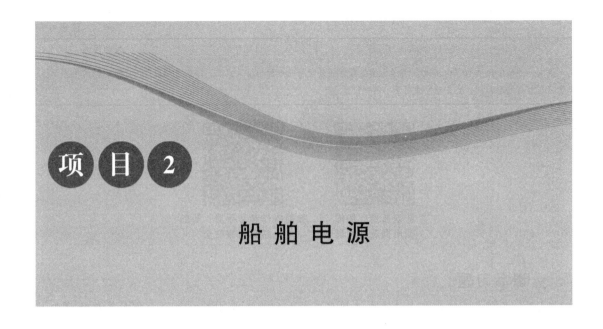

项目 2 船舶电源

▶ 项目导入

众所周知,船舶发电运用较广泛的是柴油发电机组,但是某船舶柴油机带动发电机正常运转,但是发电机发不出电,这是什么原因?船舶发电机能发电需要满足什么样的条件?如果启动应急电源,应急电源的使用及保养知识你学会了吗?

▶ 项目分析

船舶电源是船舶电力系统的心脏,它发出的电能供全船用电设备(负载)使用。由于各种用电设备对供电的要求不完全相同,因此船舶往往需要设置多个不同用途的独立电源。根据它们各自的供电范围和供电时间的不同,船舶电源有主电源和应急电源之分。通过本项目学习及扫描二维码观看"同步发电机的结构与工作原理""小型应急电源——蓄电池"等视频,学习者了解船舶主电源发电机组的类别与选型,起压励磁原理,以及应急电源和主电源之间的逻辑关系,掌握蓄电池的保养技能。

▶ 学习目标

知识目标

1. 掌握船舶发电机和原动机的选型。
2. 船舶同步发电机的起压过程与励磁作用。
3. 熟悉应急电源系统的组成、职能和供电范围,以及与主电源的联锁关系和相应的船检规范。
4. 熟悉船用蓄电池的类型和工作原理。

能力目标

1. 能够分析发电机、原动机的特点。

2. 掌握船舶发电机起压正反馈过程，学会简单故障排除。
3. 学会分析应急系统的故障及简单故障排除、蓄电池的保养。

素质目标
1. 通过分析船舶发电机起压过程的曲线图，锻炼学生的逻辑思维能力。
2. 通过对电磁感应定律的发现及其技术的应用讲解，培养学生的创新意识和科学素养。
3. 通过对四种运行特性的分析，培养学生对科学技术严谨性的认知。
4. 通过对应急电源系统作用的讲解，融入"应急"对人类的重要性，培养学生爱国主义情怀。
5. 通过对应急电源与主电源之间联锁关系的讲解，培养学生的团队意识。

任务 2.1　船舶主电源认知

同步发电机组的恒压装置　　　同步发电机组的恒频装置

用以保证船舶在各种工况——正常航行、进出港、靠离码头、正常作业、停泊以及应急（指海损或失火）情况下用电的电源称为船舶主电源。它通常由若干台发电机组组成。这些机组根据其用途的不同，分别称为主发电机组、备用发电机组和停泊发电机组。

主发电机组是指经常投入工作的发电机组，一般设置有 2～3 台，大型船舶上也有设置 4 台的。主发电机组通常都是可以并联运行的。

随着船舶用电量的日益增长，主发电机组的单机容量已由初期的数十千瓦逐渐增大到数百千瓦以至数千千瓦。

主发电机组是船舶最基本的供电电源。为了确保船舶的安全，必须要求它能非常可靠地连续工作；同时它又是一个长期工作的电源，因此还必须具有较高的运行经济性。

为了确保船舶主电源能够连续可靠地供电，船上一般都需要配置一台具有足够容量的备用发电机组，其用途是当主发电机组中的某一台一旦因故不能正常工作时（如发电机组发生故障或做定期检修）作为替代机组而投入工作。由此可见，备用发电机组的容量必须与主发电机组中最大一台机组的容量相同。实际上，绝大部分船舶上的主发电机组和备用发电机组都是选用相同型号和相同规格的，所以一般都无须指定哪台机组作为备用机组用，而是互为备用、轮流工作的。这样既便于维修、减少备品，同时也延长了机组的寿命。

对于某些船舶（尤其是大型船舶），如果它在停泊无作业工况下（如货船停泊时不需装卸货物；挖泥船停泊时不挖泥；起重船停泊时起重机不工作）的用电量小到这样的程度，即使开动一台主发电机组也感到极不经济时，就往往需要另设一台专门供停泊时用电的停泊发电机组。这种停泊发电机组的容量较小，一般只需数十千瓦就够了。如果所设计的船舶在停泊时均可以接用岸电满足船上用电的要求,就不必专设这种停泊发电机组了。

2.1.1 主电源发电机组的类别与选型

主电源的发电机组是由发电机和带动它的原动机组成的。根据需要发电机可以是交流的也可以是直流的。原动机可以用往复式蒸汽机、柴油机、蒸汽轮机或燃气轮机。

1. 发电机的选型

发电机选型应注意发电机的绝缘材料、冷却方式、轴承形式及励磁方式等问题。

(1)绝缘材料。发电机的损坏通常是绕组的损坏,而定子绕组损坏又约占80%。绕组损坏的主要形式是绝缘破坏。因此,选用优质的发电机绝缘材料是提高发电机可靠性的有效措施。船用发电机较理想的绝缘是F级或不含有机硅树脂的H级材料。

(2)冷却方式。发电机的冷却有自然通风和强制通风两种方式。近年来,对发电机的可靠性要求越来越高,发电机组采用封闭自冷的日益增多。如果舱室条件许可,较小的发电机组也可考虑采用封闭自冷却。

(3)轴承形式。船用发电机可采用双轴承支撑,也可采用单轴承支撑。当总体布置对机组长度无严格限制时,应采用双轴承发电机。双轴承发电机组无论发电机还是原动机都是独立的一部分,机组装配方便,应用较多。单轴承支撑的发电机,其转子的另一端由与其连接的原动机轴承支撑。单轴承支撑的发电机的外形可缩短一个轴承的长度,但机组装配和维修比较困难。

发电机的轴承有滚动和滑动两种形式。滑动轴承一般用在功率较大或要求低噪声的船舶发电机上(如潜艇主电机),其他大多数场合应推广采用滚动轴承。舰用发电机应选择优质轴承,滚动轴承至少应有 10 000 h 的寿命,以减少船舶发电机更换轴承的次数。

(4)励磁方式。直流发电机的励磁均采用复励式,电压调整器比较简单。

船舶交流发电机大多采用三相同步发电机。交流发电机的励磁形式发展很快,励磁设备的种类也很多,目前船舶上应用的励磁方式主要有不可控相复励(不带电压校正器)、可控相复励(带电压校正器)、晶闸管整流励磁、三次谐波励磁、基波加三次谐波励磁和无刷励磁等方式。

不同的自励方式又各有自己的特点,如可控相复励方式带有电压校正器,可提高调压精度,但增加了线路的复杂性。晶闸管励磁方式结构精巧,调节性能好,并有一定的强励能力,但需较复杂的线路才能达到较高的精度,这种励磁方式的缺点是易使发电机电压波形畸变,增加了干扰。无刷励磁方式取消了滑环和电刷,但仍需解决交流励磁机的励磁问题。选用的发电机励磁设备应满足以下基本要求:

①励磁系统应有良好的静态和动态性能,在发电机所有运行工况下都应稳定工作。当发电机负荷、电压等参数发生变化时,能迅速做出反应,保持电压的静态精度和小的动态变化范围。

②励磁设备应能保证发电机初始电压的建立。

③结构简单,少用电刷,便于维修保养;尺寸小,质量轻,价格低。

④励磁装置中的半导体元件应有过电压保护措施。

⑤励磁装置不应对其他设备产生干扰,并有一定抗干扰能力。

⑥励磁系统应保证发电机组并联运行的稳定性。

2. 原动机的选型

(1)造型要求。

船用发电原动机应满足以下要求：

①工作可靠、寿命长，第一次大修前的运行时间至少应为 10 000 h。

②具有优良的遥控和自动化性能。

③尽可能低的燃油消耗率，可使用劣质燃油。

④体积小，质量轻。

⑤良好的变负荷工作性能，低负荷运行，不产生积炭现象。

⑥操作简单，启动方便。

⑦良好的自动保护功能。

⑧工作噪声低，必要时机器本身应附有消声措施。

发电机的原动机可为柴油机、蒸汽轮机和燃气轮机。发电机的原动机应具有优良的性能指标，包括较低的油耗、较高的效率，并能和主动力装置协调一致。发电机的单机容量确定后，可按配套产品目录选出满足以上要求的原动机，其容量应依据发电机的效率和过载能力而定。

(2)常用类型。

①柴油机。柴油机是目前船舶上应用最广泛的一种发电原动机。它的燃烧效率高，运行比较经济，安装无特殊要求，启动、使用均比较方便。通常把 1 000 r/min 以上的柴油机称为高速柴油机，300～1 000 r/min 的称为中速柴油机，低于 300 r/min 的低速柴油机很少用作发电原动机。高速柴油机有较小的体积和质量，但机器寿命相对短一些，噪声大一些。

选择柴油机作发电原动机时应注意：

a. 各种厂家生产的柴油机性能有很大的差异，应选经过实践证明质量能保证船舶使用要求的产品作为发电原动机。

b. 军用舰船或要求发电机组尺寸紧凑的船舶可选用转速较高的柴油机。

c. 柴油机和发电机的功率应合理匹配。柴油机选得过小，会减小机组的过载能力，而且柴油机长期过负荷工作会使燃烧恶化，热负荷和机械负荷增加，使用寿命下降，动态响应性能差。反之，如柴油机功率选得过大，会使柴油机功率不能充分利用。长期低负荷运行，油耗大，运行经济性差，而且会引起气缸积炭，增大磨损，同样会导致柴油机使用寿命缩短。

②蒸汽轮机。蒸汽轮机是蒸汽动力船舶最常用的发电原动机。它的结构简单、工作可靠、控制方便、高速性能好、运行噪声低。蒸汽动力船舶利用推进动力锅炉做汽轮发电机组的主供气源，可以简化机组的配套设备，提高运行经济性，故在蒸汽动力船舶上采用汽轮发电机组已成共识。在蒸汽动力装置的潜艇上，除了安装汽轮发电机组作为主发电机组之外，为了快速备航和提高生命力，还应配备一定数量的柴油机或其他动力的辅助发电机和应急发电机，以使各种工况的供电都能得到保证。

③燃气轮机。燃气轮机具有质量和体积小、启动快，运行维护方便，便于集中控制，少用水甚至不用水，并可燃烧多种燃料等一系列优点，对船舶电力系统设计有很大吸引力。

近年来已有不少船舶采用燃气轮机做发电原动机。它们配备了高度自动化的控制设备,能在各种工况下可靠工作。由于燃气轮机具有许多显著的优点,它不失是一种有前途的发电原动机。

燃气轮机的最大缺点是油耗率高,尤其在电网处于变负荷或低负荷工况时,其油耗率大大高于其他类型的机组。为了解决这一问题,有的船舶将发电燃气轮机排出的废气(一般为350~500 ℃)引到专用锅炉,加入燃料进行混烧,然后利用它来产生蒸汽回收能量。燃气轮机与混烧式锅炉组合,可以使发电系统在70%以上的高效率下运行。燃气轮机另一缺点是高频噪声较强,通常需安装在防冲击和消声的机架上,并设置隔声罩。

2.1.2 船舶同步发电机的起压与励磁

在使用交流电制的船舶上,采用三相交流同步发电机作为主电源设备。三相交流同步发电机同样也是根据电磁感应原理,将机械能转变为电能的装置。

1. 同步发电机分类

同步发电机按其原动机的不同,可分为为水轮发电机、汽轮发电机和柴油发电机,船上广泛使用的是柴油发电机组。同步发电机按结构划分,可分为旋转电枢式和旋转磁极式;旋转磁极式还可按磁极形状分为凸极式和隐极式。凸极式同步发电机的结构如图2.1所示。

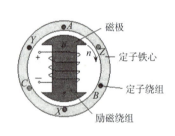

图2.1 凸极式同步发电机结构

2. 同步发电机结构

同步发电机由定子和转子两部分组成。按三相对称分布,在定子铁心上绕有三相对称绕组;转子上也有铁心,在铁心上绕有一对或数对绕组,有刷发电机一般借助两个滑环引入直流电流,以获得固定磁极极性的磁场。

旋转电枢式和旋转磁极式主要有两点区别:旋转磁极式发电机通过磁极的旋转使定子线圈切割磁力线,使定子线圈产生感应电流。旋转磁极式发电机由于不通过滑环向外提供电力,因此能提供很高的电压。大型发电机属于旋转磁极式发电机(图2.2)。旋转电枢式发电机的定子是磁场,转子是发电线圈,即电枢。通过电枢的旋转使闭合线圈的磁通量变化从而产生感应电流。由于电枢通过滑环向外提供电力,不能提供很高电压,一般不超过500 V,小型发电机大多是旋转电枢式发电机(图2.3)。

发电机主要部件如图 2.4 所示。船舶柴油发电机组如图 2.5 所示。

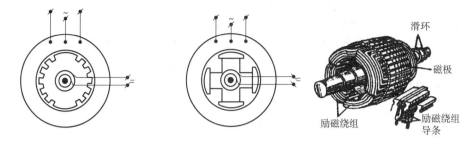

图 2.2　旋转磁极式同步发电机

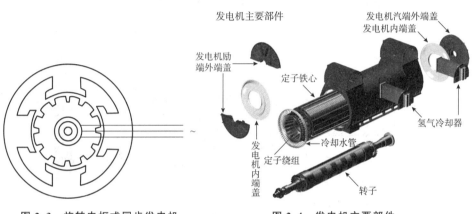

图 2.3　旋转电枢式同步发电机　　图 2.4　发电机主要部件

图 2.5　船舶柴油发电机组

3. 同步发电机的起压与励磁原理

同步发电机的转子由原动机带动而旋转,这样转子的磁场就变成旋转磁场。当它切割定子上的三相绕组以后,根据电磁感应原理,则感应出三相交流电。

(1)励磁电源。同步发电机励磁,必须具备供给励磁电流的直流电源。根据是否用自身发出的电进行励磁,又可分为他励和自励。无刷发电机目前得到应用广泛,图2.6所示是无刷同步发电机控制原理。

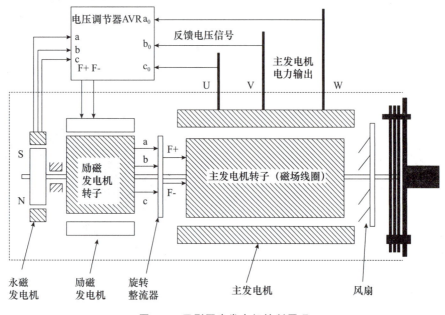

图 2.6　无刷同步发电机控制原理

(2)自励起压。若同步发电机采用自励系统,则自励起压原理如图2.7所示(以单线图表示)。

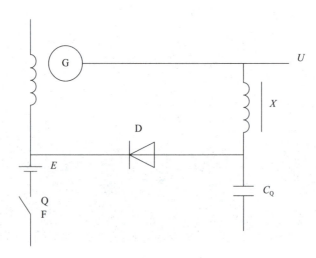

图 2.7　同步发电机自励起压原理

发电机自励起压过程如图2.8所示。曲线1是发电机的空载特性,具有"饱和"性质,

· 20 ·

它表示多少励磁电流产生多少发电机电势 E；曲线 2 是励磁特性，具有"线性"性质，表示多少发电机电势 E 产生多少励磁电流 I。发电机运转后在剩磁作用下产生剩磁电压 E_{or}，E_{or} 产生 i_{or}，i_{or} 产生 E_{o1}，E_{o1} 产生 i_{o1}，如此反复，直至特性 1 与特性 2 的交点 A，i_o 产生稳定空载电势 E_o，自励起压过程束。

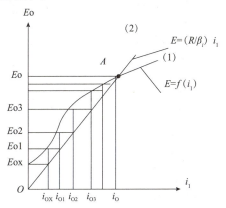

图 2.8 发电机起压励磁过程

自励起压条件如下：

①发电机必须有剩磁，为必要条件，新造的发电机无剩磁，长期不运行的发电机剩磁也会消失，这时可利用别的直流电源进行充磁。

②要使自励系统成为正反馈系统。

③发电机空载特性与励磁回路及电枢回路的伏安特性必须有交点。

同步发电机的运行特性

4. 同步发电机的运行特性

(1) 同步发电机的空载特性：$U_0 = f(I_f)$。原动机拖动发电机转子旋转，在发电机的转子绕组上加直流励磁，定子电枢绕组开路（发电机主开关处于断开）状态，称为同步发电机的空载运行。空载时，发电机的转速 n 等于同步转速、电枢电流 I_a，空载电压 U_0 与励磁电流 I_f 的关系称为空载特性，发电机的空载特性曲线如图 2.9 所示。

(2) 同步发电机的外特性：$U = f(I)$。当同步发电机的负载变化时，为保持端电压不变，必须同时调节发电机的励磁电流，以补偿电枢反应的去磁、增磁作用和阻抗压

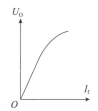

图 2.9 发电机的空载特性曲线

降。同步发电机的外特性是指在转速额定值 n_N 下运行，励磁电流 I_f 不变，负载功率因数一定时，发电机端电压和负载电流的关系，即 $U = f(I)$。同步发电机的特性曲线如图 2.10 所示。

(3) 同步发电机调节特性：$I_f = f(I)$。当同步发电机的负载变化时，为保持端电压不变，必须同时调节发电机的励磁电流，以补偿电枢反应的去磁、增磁作用和阻抗压降。当同步发电机的转速为同步转速、输出端电压和负载性质一定时，励磁电流随负载电流的变化的关系称为调整特性，表示为 $I_f = f(I)$。同步发电机的调节特性曲线如图 2.11 所示。

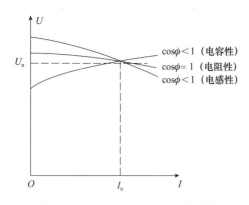

图 2.10 同步发电机的外特性曲线

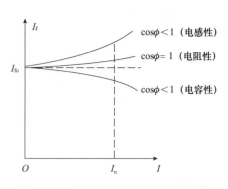

图 2.11 同步发电机的调节特性曲线

(4)同步发电机的短路特性：$I_k = f(I_f)$。原动机拖动发电机转子旋转，在发电机的转子绕组加上直流励磁，定子三相电枢绕组端点短路，即为同步发电机的短路运行。短路运行时，发电机的输出端电压为零，此时电枢绕组中通过的电流即为短路电流。当同步发电机的转速为同步转速，电枢端点三相短路，电枢短路电流与励磁电流的关系称为短路特性，表示为 $I_k = f(I_f)$。同步发电机的短路特性曲线如图 2.12 所示。

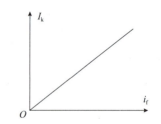

图 2.12 同步发电机的短路特性曲线

2.1.3 主发电机组的安装与试验

安装主发电机组的基本原则是确保机组能安全可靠地工作，具有足够的生命力，使用维护方便等。更具体地说，主发电机组的安装应尽量满足下列几点要求：

(1)原动机和发电机必须安装于同一机座上，并应采用适当的减振措施，避免机组发生共振；

(2)发电机组的转轴应尽量与船舶的艏艉线平行；

(3)机组周围必须留有足够的空间(离舱壁不小于 0.45 m)，以便观察机组的运行情况和进行定期检修工作；

(4)应安装于通风良好、比较干燥的地方；

(5)应远离磁罗经；

(6)不允许安装在有易燃气体的舱室中；

(7)尽量安装在全船用电设备的中心区域并按两舷对称布置。

一般情况下，主发电机组都安装在机舱内部的两侧或机舱平台上。有时为了提高主电源的生命力，也可分散安装于相邻近的舱室中。

主发电机组在船上安装好以后需要进行必要的试验，试验工作应该在船舶系泊试验阶段完成。

任务 2.2 船舶应急电源认知

当船舶主电源因故不能继续正常供电时,将会严重危及全船的安全,必须立即进入应急状态。因此,船舶上除了设置主电源以外,还必须配备一个在主电源不能供电时可以向船上部分保证船舶安全的用电设备进行供电的独立电源,称为应急电源。我国《钢质海船入级及建造规范》规定,客船及 1 000 t 以上的货船在一般情况下都应该设有应急电源。

船舶应急电源可采用发电机组和蓄电池组或两者兼备,这要根据具体情况而定。

2.2.1 应急电源的要求及特点

当采用独立发电机组作为应急电源时,考虑到一旦应急发电机组不能供电,或当主电网失电而应急发电机组尚未来得及供电的时间内,应由蓄电池向应急照明和无线电通信等重要设备供电。通常,称前者为大应急电源,称后者为小应急电源。对于客船的大应急电源,国际航线上要求至少能供电 36 h,国内航线要求至少能供电 3~12 h。对于货船的大应急电源,1 000~5 000 总吨国际航线船舶要求至少供电 3 h,国内航线船舶要求至少供电 2 h,大于等于 5 000 总吨国际航线船舶要求至少供电 6 h,国内航线船舶要求至少供电 2 h。对于小应急电源,应保证连续供电 30 min。

应急电源与主电源之间应有一定的电气联锁关系。当主电源正常运行时,不允许应急电源工作;一旦主电源失电,应急电源必须立即投入运行。对于采用应急发电机组作为应急电源的情况,在主电源失电而应急发电机组待启动未能供电的那段时间内,小应急电源(蓄电池)必须迅速自动地投入运行,直至应急发电机组向电网供电时才自动退出工作。

为确保应急电源安全工作,应急发电机组应该布置在防撞舱壁以后、舱壁甲板以上和机舱以外的专用舱室中。该舱室必须具有能够直接通往露天甲板的舱门。为确保应急发电机组能在应急状态时迅速投入工作,要求带动应急发电机组的原动机具有较好的独立性和机动性。由于柴油机或汽油机启动迅速、方便,机动性较好,因此应急发电机组一般采用柴油或汽油发电机组。任务 2.1 中对柴油或汽油发电机组已有介绍,下面不赘述。

船舶上使用的应急蓄电池有酸性(铅)蓄电池和碱性(铁-镍、镉-镍)蓄电池两种。酸性蓄电池按用途可分为启动用、牵引车辆用、固定型和其他用四个系列。酸性蓄电池价格低、用途较广,目前被大多数船舶所采用。与酸性蓄电池相比,碱性蓄电池具有体积小、机械强度高、工作电压平稳、使用寿命长、易于携带等特点,在船上应用日益增多。

2.2.2 船舶蓄电池

国产船用酸性蓄电池的常用产品是 Q 系列,碱性蓄电池的常用产品是 TN 系列(铁镍)和 GN 系列(镉镍)。

1. 蓄电池在船舶上的应用

蓄电池是任何类型的机动船舶都需要的可靠电源设备,其用途之一是作为应急电源或备用电源,一般商船都把蓄电池作为船舶小应急电源,在船舶主电网失电而应急发电机组尚未正常供电的时间内,蓄电池组则供电给小应急负载;其用途之二是作为低压设备的电源,如供

小型应急电源
——蓄电池

电给无线电收发报机、自动电话交换机和各种警报器。此外，蓄电池也用作应急发电机组和救生艇上柴油机的启动电源以及罗经的直流电源等。

2. 船用蓄电池的类别

酸性蓄电池也称为铅酸蓄电池，船用历史最久，常用于柴油机的启动和应急照明。碱性蓄电池包括镉-镍蓄电池、铁-镍蓄电池、锌-银蓄电池和镉-银蓄电池等，主要用于无线电通信设备；但价格较高，民用船舶较少采用。

3. 蓄电池的主要性能

蓄电池的主要性能指标包括开路电压、工作电压、电池容量、使用温度、寿命和储存期等。酸性蓄电池中每个小电池的电动势为 2.0~2.1 V。放电时，电压逐渐下降，到达某一电压(称放电终止电压)时，则急剧下降，当低至放电终止电压时不再放电。10 h 放电率的每个小电池放电终止电压为 1.8 V。充电时，电压变化为 2.05~2.8 V，充电终期每个小电池电压为 2.5~2.8 V。充电设备的电压应考虑能调节到每个小电池 2.8 V 的数值。

碱性蓄电池中每个小电池的电动势为 1.3 V 左右，在额定放电率时平均放电电压为 1.2 V。根据不同结构形式，充放电特性是不同的。

4. 蓄电池的结构及工作原理

(1)酸性蓄电池。酸性蓄电池的结构如图 2.13 所示，主要由容器、极板和隔板三部分组成。

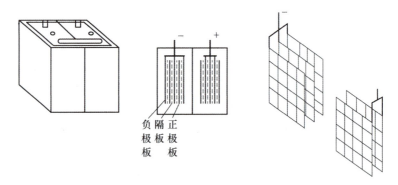

图 2.13 酸性蓄电池的结构

盛装电解液和支撑极板的容器，具有防止酸液泄漏、耐腐蚀和坚固等特性。铅酸蓄电池容器有玻璃槽、铅衬槽、塑料槽、硬橡胶槽等，船上多数使用后两种。

船用酸性电池的极板常采用铅锑合金制成栅格式，栅格中压入活性物质，正极的活性物质是二氧化铅(PbO_2)，负极的活性物质是海绵状纯铅(Pb)。为增加容量，蓄电池的正极板和负极板制成许多片，分别并联在一起接成两组，构成蓄电池的正负极。隔板用橡胶、塑料或木板等绝缘材料制成。为保证电解液的自由流通，同时又不致使极板脱落的活性物质经隔板与相邻隔板相通，隔板上开有大小适中的孔。

酸性蓄电池的电解液是质量分数为 27%~37% 的稀硫酸溶液，相对密度为 1.28~1.31。

酸性电池是利用铅、二氧化铅和硫酸的化学反应来储存电能和释放电能的，其工作原理由下面的化学反应方程式表示：

$$PbO_2 + 2H_2SO_4 + Pb \rightleftharpoons 2PbSO_4 + 2H_2O$$

蓄电池的正负极板插入硫酸溶液时，极板之间将产生 2 V 左右的电动势，一旦外电路接通则形成放电电流，同时在电池内部正负极板与硫酸发生化学反应，逐渐变成硫酸铅，当正、负极板都变成同样的硫酸铅后，蓄电池便不能再放电了，必须通过充电来恢复成原来的 PbO_2 和 Pb。显然蓄电池的充电和放电是可逆的。

由反应式可知，充电时电解液稀硫酸的相对密度会增加；放电时由于生成水，相对密度降低。实际工程中采用比重计来测量电解液的相对密度，从而估计出蓄电池电动势的大小。酸性蓄电池的电动势，主要与电解液相对密度 d 有关。相对密度高，电动势也高，E 与 d 之间的关系可由经验公式来表示，即

$$E = 0.84 + d \tag{2-1}$$

如在蓄电池充电完毕将外电路断开后，测得的相对密度为 1.28 时，则根据式（2-1）可估算出其电动势为 2.12 V。

(2) 碱性蓄电池。碱性蓄电池具有体积小、机械强度高、工作电压平稳、能大电流放电、使用寿命较长和便于携带等特点，近年来在远洋船上应用增多。其缺点是碱性蓄电池比酸性蓄电池的额定电压低，提供相同的供电电压，碱性蓄电池通常在数量上要比酸性蓄电池多出 67%，成本较高。碱性蓄电池可分为镉-镍(Cd-Ni)、铁-镍(Fe-Ni)、锌-银(Zn-Ag)、镉-银(Cd-Ag)等系列。船舶主要采用镉-镍、铁-镍蓄电池，下面以镉-镍碱性蓄电池为例做介绍。

碱性蓄电池主要由容器、极板和活性物质构成。容器用镀镍钢板制成，直接与电解液或一组极板接触，所以碱性蓄电池的外壳带电；正极由氧化镍粉、石墨粉组成，石墨粉主要用来增强导电性，不参与化学反应；负极由氧化镉和氧化铁粉组成，掺入氧化铁粉的目的是使氧化镉粉具有较强的扩散性，防止氧化镉结块，增加极板的容量；正负极上的这些活性物质分别包在穿孔的钢带中，加压成型后构成电池的正负极，两极之间用耐碱的硬橡胶隔开。

碱性蓄电池电解液的质量分数为 20% 的氢氧化钾(KOH)水溶液（或纯氢氧化钠溶液），相对密度为 1.2~1.27。蓄电池充电时将电能变为化学能储存起来，放电时将化学能变为电能输送给用电设备，两电极所发生的化学反应是可逆的。在充放电过程中总的化学反应方程式为

$$Cd + 2KOH + 2Ni(OH)_3 \rightleftharpoons Cd(OH)_2 + 2KOH + 2Ni(OH)_2 \tag{2-2}$$

从式(2-2)可知，电解液在充放电过程中只做电流的传导体，不参与化学反应，其浓度不变，因而不能根据相对密度来判断充放电的程度，只能采取测量电压的方法来判断碱性蓄电池充放电的程度。碱性蓄电池中每个电池的电动势为 1.25 V。放电时，电压变化在 1~1.2 V 范围内，电流增大时可达到 0.7 V，低于 0.7 V 就不应再放电。充电时，电压变化在 1.4~1.8 V 范围内。

(3) 蓄电池的容量。容量是描述蓄电池储存电能能力的物理量，单位为安培小时(A·h)。它用充足电的蓄电池放电到规定终了电压（一般为额定电压的 90%）时所放出的能量来表示，以放电电流 I 与放电时间 t 的乘积描述，即 $Q = I \cdot t$，单位为 A·h。

酸性蓄电池通常以 10 h 的放电电流为标准放电电流（经过 10 h 使蓄电池放完电的放电电流），因此，额定容量定义为在电解液温度为 25 ℃，以 10 h 放电电流连续放电至终止电压时所输出的容量。例如，200 A·h 容量的酸性蓄电池是指能以 20 A 的电流放电 10 h。

蓄电池的容量与放电电流的大小及电解液的温度有关，因此如果超过标准放电电流进行放电，不但会降低容量，而且会严重影响蓄电池的寿命。碱性蓄电池一般是以 8 h 作为

标准放电电流。

5. 船用蓄电池的维护保养

（1）酸性蓄电池。

①电解液应每半个月检查液面高度，每年进行化验检查。要及时补充电解液，注液孔螺母应旋紧，以防电解液溅出。

②应保持蓄电池表面清洁，为防止极柱夹头生锈，其表面应涂上一层凡士林油膜。

③蓄电池室应保持良好的通风，并严禁烟火。

④酸性蓄电池在运行中往往因长时间充电不足或过放电等原因造成极板硫化，这时要对蓄电池进行过充电，使蓄电池恢复到良好的运行状态。过充电是指在正常充电后，再用 10 h 放电率的 1/2 或 3/4 的小电流进行充电 1 h，然后停 1 h，如此反复进行，直至刚一接通充电电源就发生强烈气泡为止。

（2）碱性蓄电池。

①每半个月检查一次电压、电解液密度和高度，及时补充电解液。

②保持气塞透气或定期打开气塞放气。

③碱性蓄电池的外壳带电（正极），存放时须防金属将负极与外壳接触，引起短路。

④一般工作 10～12 次充放电循环或每月进行一次过充电。

⑤每年或使用 50～100 次时，应更换电解液。电解液的更换应在放电状态下进行，必要时可用纯水清洗，并及时注入更换的电解液。

任务 2.3 轴带发电机的认知

动力源于船舶主机的发电机成为轴带发电机（Shaft Generator，简称 SG），由轴带发电机向船舶电网馈送电能的系统称为轴带发电系统。轴带发电机利用主机的功率储备可降低燃油成本、节能、提高经济效率。

节能电站—轴带发电机

2.3.1 轴带发电机系统的特点、分类和功率输出特性

1. 特点

主机直接（或通过变速机构）带动轴带发电机 SC 发电，可充分利用主机的"储备余量"（一般主机额定功率＋余量＝主机可长期运行功率）。轴带发电机和船舶主机之间的关系如图 2.14 所示。

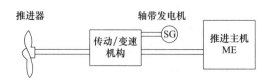

图 2.14 轴带发电机和船舶主机之间的关系

(1)优点。

①有效利用主机能源,经济高效;

②利于能量综合利用(排气余热等);

③节约费用,节省空间,改善机舱环境;

④减少滑油消耗,减少维修保养费用。

(2)缺点。

①只能定速航行时工作;

②控制较复杂;

③初投资大。

2. 主要类型

船舶轴带发电机的主要类型有直流轴带机和交流轴带机。

说明:

①虽然直流轴带机电压稳定,转速的影响相对较小。但由于直流电机维护工作量大,目前在船上的应用非常有限。因此,直流轴带发电机较少用。若将直流电逆变成交流电,则逆变麻烦。

②交流轴带机为了使频率减小主机转速变化的影响,其控制较复杂。

交流轴带机有变距桨(CPP)、定距桨(FPP)两种。

(1)变螺距桨船舶轴带发电机。

①系统特点。转速不变,改变螺距可改变螺旋桨推力大小和方向。

②控制。需要两方面的控制:主机油门控制;螺旋桨螺距控制。

而且要求螺距与油门的控制相互配合(才能使转速恒定)。

③存在的问题。

a. 风浪对转速的波动有影响;

b. 需要解决主机低速问题(传动机构);

c. 主机与柴油机组速度特性不一样,不能长时并联运行。

(2)定螺距桨船舶轴带发电机。

①系统特点。主机转速和转向是可变的,只有在船舶定速航行时才是不变的。因此,要求船舶定速航行时才能让轴带发电机并网投入工作。同时,由于风浪等对转速可造成影响,因此,必须采取措施稳定转速,从而稳定频率。

②总体措施。具体措施如下:

a. 转速补偿(例如行星齿轮传动型、液力传动型等);

b. 频率补偿(例如晶闸管整流-逆变型等)。

3. 功率输出特性

轴带发电的输出功率受电枢电流和励磁电流额定值的限制,不同的转速范围有不同的输出功率。

轴带发电机的功率输出特性如图2.15所示。

额定功率输出特性表明:

(1)主机转速在75%~100%额定转速范围内可以输出额定功率。

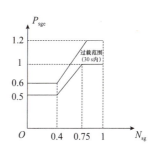

图 2.15 轴带发电机的功率输出特性

(2)40%～75%范围内输出功率随转速的下降成正比下降。

(3)低于40%时，无法维持逆变器工作，停止运行。

2.3.2 轴带发电机系统的组成及工作原理

1. 系统组成

定距桨晶闸管变流器轴带发电机系统如图 2.16 所示，由三部分组成：

(1)主回路有功通道，由 1、2、3、4、5 构成。

(2)无功通道，由具有自动调压器的调相机构成。

(3)控制器，频率和逆变角控制器调节和控制系统频率和有功功率。

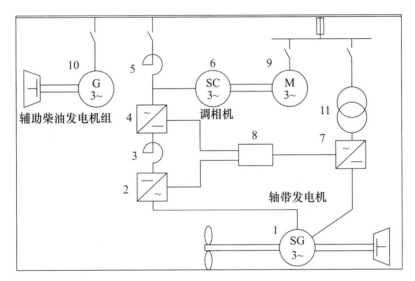

图 2.16 定距桨晶闸管变流器轴带发电机系统

1—轴带发电机；2—晶闸管整流器；3—直流平滑滤波电抗器；4—晶闸管逆变器；
5—交流电抗器；6—调相机；7—晶闸管整流器；8—频率和逆变角控制器；
9—熔断器；10—空气开关；11—变压器

2. 工作原理

SG 输出非恒定频率的交流电，经整流变直流电，再经逆变器变标准频率的交流电。SG 只提供有功功率，SC 向电网输出无功功率。开始时，异步发电机带动调相机建立正常频率的额定电压，当逆变器已输出与调相机相同的电压和频率时，SC 的异步发电机自动断电。此时，SC 相当于并联运行中逆功率运行的发电机。

(1)系统频率调节：改变 SG 的励磁电流，励磁电流增加，电压升高，输出功率增加，调相机 SC 的输入功率增加，转速增加、频率上升。

(2)系统有功功率的调节：电网负载有功功率增加，引起调相机速度和频率下降，控制器增加励磁电流，使逆变器输出增加。

(3)系统无功功率的调节：当负载无功功率变化时，引起调相机无功电流变化，引起电压变化，AVR 自动改变励磁电流，保持电压恒定和无功功率平衡。

2.3.3 轴带发电机的运行操作程序及操作注意事项

1. 启动程序（正常航行，主机转速达到要求时）

(1)接通控制系统电源；

(2)检查启动条件(无故障报警，主机转速大于75%)，启动调相机建立电压；

(3)接通SG的励磁电路，发电机起压；

(4)给整流器、逆变器触发脉冲，逆变器输出功率，异步发电机断电；

(5)启动成功。

2. 与辅助发电机并联和转换

与手动准同步并车相同(参见项目4)。

3. 停机条件

(1)按停机按钮；

(2)电源故障；

(3)运行故障；

(4)系统中任一电机绕组过热等。

4. 正常停机的操作程序（机动航行）

(1)启动柴油发电机，切除次要负载；

(2)完成并车，转移负载后主机才可减速；

(3)主机转速40%以下，SG主开关跳闸，逆变器停止触发。

5. 运行中的问题

紧急停车、紧急倒车等情况，有可能导致轴带发电机和柴油发电机带电转换和并联运行，必须在主机额定转速60%~110%的范围内进行。

主机紧急停车和紧急倒车时采用两种方法：

(1)主机转速降到60%以下，采用失电转换；

(2)主机转速维持在60%，带电转换后急剧减速。

2.3.4 轴带发电机的几种主要工作模式

1. 工作模式

以多用途船为例，主要有3种模式，如图2.17所示。

(1)PTI模式：轴带发电机作为电动机，从电网获电。

(2)PTO模式：轴带发电机作为发电机，向电网供电。

(3)BOOSTER模式：两台轴带发电机从电网获电，与两台主机一起推进船舶。

2. 控制模式的实现

通过PLC对离合器的控制来实现，由可调距桨控制系统、电站控制系统、主机三大系统相互作用完成。

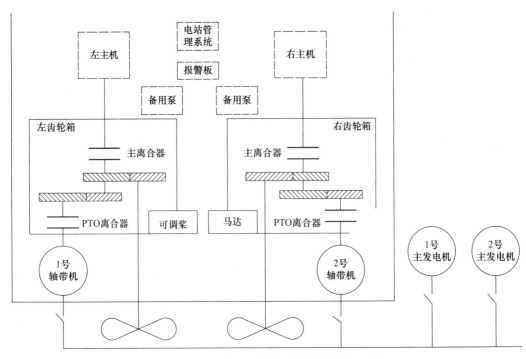

图 2.17　定距桨晶闸管变流器轴带发电机系统

项目实施

引导问题 1：船舶主电源发电机组的机构、类别与选型有哪些？

引导问题 2：柴油发电机组的启动步骤是什么？

引导问题 3：船舶蓄电池包括什么类型？都有什么优点及缺点？

引导问题 4：船舶蓄电池保养要点有哪些？

_____
_____
_____
_____

引导问题 5：发电机组发电需要满足什么起压条件？谈谈你对项目导入中问题的思考与分析。

_____
_____
_____
_____
_____

》项目评价

序号	评价项目	自我评价	教师评价
1	学习准备		
2	引导问题填写		
3	规范操作		
4	完成质量		
5	关键操作要领掌握		
6	完成速度		
7	5S管理、环保节能		
8	参与讨论主动性		
9	沟通协作		
10	展示汇报		

说明：表格中每项10分，满分100分。学生根据任务学习的过程与结果真实、诚信地完成自我评价。教师根据学生学习过程与结果客观、公正地完成对学生的评价。

知识拓展：新能源在船舶上的应用

技能操作参考手册：柴油发电机组启动步骤

》课后习题

2-1 我国民用运输船舶多采用（　　）作为船舶主电源。
A. 轴带发电机组　　　　　　　　　　　B. 蓄电池
C. 柴油发电机组　　　　　　　　　　　D. 汽轮发电机组

2-2 船舶主电源与大应急电源（　　）电气联锁关系；大应急电源的启动一般（　　）进行的。
A. 有　手动　　B. 无　手动　　C. 有　自动　　D. 无　自动

2-3 对于设立大应急、小应急电源的船舶，大应急是采用（　　）实现的；小应急是采用（　　）实现的。
A. 发电机组　发电机组　　　　　　　　B. 蓄电池组　蓄电池组
C. 发电机组　蓄电池组　　　　　　　　D. 蓄电池组　发电机组

2-4 当主电网失电，船舶应急发电机的启动是（　　）进行的；应急发电机主空气开关是（　　）合闸的。
A. 自动　自动　　B. 自动　人工　　C. 人工　人工　　D. 人工　自动

2-5 当主电源故障，主汇流排失电后，应急汇流排与主汇流排之间的母线联络开关应（　　）。
A. 值班人员将其打开　　　　　　　　　B. 值班人员将其闭合
C. 自动打开　　　　　　　　　　　　　D. 自动闭合

2-6 在装有主电源、大应急、小应急的船舶电站中，三者关系是（　　）。
A. 各自有其供电范围，故相互独立同时供电
B. 主电源供电时，大应急可以人工启动并供电
C. 当大应急启动失败后，小应急立即投入
D. 当大应急启动成功后，小应急应自动退出运行

2-7 当排除主电源故障，重新启动恢复供电后，应急发电机主开关应（　　）。
A. 值班人员将其打开　　　　　　　　　B. 值班人员将其闭合
C. 自动打开　　　　　　　　　　　　　D. 自动闭合

2-8 对于装有主电源、大应急、小应急的船舶电站，小应急容量应保证连续供电（　　）。
A. 1 h　　　　B. 20 min　　　　C. 30 min　　　　D. 2 h

2-9 关于船舶电站应急电源的下列说法，正确的是（　　）。
A. 应急发电机一般安装在机舱内
B. 视具体情况，应急电源可采用应急发电机组，或应急蓄电池组，或两者兼有
C. 对装有大、小应急电源的船舶，小应急电源容量应保证连续供电 10 min
D. 应急电源的启动工作一般是值班人员进行手动操作的

2-10 船用酸性蓄电池正极活性物质是（　　）；负极活性物质是（　　）。
A. 铅　铅　　　　　　　　　　　　　　B. 二氧化铅　二氧化铅
C. 二氧化铅　铅　　　　　　　　　　　D. 铅　二氧化铅

2-11 船用酸性蓄电池的电解液在放电过程中相对密度（　　）；充电过程中，相对密度（　　）。
A. 降低　降低　　B. 降低　升高　　C. 升高　降低　　D. 不变　不变

项目 3 船舶配电装置

项目导入

某船舶行驶于码头附近，突然1号发电机主开关跳闸，应急发电机随后投入工作，本欲启动2号发电机进行供电，由于船舶距离岸边较近，待船舶靠岸之后进行故障查找和维修。如果启动2号发电机需要在什么屏上操作？船舶靠岸之后是否用岸上的电进行供电？如果用岸上的电进行供电，需要通过什么配电板连接？

项目分析

船舶的配电由船舶配电装置来完成，船舶配电装置是用来接收和分配船舶电能，并对发电机和电网进行保护、测量及调整等工作的设备，它是由多种开关、保护电器、测量仪表、调节和信号装置等电器设备按一定要求组合而成的。通过本项目知识及扫描二维码观看"船舶配电装置组成""船舶主配电板组成""岸电箱"等视频，学习者对船舶配电装置的整体知识及各个配电板的功能进行了解。

学习目标

知识目标

1. 了解船舶配电装置的组成和功能。
2. 掌握主配电板的构成及各配电屏的作用。
3. 熟悉应急配电装置的组成和原理，熟悉充放电板、岸电箱及其他配电装置原理和特点。

能力目标

1. 能够根据不同用途对配电装置分类，并会简单故障分析及排除。
2. 掌握各配电屏的原理及操作。
3. 学会分析应急和其他配电装置的工作原理。

素质目标

1. 通过对各配电装置的分工运行情况，类比到科研创新也需要一个各司其职的团队，以及良好的科学素养、人文精神和工匠精神，锻炼学生团队配合的能力。

2. 通过对主配电板的角色讲解，培养学生勇担重任的精神。

3. 通过对播放泰坦尼克和某特大海难视频片段，结合应急配电板及其他配电装置的作用，培养学生居安思危的理念。

任务 3.1　船舶配电装置认知

船舶电源发出的电能需要经集中控制然后分配给各用电设备使用，这种对电能进行集中控制和分配的装置称为配电装置。

船上的配电装置均做成金属结构箱体形式。箱体内根据需要装有各种开关设备、控制及保护电器、电气测量仪表和信号指示等。

船舶配电装置组成

3.1.1　配电装置的功能

配电装置的主要功能如下：

(1)正常情况下接通和断开电源至用电设备间的供电通路，指示开关的通断位置；

(2)测量和监视电力系统各电气参数，如电压、电流、功率、功率因数等；

(3)控制电力系统的各电气参数，如电压、频率、发电机转速等；

(4)接收船舶发电机输出的电能并对负载分配电能；

(5)当电力系统发生故障或不正常运行时，保护电器将自动地切除故障电路或发出声光警报信号。

3.1.2　配电装置的分类

船舶配电装置按其用途的不同可分为下面几种：

(1)主配电板(或称总配电板)——用于控制和监视主电源的工作情况，并将主电源发出的电能合理地分配给主电网的各个供电区段。

(2)应急配电板——用于控制和监视应急电源的工作情况，并将应急电源发出的电能合理地分配给各应急用电设备。

(3)充放电板——用于控制和监视充电电源的工作情况和蓄电池组的充电与放电情况，并将蓄电池组的电能分配给船上的低压用电设备。

(4)岸电箱——船舶停靠码头或进坞修理时将岸电接入船上主配电板或应急配电板的开关保护和指示装置。

(5)分配电箱——船上用电设备的数量是很多的，通常是将全船的用电设备依据一定的原则编成若干组，每一组用电设备各自通过一个分配电箱并共用一条电缆接至主配电板(或应急配电板)上。分配电箱的作用是将来自电源的电能分配给该组用电设备。分配电箱按其所接用电设备的性质类别不同又可分为以下几种：

①电力分配电箱；

②照明分配电箱；

③无线电分配电箱；

④助航仪分配电箱。

有些分配电箱将用电设备的控制、保护、仪表以及信号指示等都一起安装在同一箱体中，这种分配电箱又称为控制箱，如舵机控制箱、航行灯控制箱等。

(6)区配电板——介于主配电板或应急配电板与分电箱(也称分配电板或分配电箱)之间，用以向分配电箱和最后支路供电的配电板。

船舶配电装置按结构形式可分为下面几种：

(1)防护式。较大型配电板如主配电板、应急配电板等均采用此种结构，用钢板制成，板前有面板，以便操作时不触及带电部分；板后敞开，便于修理，不能防止水渗入，连接电缆一般从下部开孔引入。

(2)防滴式。机舱和舵机舱中的电力分配电板采用此种结构，用钢板制成外壳，能防止与垂直线成45°的下落雨水侵入。电缆多从下面引入，也有从侧面通过套管引入的，两侧可开散热窗。

(3)防水式。这种形式的配电板适用于在露天或潮湿处所安装，如岸电箱。它能够经受4～10 m水柱的集中水流从任意方向进行喷射15 min而不致有水滴进入，连接电缆的引入要使用水密填料。

3.1.3 配电装置的注意事项

配电装置结构设计时应注意的事项：

(1)构成配电装置的骨架和箱体应有足够的强度。在振动和冲击情况下，装置不应发生有害的变形。一般箱体采用1～2 mm平滑薄钢板，骨架采用25 mm×25 mm×3 mm(小型配电盘)和40 mm×40 mm×4 mm角钢(大型配电盘)。

(2)配电装置应在保证电气性能的前提下，具有最小的尺寸和质量。

(3)仪表、指示灯与转换开关等小型电器常安装于面板上，仪表和指示灯的布置应便于观看，大型开关和调节、控制设备常安装于底座上，操作手柄伸出面板，面板做成固定形式，操作手柄的布置要便于操作。

(4)配电装置内电器的布置应便于调整、检修和拆换，特别注意应便于接触器、继电器触头的维护和熔断器的调换。

(5)配电装置的结构附件一般均有标准件，可按具体使用要求进行选择。

任务3.2 主配电板认知

船舶主配电板和主发电机组相连，共同构成船舶主电站，主配电板主要功能如下：

(1)接收主发电机组电源和岸电电源供电；

(2)对主发电机进行控制和显示主发电机运行的相关参数；

(3)对重要的负荷直接供电；

(4)对电力和照明设备进行配电。

3.2.1 主配电板原理图

主配电板是船舶电力系统中的主要配电装置,它位于距电源(发电机组)不远的地方。为了避免油水的沾污,主配电板一般都安装于机舱平台上。它由多个金属结构的落地式箱柜组装而成,每一箱柜称为一个屏,屏与屏之间以螺钉紧固。每一屏的固定板上装有各种必需的配电电器和测量电表。如图3.1所示为某船总配电板的外形示意。

船舶主配电板组成

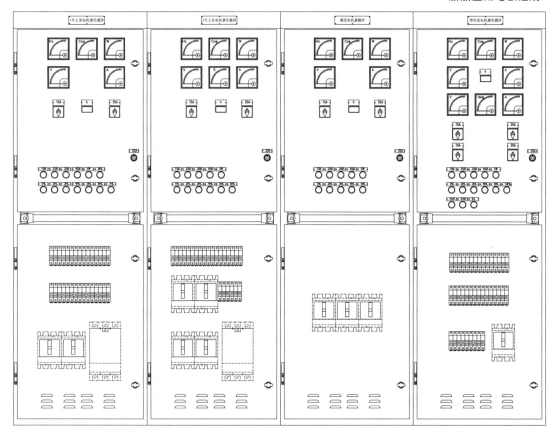

图3.1 某船总配电板的外形示意

主配电板主要是由发电机控制屏和负载屏组成。在要求发电机做并联运行的交流船舶上还设有发电机并车屏。某些大型船舶的主配电板上还设有岸电屏以及其他的专用屏。

发电机控制屏是用来控制、调节、监视和保护发电机组的,每台发电机组均配备有单独的控制屏。发电机控制屏的面板常设计成上、中、下三部分。上面板安装有测量仪表转换开关及指示灯,一般均做成门式,以便进行维修;中间板上安装有主电源开关、指示灯等;下面板内安装有自动励磁装置或励磁变阻器。

负载(配电)屏的职能是对各馈电线路进行控制、监视和保护,并通过装在负载线路上的馈电开关将电能供给船上备用电设备或分电箱。供电给动力负载的负载屏称为动力负载屏,供电给照明负载的负载屏称为照明负载屏。

发电机并车屏是专供交流发电机并车操作和监视之用,屏内除装有监视仪表外,还有并车装置(如电抗器)和操作开关等电器。

岸电屏是船舶接用岸电时用来监视岸电电压的专用屏,它常布置在紧靠发电机控制屏的附近。

3.2.2 主配电板上配备的电器和仪表

1. 直流发电机控制屏

(1)电流:测量发电机的电流。电流表通过分流器接至发电机(汇流排)的正极端上。

发电机控制屏

(2)电压表:测量发电机端电压。如果发电机需要并联运行,电压表应加接转换开关,以便能够分别测量发电机电压和汇流排的电压。

(3)万能式自动空气开关:发电机不要求并联运行,自动开关可采用两极的;要求并联运行,应采用三极的,其中一极为均压线,均压线不需设保护元件。

(4)发电机励磁变阻器:改变励磁机励磁回路中电阻的大小从而改变回路的励磁电流大小。

(5)指示灯:用红灯指示发电机已运转,用绿灯指示自动开关已合闸。

(6)若发电机要求能并联运行,则控制屏上尚须装设逆流继电器:用作发电机运行时的逆电流保护,继电器的电流线圈接于发电机的正极端。

(7)充磁按钮:发电机剩磁消失时,做充磁之用。充磁电流可由蓄电池或汇流排经降压电阻供给,对于220 V的直流电力系统,该降压电阻值为励磁绕组电阻的6~7倍。

2. 交流发电机控制屏

(1)电流表及转换开关,可分别测量发电机任意一相的负载电流。

(2)电压表及转换开关,可分别测量发电机和汇流排任意两线间的电压。

(3)频率表,测量发电机的频率。

(4)功率表,测量发电机的有功功率。

(5)功率因数表,测量发电机的功率因数。

(6)若发电机要求并联运行,尚须装设逆功率继电器,作为发电机逆功率保护用途。

(7)原动机调速开关,并车时用以调节发电机的频率和并联运行时用以转移有功功率。

(8)万能式自动空气开关。

3. 并车屏

(1)整步表及转换开关(或同步指示灯),指示并车时两台发电机的相位差和频率差。

并车屏介绍
(包括互感器)

(2)两个频率表(或用一个双指针频率表),分别测量两台发电机的频率。

(3)两个电压表(或用一个双指针电压表),分别测量两台发电机的电压。

4. 负载屏

负载屏上安装有装置式自动空气开关或盒式转换开关加熔断器。

负载屏上也常装有电流表并通过转换开关能够测量各馈电线路的负载电流,每一电流表的转换路数一般不超过6路。由于船上的三相负载基本上是对称的,所以各馈电线路仅测量一相电流即可。一般需要测量电流的负载如下:

(1)较大功率的电动辅机,如舱底水泵、救火泵、空气压缩机、起锚机、起货机等。

(2)较重要的电动辅机,如主机润滑油泵、主机海水泵、主机淡水泵、舵机等。

照明负载集中于一个照明负载屏上。在交流系统中,如照明负载需通过照明变压器供电,则变压器的开关亦常装于照明负载屏上。交流电力系统常装设一个电流表和转换开关(或直接用3个电流表),测量照明线路各相电流的大小。

对于对地绝缘的电力系统,其负载屏中的某一屏上还需装有指示电网对地绝缘状况的设备,如绝缘指示灯或兆欧表。绝缘指示灯也可安装于发电机控制屏上,绝缘指示灯不需长期接于汇流排,测量时用按钮短时接通。

绝缘指示灯在配电板中的接线如图3.2、图3.3所示。

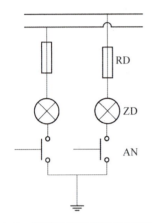
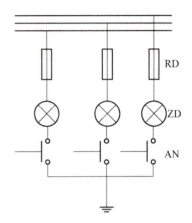

图3.2　直流系统绝缘指示灯的接线　　　图3.3　交流系统绝缘指示灯的接线

绝缘指示灯一般仅用来鉴别电网是否发生对地短路故障。如图3.2、图3.3所示,若某极(或某相)对地短路,按下接零一极(或另两相)的按钮,则指示灯发亮。

兆欧表是一个高电阻的电压表,其表面刻度是绝缘电阻值,由它可以直接测出直流电网各极对地的绝缘电阻或交流三相对地的总绝缘电阻。

主配电板内的汇流排上应接有滤波电容器,以防止电源对无线电设备的干扰。滤波电容器的电容量一般取 $0.5~\mu F$ 即可。

上述电器和仪表是主配电板中最基本的设备,除此之外,根据对发电机控制和配电的不同要求,总配电板上还可以设有其他的电气设备和自动装置,如警报信号装置、粗同步并车或自动准同步并车装置、自动调频调载装置、自动分级卸载装置等。

3.2.3　主配电板的面板布置和安装要求

为了保证总配电板在操作、运行时安全可靠和维护方便,面板布置设计和安装施工时应注意以下几点:

(1)板面布置应一目了然,仪表的安装位置要便于操作和观测。例如,自动空气开关的操作手柄的高度一般不应超过1.7 m;测量仪表的表面中心位置高度尽量为1.6～1.85 m;配电负载开关的最低位置应超过0.3 m等。

(2)屏数较多的主配电板,其负载屏要尽可能平均地分布在发电机控制屏的两侧。

(3)服务于同一系统(如甲板机械、空调装置、为主机服务的辅机等)的负载开关应尽量布置在同一负载屏上相近的位置。

(4)照明负载开关尽可能按同一供电区集中布置。

(5)主配电板的板面最好与船舶纵剖面相垂直。

(6)主配电板最好安装在机舱平台上。

(7)主配电板的前后应留有足够的位置以做通道与检修之用。板前通道宽度应不小于 0.8 m，板后通道宽度应不小于 0.6 m。通道上应铺有防滑和耐油的绝缘地毯或经绝缘处理的木格栅。

(8)主配电板的后通道出入处应设有带锁的侧门。

(9)主配电板应尽量避免安装在有压力的管路、油柜及液体容器的之下，以防止油水进入配电板内。

交流船的配电方式一般分为 3 种，即三线绝缘系统、中性点接地的四线系统和采用船体作为中性线回路的三线系统，如图 3.4 所示。其中三线绝缘系统应用最为广泛，因为这种方式安全可靠，照明系统与动力系统相互影响小，并且单相接地并不形成短路，仍可维持电气设备的短时工作。中性点接地系统当发生单相接地即形成短路故障，有使主要用电设备如舵机电源、服务于主机构的机舱辅机等断电的严重危险，因而在船上较少采用。

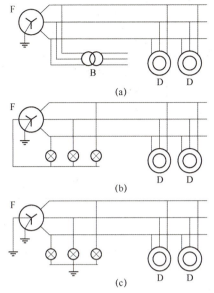

图 3.4 交流船的配电方式
(a)三线绝缘系统；(b)中性点接地的四线系统；
(c)船体作为中性线回路的三线系统

任务 3.3　应急配电板和其他配电板

3.3.1　应急配电板

应急配电板用来控制应急发电机或蓄电池组，并向船上的应急用电设备供电。它与应急发电机安装在同一舱室内。

当应急电源采用应急发电机组时(指大应急电源)，应急电网平时可由主配电板供电，只是在应急情况下才由应急发电机组供电。因此，应急配电板的电源开关与主配电板上接向应急配电板的供电开关两者之间须设有电气联锁。有些船舶，应急发电机组是具有自动启动设备的，当

应急配电板

主电源突然断电且在一定时间后还不能恢复供电时，应急发电机组即自行启动，并对应急电网供电。当主电源恢复了供电后，应急发电机组便自动脱离电网，并自动停车。

应急配电板通常只含两个屏面：一个是应急发电机控制屏，一个是应急负载屏。如果应急电网是个独立电网而不是主电网的一部分，则应急电源各馈线在应急配电板上不允许装设开关，只允许装设熔断器作为馈电线路的保护，这主要是为了确保应急状态下应急电网的可靠供电。

应急配电板上需装设的仪表电器，其原则与主配电板基本一样，只是少了并车所需的设备而已，因为应急电源都采用单机组运行。

图 3.5 和图 3.6 所示为应急配电板电气线路。

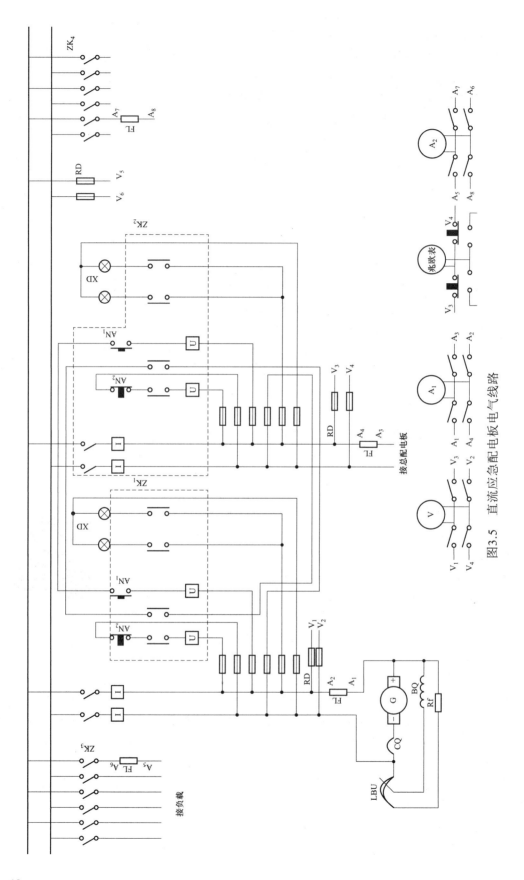

图3.5 直流应急配电板电气线路

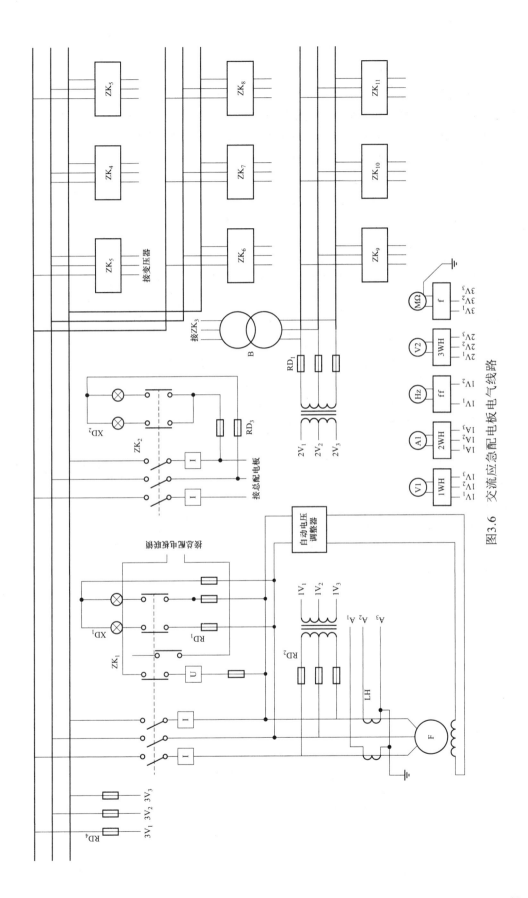

图3.6 交流应急配电板电气线路

3.3.2 充放电配电板

船上安装的蓄电池组应设有充放电配电板,以便对蓄电池组进行充电和对负载配电。对于无线电系统专用的蓄电池组,其充放电配电板和船上其他用途蓄电池组的充放电配电板必须分开而独立装设在报务室内,以确保无线电系统不受其他系统的干扰而能正常工作。

1. 设计充放电配电板时应注意的事项

设计充放电配电板时应注意下列几点:

(1)电源回路中应设有切断总电源的开关、保护熔断器和指示灯。

(2)应设有专用的调节充电发电机组电压用的励磁变阻器。

(3)若充电发电机组因故导致电压突然下降,则蓄电池组将会倒过来向充电发电机供电,为了防止这种情况发生,在每一充电回路上均应设有防止逆流的装置。这种装置通常是采用逆流继电器,若是用静止整流器做充电电源,则无须另加逆流继电器。

(4)应设有用以测量每一蓄电池组的充放电电压的电压表和测量每一充电回路充放电电流的电流表。

(5)为了确保应急照明、警铃等应急设备的供电可靠性,设计它们的蓄电池组充放电回路时,应使其即使在充电状态下,一旦发生应急情况仍能向这些应急设备立刻放电。

(6)设计小应急照明回路时,应保证在主电网失电时,能自动地接通蓄电池的放电回路。

在船舶上,蓄电池组的充电电源采用独立的直流发电机组,或采用交流电网经静止整流器整流后供电,其原理分别如图 3.7 和图 3.8 所示。

2. 船用蓄电池的充放电方式

(1)充电的方法和种类。蓄电池的充电方法和类型有多种,应根据蓄电池的用途和经济性来选用。

①充电方法。

a. 恒电流充电——以恒电流充电至放电结束。

b. 恒电压充电——给蓄电池加以恒定电压进行充电(由于充电初期通过电流大,应根据该电流选定整流器的容量)。

c. 恒电流恒电压充电——在充电初期通以适当的恒定大电流,达到某一电压时,保持恒定电压进行连续充电。

d. 连续补充充电——给无负载、自行放电的蓄电池进行补充充电的方法。

e. 分段充电——按 2~3 段变化恒电压或恒电流充电电流进行充电。

②充电种类。

a. 初次充电——使用铅酸蓄电池时,初次向电池内加入电解液进行充电,充电的第一阶段电流为额定充电电流的 70%~80%,充到单格电压上升到 2.4 V 为止;第二阶段电流为额定充电电流的 30%~40%,充到单格电压上升到 2.5 V,且相对密度和电压在 3 h 内稳定。

b. 正常充电——对已经放过电的蓄电池,为了使其恢复到原来规定容量而进行的充电,充电分两阶段进行,第一阶段按标准充电制的电流(额定充电电流的 10%)充电 6~7 h;第二阶段用第一阶段充电电流的一半充电 2~3 h。

c. 均衡充电——多个小电池组合使用的蓄电池在长时间使用后,各小电池往往产生相对密度、容量的不均衡现象,为此需要每月进行一次均衡充电,其方法是先进行正常充电;静置 1 h 后,用初次充电第二阶段的电流充到有剧烈气泡产生为止;再静置 1 h,反复上述充电过程,直到电压和相对密度保持稳定才完成。

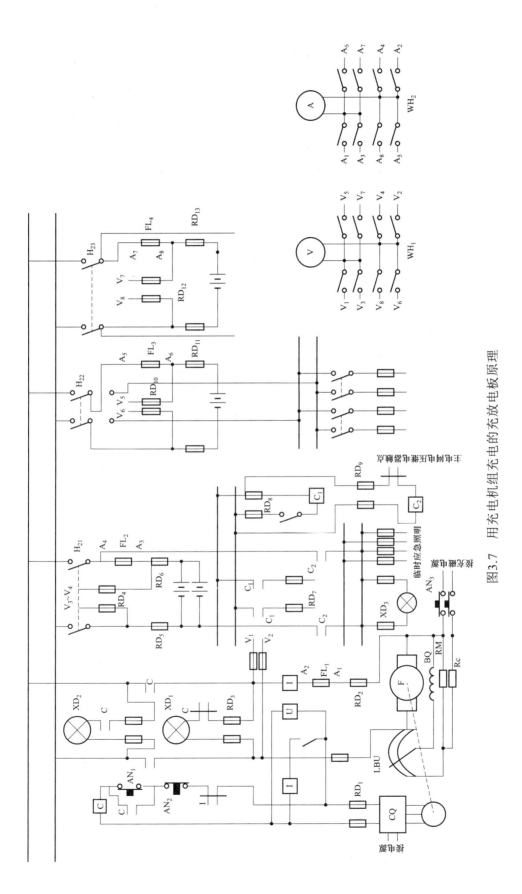

图3.7 用充电机组充电的充放电板原理

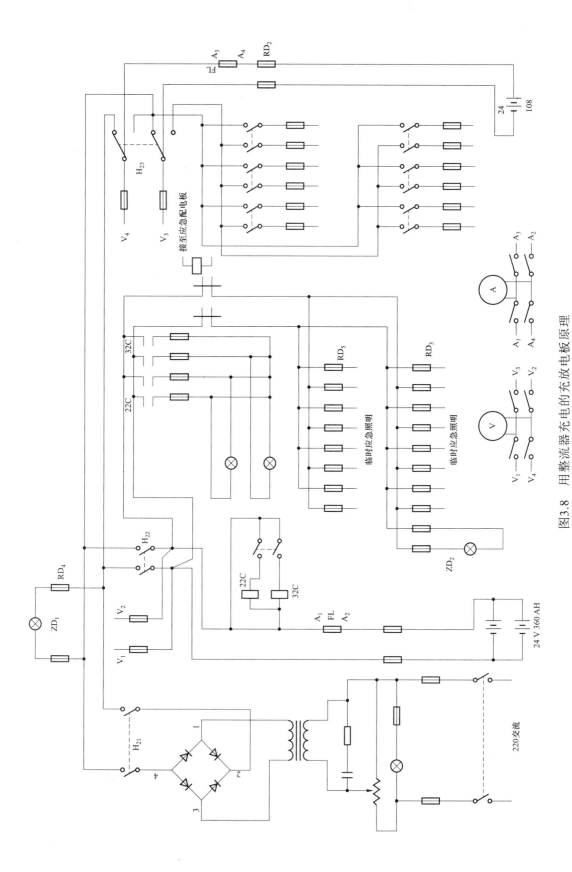

图 3.8 用整流器充电的充放电板原理

③充放电方式。目前,船舶上蓄电池采用的充放电方式有交互充放电方式、浮充方式以及交互充放电和浮充相组合的方式。各种充放电方式的特点见表3.1。

表3.1 各充放电方式比较

方式	主要特征	主要优缺点
交互充放电方式	1. 两组蓄电池的充电和放电相互互换;充电装置仅接入一组蓄电池,另一组蓄电池接入负载; 2. 充电装置不能与负载回路相接; 3. 一般采用连续补充充电方法	1. 在进行充电放电转换时,负载侧出现瞬时断电; 2. 两组蓄电池分别独立,一组故障时,另一组蓄电池仍可供电,可靠性高
浮充方式	1. 蓄电池和负载并联于充电装置,浮充电压保持恒定; 2. 充电时,蓄电池仅通过补充充电的电流; 3. 由于充电回路都设有限流环节,当出现大电流负载时,将由蓄电池负担部分负载,当电流负载消失后,蓄电池放电部分由充电装置补充充电; 4. 停电时,蓄电池负担全部负载; 5. 失电恢复后,充电装置负担正常负载,并给蓄电池充电	1. 由于浮充时由充电装置给负载供电,停电时由蓄电池给负载供电,故无瞬时电压、波动小; 2. 正常时蓄电池保持最合适的充电电流,处于良好的过充电状态,因此延长蓄电池寿命; 3. 充电装置负担正常负载电流和蓄电池充电电流,蓄电池负担大电流和停电时负载,所以充电装置和蓄电池容量减小
交互充放电方式和浮充方式组合	根据需要,通常有下述两种组合: 利用转换开关,将一组蓄电池接入快速充电装置,另一组蓄电池与浮充充电装置和负载并联; 仅设置一个充电装置,正常时两组蓄电池都与负载和充电装置并联,利用转换开关,可对其中一组蓄电池进行均衡充电	1. 需两组充电装置,蓄电池容量大; 2. 两组蓄电池可互为备用,可靠性高; 3. 充电装置为1台,蓄电池容量小

3.3.3 岸电箱及其他配电装置

1. 岸电箱

船舶在码头停泊或进坞修理时,一般都需要接用岸上的交流电源。该电源是通过岸电箱接至主配电板或应急配电板。岸电箱通常设置在主甲板以上的露天处。

岸电箱内应设有能切断所有绝缘相的自动空气开关或带有熔断器的非自动开关。岸电箱面板上设有岸电指示灯,以指示岸电是否有电。在岸电箱上必须标出船舶电源系统的参数(如电压、频率和接线方式)。岸

岸电箱

电箱上还应装有用以监视岸电相序的设备,只有当岸电接入相序与船舶电网的原来相序一致时方能允许合上岸电箱开关。在由中性线接地的三相交流岸电供电时,应设有一个接地端,将船体与岸上的接地装置连接。岸电箱与主配电板之间,应敷设有足够容量的固定电缆,应将拖引的电缆紧固在框架上,以使电缆端子不承受机械应力。

2. 分配电箱

各种用途的分配电箱分布在船上各用电较集中处。分配电箱箱体是由金属板制成的，箱内装有必要的开关、电器、仪表、指示灯和保护设备。

3. 无线电板

由于要保证无线电通信设备在任何情况下都有电源，为此专设这一配电板，其中装设有能迅速切换电源的开关及必要的仪表和指示灯。

4. 电工试验板

电工试验板安装在电工工作室，作为试验船上电动机、电器、自动装置等电气设备的电源，板上接有船上各种电源类型，装有各种灯座、插座及电源接线柱。

5. 区域配电板和分配电板

区域配电板是用来给其他区域配电板、分配电板或正常耗电大于 16 A 的电器进行配电的开关板，它由主配电板、应急配电板或其他区域配电板供电。

分配电板是由一个或一个以上的过载保护电器组成的集合体，对额定电流不超过 16 A 的最后分支线路进行电能分配。

以上两种配电板在我国尚没有统一的界限，因此习惯上统称分配电板。

(1) 分配电板的要求。

①所有的连接应便于维护。更换部件时，不必移去外壳或拆下引出电线。

②如分配电板汇流排与其他分配电板串联，则汇流排的截面应足够承受供电电缆的满载电流。

(2) 分配电板的位置。分配电板应能使专门人员在任何时候进行维修，一般均应加以封闭，其安装位置应使其内部元件的最大温升不会超过允许值。

(3) 分配电板外壳。外壳应有足够的机械强度并应使用耐潮、不燃和绝热材料制成。分配电板外壳只允许专门人员打开。

▶ 项目实施

引导问题 1：说出船舶配电装置的组成和各部分主要功能。

_____
_____
_____
_____
_____
_____

引导问题 2：说出主配电板的组成，分析各配电屏的作用（参考图 3.1）。

_____
_____
_____
_____
_____
_____

引导问题 3：简述发电机控制屏上各仪表的功能，思考船上的不同发电机组是否会共用同一个发电机控制屏。

_____
_____
_____
_____
_____

引导问题 4：请思考并回答：项目导入所述问题怎么解决？

_____
_____
_____
_____
_____

引导问题 5：接岸电的时候如果相序接反，会出现什么后果？

_____
_____
_____
_____
_____

▶ 项目评价

序号	评价项目	自我评价	教师评价
1	学习准备		
2	引导问题填写		
3	规范操作		
4	完成质量		
5	关键操作要领掌握		
6	完成速度		
7	5S管理、环保节能		
8	参与讨论主动性		
9	沟通协作		
10	展示汇报		

说明：表格中每项10分，满分100分。学生根据任务学习的过程与结果真实、诚信地完成自我评价。教师根据学生学习过程与结果客观、公正地完成对学生的评价。

知识拓展：船舶配电系统的控制管理

技能操作参考手册：船舶电站实训室配电装置认知

课后习题

3-1 主配电板的组成部分是（　　）。
A. 主发电机的控制屏、负载屏、并车屏、汇流排
B. 主发电机的控制屏、负载屏、应急配电板、岸电箱
C. 主发电机的控制屏、负载屏、并车屏、岸电箱
D. 主发电机的控制屏、负载屏、应急配电板、汇流排

3-2 用于控制、调节、监视和保护发电机组的是（　　）。
A. 控制屏　　　　B. 负载屏　　　　C. 并车屏　　　　D. 汇流排

3-3 主发电机配电板不装有（　　）。
A. 电流表及转换开关　　　　　　　B. 功率因数表
C. 同步表　　　　　　　　　　　　D. 逆序继电器

3-4 主配电板上的电压表与电流表是测量（　　）的。
A. 发电机相电压、相电流　　　　　B. 发电机线电压、线电流
C. 起货机线电压、线电流　　　　　D. 岸电的线电压、线电流

3-5 不经过分配电板，直接由主配电板供电的方式是为了（　　）。
A. 节省电网成本　　　　　　　　　B. 提高重要负载供电的可靠性
C. 逆相序保护的需要　　　　　　　D. 提高重要负载的功率因数

3-6 在并车屏上装有（　　）。
A. 整步表　　　　　　　　　　　　B. 整步指示灯
C. 频率表及其转换开关　　　　　　D. 以上都有

3-7 配电板上主汇流排按（　　）的顺序依次为 A 相、B 相、C 相。
A. 从下到上　　　　　　　　　　　B. 从右到左
C. A 和 B　　　　　　　　　　　　D. 从左到右

3-8 应急配电板不设（　　）。
A. 控制屏　　　　B. 并车屏　　　　C. 负载屏　　　　D. 汇流排

3-9 船舶配电装置的主要功能是什么？船舶配电装置按其用途的不同可分为哪些类型？

3-10 对配电装置的技术要求有哪些？

3-11 主配电板通常由哪几部分构成？各屏的基本功能是什么？

项目 4

船舶同步发电机并联运行与功率转移操作

▶ 项目导入

某船在海上航行,1号发电机单独发电运行,突然1号发电机出现了轻微故障,需要在短时间内停机维修,此时船上的各用电设备不宜断电,此种情况该如何处理?

同步发电机的并联运行原因

▶ 项目分析

为了满足船舶供电的可靠性和经济性,一般的船舶电站均装设有两台以上的同步发电机组作为主电源。两台以上的发电机同时向电网供电,称为发电机组的并联运行,把发电机组投入并联运行的过程称为并车。通常有三种情况下要并车操作,一是满足电网负荷的需求,当单机负荷达到80%额定容量时,且负荷仍有可能增加,这时就要考虑并联另一台发电机;二是当进出港靠离码头,或进出狭水道等的机动航行状态时,为了船舶航行的安全,需要两台发电机并联运行;三是当需要用备用机组替换下运行供电的机组时,为了保证不中断供电,需要通过并车进行替换。通过扫描二维码观看"同步发电机并联运行条件""手动并车操作程序"等视频,学习者学会用同步表和同步指示灯法并车操作。

▶ 学习目标

知识目标
1. 掌握船舶同步发电机并联运行的条件。
2. 掌握同步表、灯光明暗、灯光旋转放并车的原理。

能力目标
1. 能辨识船舶同步发电机各项并联运行的条件是否满足。

2. 熟练三种方法的并车操作。

素质目标

1. 通过对并车理想条件的学习,学生理解理想条件是一种科学假设,培养进行科学研究的基本素养。

2. 通过同步表并车的讲解,学生体会理想与现实相区别,培养由科学规律向工程应用转变过程中的创新思维意识与科学素养。

3. 通过对同步指示灯法并车,寻找灯光暗区间的中点为并车时刻,而不是灯刚灭的时刻,要求精准,培养其精益求精的工匠精神。

任务 4.1　同步发电机并联运行条件认知

4.1.1　同步发电机的理想并车条件

对于一个运行中的电站,三相同步发电机准确同步并车操作时,最理想的情况是满足以下三个条件:

(1)待并发电机组的电压与电网(或运行机组)电压的大小相等,即 $U_G=U_B$;

(2)待并发电机组的频率与电网(或运行机组)频率相等,即 $F_G=F_B$;

(3)待并发电机组电压的相位与电网(或运行机组)电压的相位一致,即 $\delta_G=\delta_B$。

同步发电机的并联运行条件

(4)待并发电机的电压与电网(或运行机组)电压的相序一致。

符合上述四个条件,则待并发电机的电压相量与电网(或运行机组)的电压相量完全重合。若在此瞬间将待并发电机主开关合闸投入电网(并车操作),则在待并机组与电网(或运行机组)间不会产生冲击电流,这是准确同步的理想情况。在上述的四个条件中,相序必须满足,其他条件可以稍有差别。一般情况下,如果不是新安装的发电机或检修后安装的发电机,则上述(4)是满足的,无须检查,在如下叙述中此条件不再赘述。

4.1.2　同步发电机的实际并车条件

实际并车操作时,要达到理想并车条件是不可能的。当任一并车条件不符时,并车瞬间在待并机组与电网间会发生什么情况?下面逐一分析。为方便起见,对电网(运行机组)我们用 G_1 表示,对待并机组用 G_2 表示。

同步发电机并联运行条件的分析

(1)假设待并发电机组与电网(或运行机组)的频率相等、相位一致,但电压大小不等时并车,即 $f_1=f_2$、$\delta_1=\delta_2$ 但 $U_1 \neq U_2$。

对于三相对称电路,通常可取出一相电路进行分析,两台机组并车时的等值电路如图 4.1(a)所示。仅当电压不等(若 $U_2 > U_1$)时投入 G_2,则在发电机主开关 ACB_2 两端就有电压差 $\Delta \dot{U}$ 存在,$\Delta \dot{U} = \dot{U}_2 - \dot{U}_1$,这时合闸,在两台发电机间就会因

$\Delta \dot{U}$ 而产生一个称为平衡电流的环流 $\dot{I}_{PH}$。由于环流经过的回路主要是感抗,故 $\dot{I}_{PH}$ 滞后 $\Delta \dot{U}$ 约 $90°$,其相量图如图 4.1(b)所示。这一环流对两台发电机产生均压作用。由于 $\dot{I}_{PH}$ 与 $\dot{I}_2$ 的正方向是一致的,故对 G_2 来说,$\dot{I}_{PH}$ 相当于 G_2 增加输出了一个感性的滞后的无功电流,它产生去磁的电枢反应,将使 G_2 的端电压相比于并车前的 U_2 有所降低;但对运行机组 G_1 来说,$\dot{I}_{PH}$ 与 $\dot{I}_1$ 为反方向,因此 $\dot{I}_{PH}$ 相当于 G_1 减少输出滞后的无功电流,因而相应的去磁的电枢反应比原先减少了,这样将使 G_1 的端电压相比于并车前 U_1 有所升高。最后,使两台发电机组并联运行于同一个电压 U 上,这时 $U_2<U<U_1$。反之,当 $U_2<U_1$ 时并车,则在发电机主开关 ACB_2 的两端产生的电压差 $\Delta \dot{U}$ 的相位也相反,环流产生的电枢反应结果将使待并机组 G_2 的端电压 U_2 上升,运行机组 G_1 的端电压 U_1 降,最终使两台发电机组运行于同一个电压上。

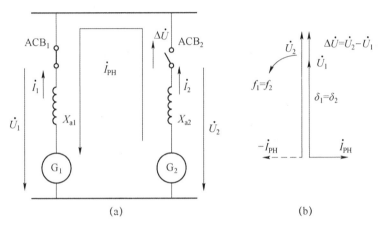

图 4.1 电压不等时并车

(a)等值电路图;(b)相量图

可见,$\Delta \dot{U}$ 所产生的环流 $\dot{I}_{PH}$,对两台发电机起均压作用。由于并车瞬间两台机组间呈现的阻抗主要是发电机的超瞬变电抗 X''_a,它比稳定时的发电机同步电抗 X_a 小得多。因此,不大的电压差也会产生很大的冲击电流,所以并车操作中要注意电压差不得超过 $±10\%$ 额定电压。

(2)假设待并发电机与电网电压大小相等、频率相等,但相位不一致时并车,即 $U_1=U_2$,$f_1=f_2$ 但 $\delta_1≠\delta_2$。如果待并发电机电压 V_2 的相位超前于运行发电机电压 V_1 的相位为 $\delta_0=\delta_{10}-\delta_{20}$,由于两者频率相等,所以相位差 δ_0 在并车前任何时刻均保持不变,相量图如图 4.2(a)所示。由图可知,即使两台机组的电压数值相等,并车瞬间在待并机组主开关 ACB_2 的动、静触头之间仍有电压差 $\Delta \dot{U}=\dot{U}_2-\dot{U}_1$,其大小可从三角函数得知:

$$\Delta U = 2U\sin\delta_0/2 \tag{4-1}$$

从上式可以看出,当 $\delta_0=180°$ 时,$\Delta U=2U$,此时电压差为最大。由于 $\Delta \dot{U}$ 的存在,因此同样产生平衡电流 $\dot{I}_{PH}$,它滞后于 $\Delta \dot{V}$ 为 $90°$,滞后于 $\dot{V}_2$ 为 $\dfrac{\delta_0}{2}$,超前于 $\dot{V}_1$ 为 $\dfrac{\delta_0}{2}$。

由图 4.1(a)及图 4.2(b)可知，$\dot{I}_{PH}$ 对待并发电机 G_2 而言，与其输出电流 $\dot{I}_2$ 的正方向相同，可分解为与 $\dot{U}_2$ 同相的有功分量 $\dot{I}_{PHP}$ 及与 $\dot{U}_2$ 相垂直的无功分量 $\dot{I}_{PHQ}$；$\dot{I}_{PH}$ 对运行机组 G_1 而言，其负值 $-\dot{I}_{PH}$ 与 G_1 输出电流 $\dot{I}_1$ 的正方向相同，如图 4.2(b)中虚线所示，它可分解为两个分量，即与 $\dot{U}_1$ 反向的有功分量 $\dot{I}'_{PHP}$ 及与 $\dot{U}_1$ 相垂直的无功分量 $\dot{I}'_{PHQ}$。由于 $\dot{I}_{PHP}$ 与 $\dot{U}_2$ 同相，故发电机 $\dot{U}_2$ 在并车瞬间输出的是有功功率，即 G_2 是作发电机运行，在其轴上将产生制动力矩，也就是在转轴上出现一个负加速度，使其转速瞬间下降；但对 G_1 来说，因 $\dot{I}'_{PHP}$ 与 $\dot{U}_1$ 是反相位，故在并车瞬间是吸收有功功率，即 G_1 是做电动机运行，在其轴上将产生驱动力矩，也就是在转轴上出现一个正加速度，使其转速瞬间上升。两者的结果都将使两台发电机的相位趋于一致而进入同步运行。同步发电机内部的这种作用称为"自整步"作用。

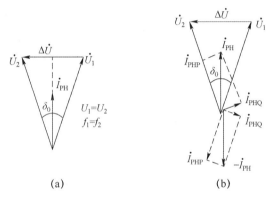

图 4.2 相位不一致时并车

(a)相位不一致时并车相量；(b)环流 I_{PH} 的有功分量与无功分量

由于 $\dot{I}_{PHQ}$ 滞后 $\dot{U}_2$ 90°，$\dot{I}'_{PHP}$ 滞后 $\dot{U}_1$ 90°，故这两个冲击电流中的无功分量均对各自发电机起去磁的电枢反应有影响，从而导致并车后电网电压会发生略微的下降。

如果并车时相位相差较大，则过大的 $\Delta \dot{U}$ 将在并车时产生很大的冲击电流，在发电机轴上也会形成很大的冲击转矩。由于船用同步发电机转子的转动惯量不大，在这种冲击转矩的作用下，两台机组的转子可能会发生扭轴，也可能产生较大幅度的相对摆动(所谓"振荡")，或者由于自整步作用不足以克服两机组间太大的相位差，从而失步而跳闸。所以准同步并车时的相位差，一般要限制在±15°以内。

(3)假设待并机组与电网电压大小相等、相位一致，但频率不等时并车，即 $U_1=U_2$、$\delta_1=\delta_2$ 但 $f_1 \neq f_2$。

图 4.3 所示为仅当频率不一致时并车相量。从图 4.3(a)可以看出，当合闸瞬间 $t=0$ 时刻，两台机组的电压相量是重合的，但经过 Δt 时间

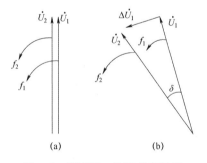

图 4.3 频率不一致时并车相量

(a)$t=0$ 时刻；(b)经 Δt 时间后

后,由于 $f_2 > f_1$,所以 $\dot{U}_2$ 相量超前 $\dot{U}_1$ 相量一个 δ 角,相位差 $\delta = 2\pi(f_2-f_1)\Delta t$ 同样产生一个电压差 ΔU,其结果同前一情况类似,也会出现环流。如果并车时两机组的频率相差不大,则由于自整步的作用,能互相拉入同步,如果两机组间频率相差太大,则由于自整步的作用不够,将造成失步而跳闸,严重时可能会导致全船跳电,所以并车时频率差应控制在±0.5 Hz 以内。

从上面分析可知,当并车的任一条件不满足时,发电机间必将产生冲击电流。当冲击电流在许可范围内时,它能帮助同步发电机并车,将两台机组拉入同步。当并车条件超出允许范围时,过大的冲击电流可能会导致并车失败或使系统电压下降,甚至出现跳电、损坏机组等事故,这些都是应该避免的。

任务 4.2　同步发电机并车操作

4.2.1　手动准同步并车

同步表法并车原理及操作

手动并车操作程序

1. 同步表

同步表如图 4.4 所示,由转子和定子两部分组成,定子由三相绕组和转子励磁线圈组成。定子三相绕组经电压互感器接入待并机三相电源,产生旋转磁场(经向)。转子为一个单相绕组,经由电压互感器接入电网 R_1S_1 上产生交变脉动磁场,也是经向的。转轴上下两端固定有两个扇形薄片,构成 Z 形。它受两磁场吸引而转动,并停留在合成磁场的最大位置上。

当两磁场不相同时,其合成磁场最大值的位置将不断朝某一方向提前或推迟,这将使扇形铁片(带动转轴)向顺时针或逆时针方向不断转动。转动速度与两者频率差大小成正比,即指针旋转的方向和快慢反映了频差大小成比例,指针 12 点是一条红线,当完全同步时(即 $\Delta f = 0$,$\Delta \phi = 0$),同步表指针应停止不转,且指向 12 点。

同步表构造与原理如图 4.5 所示,在图 4.5(b)中,选取 R_1、R_2 电阻较大,使电路呈电阻性电流,且电压

图 4.4　指示灯式同步表

电流同相。

在实际进行手动准同步操作时只需将频差调至一定范围内即可,应使 $f_2 > f_1$(f_2 为待并机频率,f_1 为电网频率)。使同步指示针旋转小于 0.5 周/s。另外,考虑到主开关动作有一定的时间,所以合闸手柄有一定的提前量,即同步表指向 11 点时即扳动主开关合闸手柄。并车完毕后,把同步表切除,以免破坏,因为它设计允许短时(15~20 min)通电。Z 形薄片(铅)受两磁场的合力磁场吸引而转动。两个径向磁通合成,转子定在两个磁通合成的最大位置上。当 $f_2 > f_1$ 时,在"快"位置;$f_2 < f_1$ 时,指针在"慢"位置,表示待并机比电网频率"慢"。

指针旋转的速度就是频差 $f_s = f_2 - f_1$,指针旋转一圈的时间就是频差周期 T_s,即 $T_s = \dfrac{1}{f_s}$。一般可以根据指针转动的快慢来调整待并发电机转速(频率),使它每转一周在 3~5 s 为合适频差。即 $f_s = \dfrac{1}{f_s} = \dfrac{1}{3 \sim 5}$(Hz)。

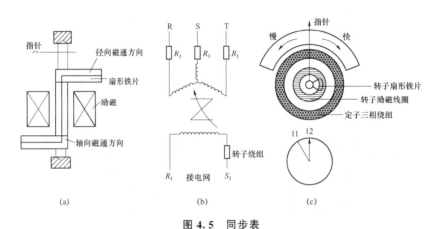

图 4.5 同步表

(a)同步表转子磁通;(b)同步表原理;(c)同步表

图 4.6 所示为电站有三台发电机时同步表的接线图。同步表的定子线圈经三相电压互感器接待并机的三相输出电压。另一组线圈经电压互感器接电网电压,同步表转换开关在不并车时应置于 0 位。并车时将装换开关转至待机位置即可检测频率差和相角差。

2. 并车操作

上面已分析了并车三个条件,并车操作就是测量与调整这些参数,使它基本满足这三个条件时合上待并机的主开关,在冲击电流的均压与自整步作用下将待并机拉入同步,这种方式称为准同步并车。

主配电板上的电压表、频率表、同步表或同步指示灯就是测量这种参数的仪表。由于船用配电板测量仪表一般精度较低,因此并车操作中频差的检测往往直接通过观察同步表进行,并按同步表的转向及旋转速度进行调节待并机组的频率。在做手动并车操作时,只要待并机组已启动成功、电压建立,原动机的其他参数一切正常时,即可进行手动并车操作。通常运行机组的各项电参数在并车前都保持在额定数值附近,因此并车时参数的调整,均只调整待并机组的参数。

手动并车操作步骤与方法如下:

(1)在主配电板前测看两台机组电压表的数值指示,一般均在许可范围内。只要发电机满足船级社规范要求，则电压差一定在±5%以内，因此通常不需要考虑。

(2)打开同步表开关，观看同步表指针旋转方向与旋转速度。

(3)通过发电机控制屏(或并车屏)上调速开关(或调速按钮)，按同步表的转向及旋转速度对待并机组相应调整。通常我们希望待并机在正差频下进行并车，这样并车瞬间一方面不会发生逆功率，另一方面待并机一并上网即承担一定的负荷。对于大多数同步表而言，顺时针旋转表示待并机组频率高于电网频率，也有个别船舶上同步表的转向是反的，即其同步表顺时针旋转表示待并机组频率低于电网的频率。一般调整到同步表指针向快的方向旋转，且转一圈的时间在 3~5 s(相应频差在 0.33~0.2 Hz)时，即可准备合闸。

(4)并车时应考虑发电机主开关固有的动作时间。对于采用电磁铁合闸的主开关，一般可按 0.1 s 计，采用电动机合闸的可按 0.3 s 计；再考虑手按按钮操作时间，也可按 0.1 s 计。即电磁铁合闸的主开关应提前 0.2 s 进行合闸操作，电动机合闸的主开关应提前 0.4 s 进行合闸操作。对于顺时针旋转为快的同步表，若同步表指针按钟表分针计算，则同步表转一圈为 3 s 时，电磁铁合闸的应在 56 min 时果断合闸操作，电动机合闸的应在 52 min 时果断合闸操作；当同步表指针转一圈为 5 s 时，电磁铁合闸的应约在 57.5 min 时果断合闸操作，电动机合闸的应约在 55 min 时果断合闸。因此实际操作时，只要同步表指针转一圈的时间为 3~5 s，合闸提前量可掌握在电磁铁合闸操作机构的可在 57 min 时合闸，电动机合闸操作机构的可在 53.5 min 时合闸。

(5)并上车后应关闭同步表开关。

(6)进入负载分配与频率的调整操作程序。

4.2.2 同步指示灯法

灯光明暗法并车原理

灯光明暗法并车实操

灯光旋转法并车原理

灯光旋转法并车实操

手动并车除借助于同步表进行操作外，也可利用同步指示灯进行并车。通常，同步指示灯当作备用的设备，当同步表损坏时，才借助于同步指示灯进行并车操作。

同步指示灯有灯光明暗法与灯光旋转法两种类型。

(1)灯光明暗法。灯光明暗法也称为灯光熄灭法。该方法中每个指示灯均是接在待并发电机电压与电网电压的对应相上，如图 4.7 所示，因此指示灯上的电压为待并机电压与电网电压间的相位差电压。明暗法可以用三个指示灯，也可用两个指示灯，甚至一个指示灯，实际船舶上大多采用两个指示灯的方案。

当待并机电压 U_G 与电网电压 U_B 间电压数值、频率和相位不一致时，指示灯上就有相位差电压。这一相位差电压由于存在频率差，故其数值大小是不断变化的，从而指示灯同时呈现明、暗交替变化。频差越大，明、暗交替变化也越快，当相位一致时，指示灯上的电压为 0(待并机电压与电网电压数值相等时)。

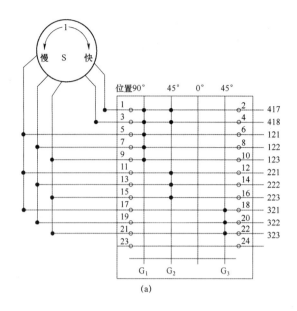

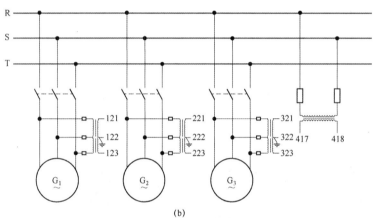

图 4.6 同步表接线

(a)同步表转换开关；(b)三台发电机同步表的接线

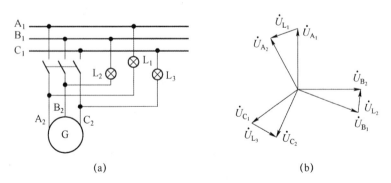

图 4.7 灯光明暗法接线及电压向量

(a)接线；(b)电压向量

一般指示灯在电压降到其额定电压的 30%～50% 时就已经熄灭，因此指示灯熄灭的中间时刻基本上是相位一致的时刻，也就是发电机主开关主触头闭合的时刻。这种方法，从指示灯明暗变化的速度可判断差频的大小，调整待并机的频率，直至明暗变化一周在 3～5 s（$\Delta f=0.33～0.2$ Hz），然后捕捉相位一致时刻进行合闸操作。

（2）灯光旋转法。灯光旋转法基本上都采用三个指示灯，按三角形布置。正中上方的一个指示灯接在对应的第一相上（U 相与 R 相），下面两个灯系交叉接法，即一个灯接在待并机的 V 相与电网的 T 相，另一个灯接在待并机的 W 相与电网的 S 相，如图 4.8 所示。

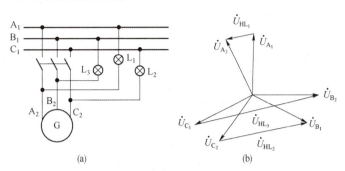

图 4.8　灯光旋转法接线及电压向量
(a)接线；(b)电压向量

只要待并机电压与电网电压间频率不相等时，这三个指示灯就会先后出现明暗交替变化，即呈现灯光旋转现象。待并机频率高时，灯光呈顺时针方向旋转，反之呈逆时针方向旋转。当正中上方指示灯熄灭，且下面两个指示灯的灯光变化到亮度相同时，即为相位一致时刻，此时刻即应为发电机主开关主触头闭合时刻。

灯光旋转法可从指示灯旋转方向来判断待并机的频率是高还是低，从旋转速度可判断差频的大小。并车时，调整待并机的频率直至灯光向快的方向旋转，且旋转一圈在 3～5 s，然后捕捉相位一致时刻，进行合闸操作。

4.2.3　电抗同步并车法

1. 电抗器并车

电抗并车法也称粗同步并车法。这是 20 世纪 70 年代前针对当时船员技术素质不高时采用的一种方法。这种方法的最大优点是对并车三个条件的要求不高，甚至可以不考虑，因此深受广大船员欢迎；但其缺点是并车后若并车电抗器不切除，则当需停这台未切除电抗器的机组时，将会发生主开关跳闸、关闭油门后原动机停不下来的现象，此时发电机成为同步电动机，若处理不当将会发生烧毁电抗器直至烧毁主配电板的事故。电抗器的电抗值在设计时是按相位差在 180°时计算的，此时冲击电流一般被限制在 1.2～1.8 倍的额定电流，有的并车电抗器仅允许在这样大的电流下工作 3 s，因其磁路不允许饱和，故大多采用空心式。

电抗并车法的原理是待并机首先通过电抗器接入电网，由电抗器来限制并车时的冲击电流，当将待并机拉入同步时，再合上发电机主开关，然后切除并车电抗器。采用电抗并车操作时，理论上可不考虑相位，但实际上当并车瞬间相位差超过 90°时，由于此时有功功率的交换是不够的，即拉入同步的力矩较小，从而使拉入同步的时间拖得较长，这样在较大的冲击平衡电流的作用下就有可能使运行机组的主开关因过载而跳闸，此时将形成只有待并机组经电抗器接入电网，因此电网电压很低，白炽灯发红，当出现这种情况时，应立即合上发电机主开关。所以即使采用电抗并车，最好也在相位差小于 90°时进行操作。实际操作过程中电路如下节说明。

2. 控制电路

当待并发电机 G_2 启动后,大致调节一下频率,观察一下,若电压差别不大,就可接通同步表,即使在相位差较大时,也可接通并车接触器。一般只需满足 $\Delta U < 10\% V$,$\Delta f < 1.5$ Hz,$\delta_0 < 180°$ 即可,它比准同步并车三个条件放宽了许多。发电机 G_2 通过电抗器 DK 与电网并联,尽管此时电压差、频率差较大,但由于 DK 的阻抗很大,它限制了并车时所产生的冲击电流,此后观察同步表,当指针在"0"位时,即同步位置时就可合上主开关 ZK,将电抗器短路,使发电机不再通过电抗器,而直接与电网并联运行,主开关已合上,然后断开接触器 KA_2,使电抗器切除。其控制原理如图 4.9 所示。工作过程如下:调整待并发电机 G_2 的伺服马达调整旋钮,使其电压和频率都接近运行发电机 G_1,按 SB_2 按钮,KA_2 有电,自保,主触电闭合,G_2 通过电抗器 DK 与 G_1 并联。同时,KT_2 延时计时开始,经延时(5~8 s)足以保证 G_2 已被拉入同步,KT_2 延时闭合,KT_4 接触器通电,其常开触头接通发电机 G_2 的主开关 ZK_2 的合闸线圈,ZK_2 立即合闸(合闸后,合闸线圈失电,ZK_2 不会跳闸)。合闸后 ZK_2 的常闭辅助触头断开,KA_2 失电,电抗器自动切除,KT_2 也失电复位,粗同步并车过程结束。

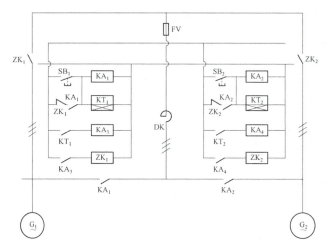

图 4.9 电抗器并车控制电路

任务 4.3　并联运行发电机间无功功率的分配

同步发电机的无功功率分配

4.3.1 同步发电机的自励恒压概述

1. 自励恒压装置的作用

(1)自励起压。发电机组启动后,在转速接近额定值时,由自动调压装置使发电机可靠自励起压,建立额定空载电压。

(2)维持电力系统电压基本恒定。交流电力系统的用电设备主要是感性负载,感性负载电流对同步发电机的电枢反应是去磁作用。电流的大小和功率因数的变化都会引起发电机端电压的变化,它对于发电机、负载,以至整个电力系统的运行都不利。若在负载电流变化同时,励磁电流也做相应的变化,以补偿电枢反应的去磁作用,就能维持发电机端电压基本恒定。通常对励磁电流的调整是由自励恒压装置完成的。

(3)合理稳定地分配并联运行发电机间无功功率。同步发电机并联运行时,如果无功功率不按各自的容量成比例分配,将造成发电机间的电势不等,在并联运行的发电机间产生无功性质的环流。这无功环流不但会使机组总的定子铜耗增加、效率降低,而且会影响发电机组并联运行的稳定性。因此需要自励恒压装置来调整发电机的励磁电流,使发电机的电势基本一致,合理分配无功功率,以保证发电机并联运行的经济性和稳定性。

另外在电网发生短路故障时,为了保证继电保护装置动作的可靠性,也需要自励恒压装置实行强行励磁,强行励磁可提高发电机并联运行的稳定性。

2. 自励恒压装置的基本要求

自动电压调整器的静态和动态特性,分别以静态电压调整率和动态电压调整率来描述,两者是衡量调压器的主要技术指标。

(1)静态和动态特性。

①对静态电压调整的要求。当负荷在一定的范围内变化或由于其他原因引起发电机端电压发生波动时,自动调压装置应能及时而又恰当地调节励磁电流,以保证发电机电压的波动在允许的范围之内。这个静态指标,用静态电压调整率 $\Delta U\%$ 来衡量,即

$$\Delta U_s\% = \frac{U_{\max}(\text{或 } U_{\min}) - U_e}{U_e} \times 100\% \tag{4-2}$$

式中,U_e 为发电机的额定电压(V);$U_{\max}$、$U_{\min}$ 为发电机在规定的负荷变化范围内端电压的稳态最大值或最小值。

我国《钢质海船入级与建造规范》规定:发电机从空载至满载,功率因数保持为额定值,主发电机的静态电压变化率应在±2.5%以内,应急发电机的静态电压变化率应在±3.5%以内。

②对动态电压调整的要求。当大负荷突变时,电网的瞬时电压变化很大,自动电压调压器应能保证发电机的瞬时电压波动以及恢复至稳定值的时间都在允许的范围之内。这个动态指标用瞬时电压调整率

$\Delta U_s(\%)$ 和电压恢复时间 t_h 来表示,即

$$\Delta U_s(\%) = \frac{U_{\max} \cdot s(\text{或 } U_{\min} \cdot s) - U_e}{U_e} \times 100\% \tag{4-3}$$

式中,$U_{\max} \cdot s$ 为发电机突加负荷或突减负荷时的最高电压值;$U_{\min} \cdot s$ 为发电机突加负荷或突减负荷时的最低电压值。

我国《钢质海船入级与建造规范》规定:发电机突加或突减50%额定电流及功率因数不

超过 0.4(滞后)的对称负荷时,发电机的动态电压变化率应在±15%以内,电压恢复时间不超过 1.5 s。

(2)强行励磁。电力系统的特点,是过渡过程非常快。当负荷突然大幅度增加或出现短路时,电压将会有很大下降,给电力系统的运行带来许多问题,甚至可能使电力系统丧失稳定性。解决上述问题的有效方法之一,是实行强行励磁。要求自动调压装置能迅速做出反应,在最短的时间内把励磁电流升高至超过额定状态的最大值,以提高电压的上升速度,使发电机的电压迅速得到恢复。或在短路时产生一定数量的

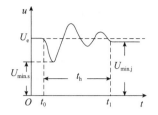

图 4.10 电压调整过程曲线

短路电流,使保护装置准确动作,并且在短路故障消除后,能保障发电机的电压迅速回升。

强行励磁能力,通常用强行励磁倍数和发电机电压上升速度来描述。强励倍数 K_p 是励磁系统在强励中可能提供的最高输出电压 U_{Lp} 与发电机额定电压下的励磁电压 U_{Le} 之比,即

$$K_p = \frac{U_{Lp}}{U_{Le}} \tag{4-4}$$

K_p 值一般为 2 左右,有时会更高些。实际船舶中,励磁电压达到 95% 顶峰电压的时间为 0.1～0.5 s。

(3)无功功率的合理分配。当发电机处于并联运行状态时,自动调压装置保证了无功功率按发电机各自的容量成比例进行分配,防止个别机组出现过载的现象,维护了电力网运行的稳定性和经济性。

我国《钢质海船入级与建造规范》规定,并联运行的交流发电机组,当负荷在额定功率的 20%～100% 范围内变化时,各发电机实际承担的无功功率与按发电机各自的容量比例计算值之差不应超过下列数值中的较小者:

①最大机组额定无功功率的±10%;

②最小机组额定无功功率的±25%。

(4)自励恒压装置的分类及调压原理。同步发电机励磁恒压装置的种类较多,其发展大致经历了带直流励磁机的励磁系统、不带励磁机的相复励恒压励磁系统、晶闸管励磁及具有同轴交流励磁机的无刷励磁系统等几个阶段。

目前同步发电机采用自励形式,其直流励磁电流由自身输出的交流电经过整流后获得的。各类装置的基本调压原理都是通过对发电机端电压,或者负载电流及其功率因数的检测来调整励磁电流,从而实现输出端电压恒定。按照被检测量,自励恒压装置可分三大类:

①按发电机电压偏差 ΔU_f 调节。发电机在运行中,由于某种原因使得发电机输出电压与给定的电压出现偏差 ΔU_f 时,调节器将根据偏差电压的大小和极性输出校正信号,对发电机励磁电流进行调节。由于被检测量和被调量都是发电机端电压,恒压装置与发电机构成一个闭环调节系统,稳态特性比较好,静态电压调整率一般均在±1%以内。晶闸管自励恒压装置属于这种类型。

②按负载电流 I_f 和功率因数 $\cos\varphi$ 调节。发电机电压的波动,是由于负载的变化和故障所引起的。如果被测的量是发电机的负载电流 I_f 及功率因数 $\cos\varphi$,再经调压器去调节励磁电流来稳定发电机电压。这时被测量和被调量不同,故构成一个开环调节系统,静态特性

比较差，但动态特性较好。不可控相复励自励恒压装置属于这种类型。

③按 $I_f\cos\varphi$ 及 ΔU_f 调节。这类复合调节是将上述两种调压方式结合在一起，它是在按负载调节的基础上采用自动电压调节器（AVR），静态和动态特性都比较好，是一种较理想的励磁调节装置。可控相复励自励恒压装置属于这种类型。

目前主要采用的类型有不可控相复励自励恒压励磁装置、可控相复励自励恒压励磁装置、晶闸管自励恒压励磁装置、无刷同步发电机励磁系统。

4.3.2 不可控相复励自励恒压装置

不可控相复励自励恒压装置，具有结构简单、管理方便、价格低、动态特性优良，并能在恶劣的环境下可靠工作等优点。

不可控相复励自励恒压装置，是利用发电机本身的剩磁电压进行自励起压，根据负载电流的大小进行复励及负载电流与电压的相位关系进行相位复励，以调整励磁电流，稳定发电机端电压。根据这两个分量叠加方式的不同，不可控相复励自励恒压装置又可分为电流叠加型、电势叠加型和电磁叠加型三种形式。如图 4.11 所示为这三种形式的单线原理。

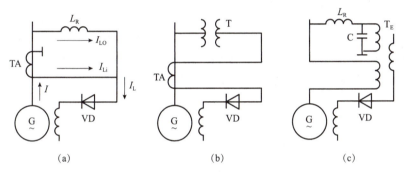

图 4.11 不可控相复励自励恒压装置单线原理
（a）电流叠加；（b）电势叠加；（c）电磁叠加

1. 不可控相复励装置自励起压及恒压的基本原理

（1）自励起压基本原理。自励起压特性曲线，如图 4.12 所示。其中曲线 1 为同步发电机空载特性曲线 $U_{fe}=f(I_L)$；曲线 2 为自励回路的理想励磁特性曲线 $I_L=f(U_f)$。

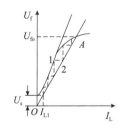

图 4.12 自励起压曲线

同步发电机自励起压过程：由于磁滞现象，在转子磁极上留有剩磁。当柴油机拖动发电机的转子转动后，发电机定子绕组将产生感生剩磁电压 U_s，U_s 加在自励回路上，经过整流在发电机励磁绕组中产生励磁电流 I_{L1}，I_{L2} 在发电机定子绕组中感生电压，U_{O1} 通过自励回路产生 I_{L1}，I_{L2} 又感生更高的电压，如此循环，构成正反馈，逐渐提高发电机空载电压，最后达稳定的交点 A，此时发电机电压即为空载电压 U_{FO}。

由上述可知，同步发电机要正常自励起压，必须满足三个条件：

①有足够的剩磁电压 U_s，以使自励回路导通；

②适当整定励磁回路阻抗，使励磁特性与空载特性配合恰当，获得空载电压 U_{FO}；

③使自励系统成为正反馈系统，剩磁电压 U_s 所产生的励磁电流的磁化方向与剩磁方向相同。

(2)恒压基本原理。当同步发电机建立了正常空载电压后进入带载运行过程时,由于电枢反应的去磁作用和内部阻抗的压降,发电机端电压必然要变化,因此必须采取恒压措施来维持发电机端电压的恒定。既然是负载电流 I_f 变化引起发电机端电压 U_f 的变化,因而可利用 I_f 进行复式励磁,以附加电流来调整发电机的端电压。方法是将与发电机负载电流按一定的比例经整流后供给励磁。其调压作用是借助于电流互感器 TA 组成的复励回路来实现的。当 $\dot{I}_f$ 增加引起 $\dot{U}_f$ 下降同时,$\dot{I}_f$ 也通过 TA 使励磁电流 I_f 增大,以提高 U_f,从而达到调压目的。

引起同步发电机变化的原因,除 U_f 大小变化之外,还和功率因数 $\cos\varphi$ 的大小有关。这就需要调压器,同时也要能补偿由 $\cos\varphi$ 变化而引起的 U_f 变化,这就是所谓相复励。如为了达到相位补偿的作用,在自励回路中接入电抗,以将自励回路中电流 $\dot{I}_{Lu}$ 移相 $90°$,移相电抗器 L_R 就具有这个作用,如图 4.13(b)所示。

相位复式励磁,是将发电机负载电流 $\dot{I}_f$ 经 TA 变换的电流 $\dot{I}_{Li}$ 和由 $\dot{U}_f$ 经 L_R 产生的电流 $\dot{I}_{Lu}$ 在交流侧叠加,因为是相量相加,故可反映相位关系。它们的叠加电流 $\dot{I}_L = \dot{I}_{Lu} + \dot{I}_{Li}$ 直接反映出随 I 和 $\cos\varphi$ 的变化而进行调压。

如图 4.13(a)所示,当 $\dot{I}_f$ 增加引起 $\dot{U}_f$ 下降时,同时将使 $\dot{I}_{Li1}$、$\dot{I}_{L1}$ 增加为 $\dot{I}_{Li2}$、$\dot{I}_{L2}$,以提高 $\dot{U}_f$;如图 4.13(b)所示,当 $\cos\varphi$ 下降引起 $\dot{U}_f$ 下降时,同时将使 $\dot{I}_{Li1}$、$\dot{I}_{L1}$ 变为 $\dot{I}_{Li2}$、$\dot{I}_{L2}$,以提高 U_f,达到调压的目的,反之亦然。

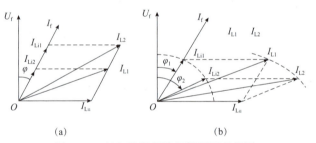

图 4.13 相复励调压装置恒压原理相量
(a)负载电流变化时相量;(b)负载功率因数变化时相量

2. 电流叠加相复励自励恒压装置

(1)原理。电流叠加相复励自励恒压装置原理如图 4.14 所示,在习惯上又称为二绕组相复励变压器。图中,TA 为电流互感器,它反映发电机负载电流的大小和相位,以进行相复励调压;L_R 为移相电抗器,它将发电机电压产生的电流移相 $90°$,作为电压分量 I_{Lu},以进行自励起压;VD 为三相桥式硅整流器,它将交流侧叠加得到的励磁电流 $\dot{I}_L$ 整流成直流励磁电流 I_L。

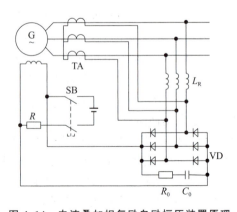

图 4.14 电流叠加相复励自励恒压装置原理

（2）等值电路分析。图 4.14 所示为一个实际应用的三相对称电路。图 4.15 所示是其一相的等值电路图，适用于计算分析。图中 R_E 是励磁回路等值电阻，K 为 TA 的变比；Z_L 为移相电抗器的阻抗。按叠加原理，可得

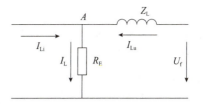

图 4.15　电流叠加相复励自励恒压装置

$$\dot{I}_L = \dot{I}_{Lu} + \dot{I}_{Li} = \frac{\dot{U}_f}{R_E + Z_L} + \frac{K\dot{I}_f Z_L}{R_E + Z_L} \tag{4-5}$$

由于移相电抗器 Z_L 的感抗值 $X_L \gg R_L$（电抗器的电阻值），$X_L \gg R_E$，忽略 r_L 和 r_E 之后，上式可表示为

$$\dot{I}_L = \dot{I}_{Lu} + \dot{I}_{Li} = \frac{\dot{U}_f}{jX_L} + \frac{K\dot{I}_f jX_L}{jX_L} = \frac{\dot{U}_f}{jX_L} + K\dot{I}_f \tag{4-6}$$

由上式可知，发电机励磁电流 I_L 是由发电机端电压经移相电抗器提供的电压分量 I_{Lu} 与由电流互感器提供的电流分量 I_{Li} 所组成，其相量分析与相复励装置恒压原理分析类同。

另外，移相电抗器 L_R 还起着频率补偿作用，可简单表述如下：

$$f\uparrow\quad\quad\quad\quad\quad\quad\quad\dot{U}_f$$
$$2\pi f_L = X_L\uparrow \rightarrow \frac{\dot{U}_f}{jX_L} = \dot{I}_{Lu}\downarrow \rightarrow \dot{I}_{Lu} + \dot{I}_{Li} = \dot{I}_L \downarrow \rightarrow \dot{U}_f \downarrow \tag{4-7}$$

3. 电磁叠加相复励自励恒压装置

电流叠加相复励线路是将空载分量 I_u 和复励分量 I_i 直接相加来实现的，也可以用这两个分量的磁势 $N_1 I_u$ 和 $N_3 I_i$ 相量相加实现相复励，电磁叠加的相复励自励恒压装置原理如图 4.16 所示。该装置共有 3 套绕组，又称为三绕组相复励变压器。

图中，T_E 为三绕组相复励变压器，其原边有一个电压绕组 N_3，它与线性电抗器 L_R 串联后，接到发电机端电压，构成自励回路。它引入电压分量并与 N_1 配合实现相复励。N_1 称为电流绕组，串接在发电机主回路中，采样的是发电机负载电流 I_i，与构成复励回路。N_2 是输出绕组，它外接于三相桥式硅整流器 VD。R、C 阻容元件用作整流元件的过压保护。C_Q

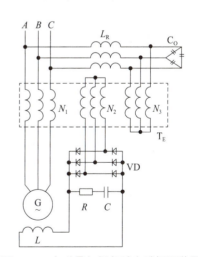

图 4.16　电磁叠加相复励自励恒压装置

是三相谐振起励电容，以外接三角形方式与 L_R 相连接，其作用是在起压时与 L_R 发生串联谐振，帮助起压。该三相对称电路可用单相电路来表示，根据变压器工作原理可以写出磁势平衡方程式为

$$\dot{I}_u N_3 + \dot{I}_i N_1 = \dot{I}_f N_2 \tag{4-8}$$

$$\dot{I}_f = \frac{N_3}{N_2}\dot{I}_u + \frac{N_1}{N_2}\dot{I}_i \tag{4-9}$$

由上式可知电磁叠加相复励与电流叠加相复励在数值和相位关系上基本相同，但电磁

叠加型可通过调整匝数比获得更好的相复励恒压特性。

上述讨论是从理想的等效电路导出的。但实际电路中的元件都是非线性的，同步发电机的磁路也有一定的饱和，因此上述的励磁调节规律，并不能很好地反映出发电机的恒压要求，较难满足静态电压调整率的要求。为了提高电压的静态调整率，使之在±2.5%以内，可在电磁叠加的相复励装置中，增加曲折绕组，或采用可控相复励装置等。

相复励装置的调试：发电机空载电压，可通过调节电压分量来调整；发电机带负载后电压，可通过调节电流分量来调整。

（1）空载调整。当发电机空载电压偏低时：

①减少电抗器 L_R 匝数，以降低 L_R 的电抗值 X_L；

②增大电抗器 L_R 气隙，以减少 X_L。这里的气隙实际是电抗器铁心间的间隙，这一间隙是由若干层绝缘薄片叠加而成的。

当空载电压高于正常值时，则做与上相反的调整。

（2）负载调整。当发电机带负载后电压偏低时，可通过减少电流互感器副边匝数来增大 K，因电流分量 $\dot{I}_{Li}=K\dot{I}_f$，即增加电流分量来调整负载电压。原边匝数一般只有二三匝，没有抽头可调整。

4. 电磁叠加带电压曲折绕组的相复励系统

电磁叠加具有电压曲折绕组相复励自励恒压装置的原理接线，如图4.17所示。与前述三绕组相复励装置相比，该装置的 T_E 中又多了一套绕组 N_4，该装置又称为四绕组相复励变压器。绕组 N_4 称为电压曲折绕组。N_4 与 N_1 在同一个三相铁心柱 A、B、C 上，N_1 的三相 A、B、C 分别与 N_4 的三相 B、C、A 反接串联。它的连电压曲折绕组相复励自接规律是 N_1 总是与滞后相铁心柱上的 N_4 反接串联。电压曲折绕组 N_1 的作用是，进一步加强功率因数变化时的相位补偿，以提高调压器的静态调整特性。

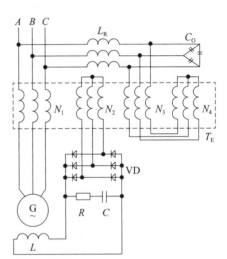

图4.17 带有励恒压装置的原理

4.3.3 可控硅自励恒压装置

晶闸管自励恒压装置原理如图4.18所示，该励磁装置是按发电机电压偏差 ΔU_f 来进行自动调压的。这是一个闭环的调节系统，具有很高的调压精度。同时由于半导体器件惯性小、体积小、重量轻、成本低，所以易于系列化。该励磁装置的动态性能良好。

由于晶闸管励磁装置的能源直接取自发电机的电枢回路，晶闸管导通时电压波形出现凹陷，其输出电压波形为脉动式非正弦

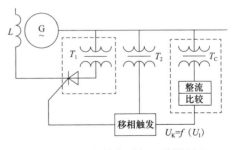

图4.18 晶闸管自励恒压装置原理

波，对无线电设备有干扰，并且其强励能力较差，晶闸管元件的过电流和过电压的能力也比较差，在一定程度上限制了晶闸管励磁装置在小型电站中的应用。该调压装置利用晶闸管整流器将发电机 G 输出的部分功率反馈到发电机的励磁回路 L，并作为发电机的励磁功率。该励磁系统在发电机自励建压过程中具有正反馈特性，在发电机恒压过程中，具有负反馈特性。

晶闸管自励恒压装置原理主要由测量移相比较环节、触发控制环节及励磁主回路三大环节组成。

1. 测量比较环节

测量比较环节中包括测量滤波及比较两个回路，其作用是采样发电机电压并经整流器变换为直流电压，与给定的基准电压值相比较，得出偏差信号，该偏差信号经放大后去控制发电机的励磁。所以，测量比较环节的性能直接影响励磁系统的动态和静态特性。通常要求测量比较电路具有较好的稳定性、线性度和足够的灵敏度，以及优良的动态性能。

(1)测量回路。该系统测量回路主要由测量变压器 TC 和整流滤波电路 VD 组成。测量回路通常采用单相全波桥式整流、三相全波桥式整流、六相全波桥式整流，整流相数越多，则输出电压越平稳。如图 4.19 所示为单相全波桥式整流、三相全波桥式整流、六相全波桥式整流电路图。为了得到平稳的直流电压需要滤波电路，滤波电路通常有 T 形滤波、双 T 形滤波和桥式滤波等几种。

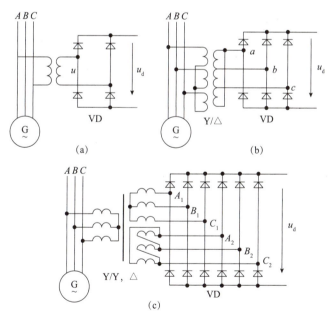

图 4.19 单相、三相、六相全波桥式整流

(2)比较电路。比较电路大多采用桥式比较电路，其作用是把测量整流电路输出的电压与基准电压相比较，得到一个反映发电机电压偏差的直流电压信号。由于稳压管具有恒压特性，它常被用作比较电路的基准电压元件。如图 4.20(a)所示为双稳压管桥式比较电路。

电路以双稳压管 VD_{W1} 和 VD_{W2}，及两个阻值相等的电阻 R_1 和 R_2 为桥臂的直流测量电桥。设输入电压 U_{f-DC} 正比于 U_f，输出电压为 U_K，稳压管的稳定电压为 $D_{DW1} = D_{DW2} = D_{DW}$，如图 4.20(b)所示，当 $0 \leq U_{f-DC} \leq D_{DW}$ 时，则

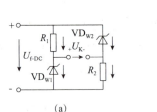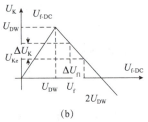

图 4.20 比较电路及特性

(a)双程压管桥式比较电路；(b)比较电路的特性

$$U_K = U_{f-DC} \qquad (4-10)$$

上式说明 U_K 与 U_f 成正比。即输出电压随着输入电压的增大而增大，励磁系统呈正反馈特性，这为利用测量反馈电路进行起励提供了可能性。

当 $U_{DW} \leqslant U_{f-DC} \leqslant 2D_{DW}$ 时，则有

$$U_K = 2D_{DW} - U_{f-DC} \qquad (4-11)$$

上式说明 U_K 与 U_{f-DC} 成反比。此时，输出电压随着输入电压的增加而减小，励磁系统呈现负反馈的特性，它具有使发电机输出电压保持恒定的作用。

2. 移相触发环节及励磁主回路

(1)移相触发环节。触发控制回路，主要由移相及脉冲形成电路组成。

根据比较电路输出的偏差电压 U_k 的大小和极性，移相电路对晶闸管发出相应控制触发角的脉冲，调整晶闸管的导通角。由于三相桥式可控整流器能随电压偏差而输出相应的励磁电流，使电压保持恒定，所以具有良好的静态电压调整特性。在励磁调节装置中，触发器形式多样，有单结晶体管触发电路、单稳态触发器、三极管开关电路和阻塞振荡器等等。

(2)励磁主电路。励磁装置中的可控整流电路与一般的可控整流电路相同，如图 4.21 所示，有单相半波、单相桥式、三相桥式可控整流电路等几种。

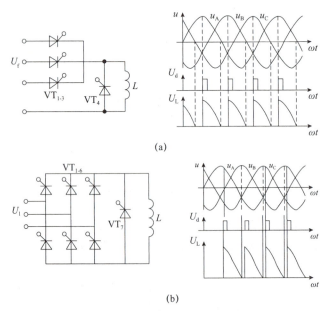

图 4.21 励磁系统主回路

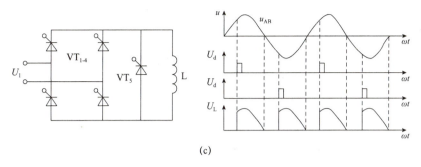

图 4.21 励磁系统主回路(续)

(a)单相全波半控；(b)三相半波半控；(c)三相全波半控

4.3.4 可控相复励自励恒压装置

前述的相复励装置，虽然具有动态性能好、励磁能力强等特点，但其调压精度不高，调压特性的线性度差。为此，在按 I_f 进行不可控相复励调压的基础上，又加上了一个按 ΔU_f 进行微调的电压校正器 AVR。这就是可控相复励自励恒压励磁系统，其原理如图 4.22 所示。该调压器包括两大部分：相复励自励恒压装置和晶闸管分流的电压校正器。在此，相复励装置的作用是实现自励起压，因其动态特性很好，负责动态电压调整；电压校正器 AVR 的作用是负责静态电压调整，进一步提高电压的调节精度。可控相复励自动调压装置产品较多(图 4.23)，下面介绍几种常用的形式。

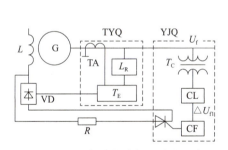

图 4.22 可控相复励自励恒压励磁系统原理

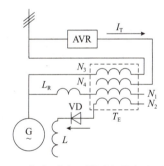

图 4.23 相复励变压器式可控相复励装置

1. 可控相复励变压器式可控相复励装置

可控相复励自励恒压装置，采用在电磁叠加相复励装置的三绕组变压器中加一个直流磁化绕组的方法。自动电压调节器(AVR，Automatic Voltage Regulator)通过改变直流磁化绕组中的电流来改变变压器铁芯的磁化程度，从而控制相复励变压器的各交流励磁线圈的电抗，以控制相复励变压器的输出电流。

当发电机的电压偏离给定电压时，AVR 的输出电流 I_T 就有相应的改变，使得可控相复励变压器 T_E 的饱和程度发生变化。在电流绕组 N_3 和电压绕组 N_1 的电流为某一值时，输出绕组 N_2 所感应出的电流将做相应的变化。这样能按照电压偏差进一步调整发电机励磁电流的大小。

2. 可控移相电抗器式可控相复励装置

可控移相电抗器式调压器如图 4.24 所示。它的基本励磁装置为电流叠加的相复励装置，不同的是移相电抗器用饱和电抗器取代固定电抗器。AVR 按电压偏差输出相应的直流来控制饱和电抗器的饱和程度，以调节相复励装置交流侧电流，从而消除电压的偏差。

3. 可控电抗器分流的调压器

如图 4.25 所示为可控电抗器分流的调压器。它在整流器的交流侧并联一个三相饱和电抗器，进行交流侧的分流控制。当出现电压偏差时，AVR 的电流 I_T 控制饱和电抗器的饱和程度，从而改变分流，以达到调压的目的。

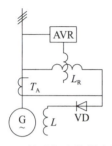

图 4.24 可控移相电抗器式调压器

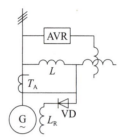

图 4.25 可控电抗器分流的调压器

4. 交流侧晶闸管分流的调压器

如图 4.26 所示为交流侧晶闸管分流的调压器。晶闸管并联在相复励装置的交流侧实现交流侧的分流。当电压出现偏差时，AVR 输出与电压偏差相应的触发电流，改变晶闸管的导通角进行分流。通常在晶闸管电路中串联一适当的阻抗，以限制晶闸管导通时的分流电流。与饱和电抗器交流侧分流的电路相比，晶闸管分流是断续的，而饱和电抗器交流侧分流是连续的。

5. 直流侧晶闸管分流的调压器

直流侧晶闸管分流的调压器如图 4.27 所示。它与交流侧晶闸管分流的可控相复励装置不同的是晶闸管并联在直流侧，工作原理大致相同。

综上所述，可控相复励自动调压装置是带有电压校正器的相复励装置，它具有调压精度高、无功功率分配均匀、起励可靠、强励倍数高、动态性能好等特点，因而获得了广泛的应用。

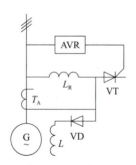

图 4.26 交流侧晶闸管分流的调压器

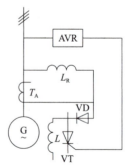

图 4.27 直流侧晶闸管分流的调压器

4.3.5 无刷同步发电机自励恒压装置

同步发电机转子的励磁电流，是通过电刷和滑环引进发电机励磁绕组的。由于电刷的磨损，增加了维护和保养工作，磨损产生的炭粉又会导致发电机绝缘下降，产生的电火花不仅会影响无线电通信，而且在油船上使用极为危险。为从根本上解决这一问题，采用了具有同轴交流励磁机和旋转硅整流器的无刷同步发电机。

无刷同步发电机励磁系统如图 4.28 所示，它实际上就是一个带交流励磁机的同步发电机。主发电机 G 和励磁机 LG 都是三相同步发电机。它们在结构上的区别在于：主发电机是旋转磁极式的，其定子 G 是三相交流电枢，转子 L 是直流励磁绕组；而励磁机是旋转电枢式的，其定子是直流励磁绕组，转子 L 是三相交流电枢，与主发电机同轴。

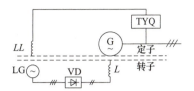

图 4.28　无刷同步发电机励磁系统

励磁机是无刷同步发电机励磁系统的主要部分，其励磁绕组 LL 由主发电机的电压调整器 TYQ 的输出来供电。励磁机发出的三相交流电经三相桥式旋转硅整流器 VD 整流后供给发电机励磁绕组。旋转硅整流器安装在同步发电机转轴上。由于整流器需承受离心力，因此对其制造和安装工艺有一定的要求。

励磁机是放大系数很大的环节，调压器小而可靠，其缺点是发电机轴向尺寸因同轴励磁机而增加，励磁机具有较大电磁惯性，动态特性较差。

4.3.6　并联运行发电机组间无功负荷的自动分配基本原理

当同步发电机并联运行时，由于各发电机的电势不相等，在发电机之间将产生环流。但是环流的作用与直流发电机不同，直流发电机间的环流要影响有功功率的分配，而交流同步发电机间的环流主要影响无功功率的分配。这一环流与并车瞬间产生的冲击环流的差别在于，并联运行时的环流远小于并车时的环流。因为并联运行时发电机电枢绕组呈现的同步电抗 X_a 比并车瞬间的超瞬变电抗 X_a'' 大得多。因此，并联运行时环流回路基本上呈纯电感性质，所以，环流基本上呈滞后的无功电流。

1. 无功功率的调整是通过改变发电机的励磁电流实现的

发电机并联运行时，在网上运行的机组端电压是相同的，但它们的电势随着承担的无功功率的不同而不同。改变发电机的励磁电流就是改变发电机的电势。

如图 4.29 所示为两台发电机并联运行时无功功率调整矢量图。调整前设 1 号发电机电流为 $\dot{I}_{G1}$，其中有功分量为 $\dot{I}_{GP1}$，无功分量为 $\dot{I}_{GQ1}$；2 号发电机电流为 $\dot{I}_{G2}$，是纯有功功率且与 1 号机组承担的有功分量相等，即 $\dot{I}_{G2} = \dot{I}_{GP1}$。此时电网电压为 $\dot{U}$，1 号发电机电势为 $\dot{E}_{01}$，2 号发电机电势为 $\dot{E}_{02}$，图中的 $jX_{a1}\dot{I}_{G1}$、$jX_{a2}\dot{I}_{G2}$ 分别是 1 号发电机与 2 号发电机的同步电抗压降。也就是说调整前有功功率已

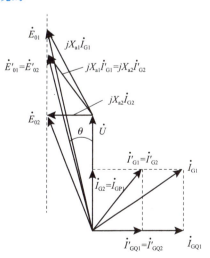

图 4.29　两台发电机并联运行时
无功功率调整矢量图

经均分,而无功功率只有 1 号机组承担,2 号机组尚未承担。当增加 2 号机组的励磁电流,同时减少 1 号机组励磁电流,也即 1 号发电机的电势减小,2 号发电机的电势增加,当调整到两台发电机组的电势相等时,$\dot{E}'_{01} = \dot{E}'_{02}$。

从矢量图可知,此时电网上的无功功率也得到均分,$\dot{I}'_{GQ1} = \dot{I}'_{GQ2}$。励磁电流的改变引起发电机电势相量 $\dot{E}$ 变化的规律,可从由隐极发电机简化矢量图推出的有功功率表达式 $P = m\dfrac{E_0 U}{x_a}\sin\theta$ 中得出。该式被称作同步发电机的功角特性,其中 θ 是发电机功率角,为其电动势 $\dot{E}$ 和电压 $\dot{U}$ 这两个量之间的夹角。当式中 P、m、U、f 不变时,$E_0\sin\theta$ 即为常数,故各电势 $\dot{E}$ 的矢端轨迹与 $\dot{U}$ 平行,都在图中的左侧竖向虚线上。

由以上分析得出:当只需转移和分配两台并联运行发电机间的无功负荷时,只要同时向相反方向调节两台发电机的励磁电流即可。

2. 并联运行发电机组间的无功功率自动分配的基本原理

并联运行发电机组间无功功率分配关系,主要由电压调整特性曲线所决定。也就是说,同步发电机间无功功率的自动分配,实际是通过自动电压调整器自动调整励磁电流,以调整发电机电压的办法来实现的。因此,自动电压调整器不仅担负着自动调整电压的任务,同时还担负着自动调整分配无功功率的任务。

如图 4.30 所示为同步发电机的电压调整特性曲线。被调量为发电机电压 U_F,而影响 U_F 变化的因素是无功负荷 I_Q。曲线 1 称为无差调压特性曲线,它说明当调整系统处于稳定平衡状态时,被调量 U_F 等于一个恒定数值。曲线 2 称为有差调压特性曲线,它说明当调整系统处于稳定平衡状态时,被调量 U_F 是随 I_Q 变化而变化的。被调量 U_F 随 I_Q 而变化的程度,称为电压调差系数 K_C,它是由曲线的倾斜度来表示的,如图 4.31 所示。

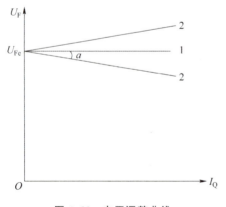

图 4.30 电压调整曲线

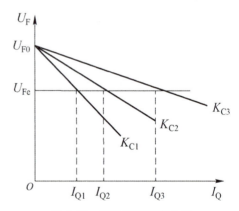

图 4.31 无功功率调节分配

$$K_C = \dfrac{\Delta U_F / U_{Fe}}{\Delta I_Q / I_{Qe}}$$,式中:$\Delta I_Q / I_{Qe}$ 为负载电流的变化值与额定值之比,即电流变化的相对值;$\Delta U_F / U_{Fe}$ 为被调电压差值 $(U - U_e)$ 与额定电压之比,即电压变化相对值。曲线向下倾斜 K_C 为正,曲线向上倾斜 K_C 为负,曲线呈水平线则 K_C 为 0(无差特性)。

几台具有无差特性的机组是不能并联运行的,因为它们之间的无功功率分配不稳定。一台具有无差特性的机组与几台具有有差特性的机组,虽然可以并联运行并有确定的无功分配，但是电网的无功变量仅由这台具有无差特性的机组承担，这是不合适的。在实际中采用的是几台具有有差特性的机组并联，能实现无功功率在各机组间稳定合理的分配，调差系数大的承担无功功率少，并且承担的无功分量也少。因此，同容量的发电机应选用调差系数相等且都为有差的机组并联运行才合理。

如图 4.32 所示为两台发电机调差系数情况。

$$K_{C1} > K_{C2} > 0 \tag{4-12}$$

无功负载增加时，电网电压下降，两台发电机承担的无功功率按比例分配，分配稳定。

$$K_{C1} = K_{C2} > 0 \tag{4-13}$$

无功负载增加时，电网电压下降，两台发电机承担的无功功率均匀分配，分配稳定。

$$K_{C1} > K_{C2} = 0 \tag{4-14}$$

无功负载增加时，电网电压恒定，无功功率的全部变化量由无差特性发电机承担，稳定分配但不成比例。

$$K_{C1} = K_{C2} = 0 \tag{4-15}$$

无功负载增加时，电网电压恒定，两台发电机承担的无功功率不成比例，分配不稳定。

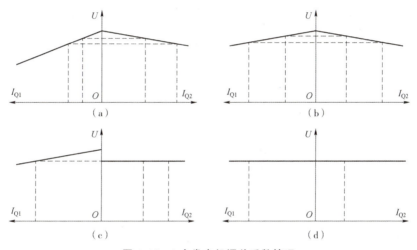

图 4.32 2 台发电机调差系数情况

4.3.7 并联运行发电机组间无功负荷的自动分配方法

1. 均压线法

(1) 直流均压线。对同容量的同步发电机并联运行时，采用直流均压线。将均压线安装在整流器之后，如图 4.33 所示，是直流均压连接线路图。直流均压连接法又称转子均压连接法。它只适用于同容量同型号发电机的并联运行。它是将并联运行发电机的励磁绕组用两根均压线并联起来。均压线的接通和断开与发电机主开关相互联锁。图中 KA_1 和 KA_2 为均压线连接接触器，分别由主开关常开副触头控制。有了直流均压线后，就能使励磁电流随无功负载的变化而相应变化，以保证无功负载分配均匀。例如：当一台发电机励磁电流大于另一台的励磁电流时，均压线上产生均衡电流，均衡电流是从励磁电流较大的发电机流向励磁电流较小的发电机，使前者励磁电流减少，后者励磁电流增加，直至两台发电机励磁电流接近相等时为止。图 4.33 中也有的加入电阻 R_0，其作用是减小并车时产生的冲击电流。

(2)交流均压线。交流均压线又称移相电抗器均压,对容量不同的同步发电机并联运行,可采用交流均压线,如图 4.34 所示。图中,两台发电机调压装置的移相电抗器通过均压线并联,该连接处在三相整流器之前的交流侧。当两台发电机电势不相等时,通过交流均压线的连接可使发电机输出电压均衡,以保持无功功率均匀分配。对于装有可控(带电压校正器)自动恒压装置的发电机并联运行时,均采用电流稳定装置(调差环节)来实现无功功率自动调节的功能。

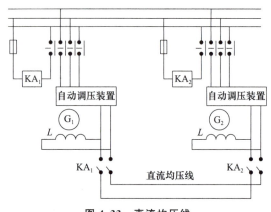

图 4.33 直流均压线

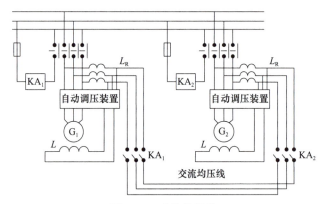

图 4.34 交流均压线

2. 环流补偿装置

它的基本原理是在发电机自动电压调节器的电压测量回路中,附加一个与发电机电流成比例的电压,使其测量比较环流的输入电压随发电机无功电流而变化。当无功电流增加时,输入测量比较环流的电压也增加,通过调节器去减少发电机的励磁以增大或减少发电机的电压调整率,附加的电压是由发电机电流互感器回路所取得的电流与串联于电压检测回路的电阻上产生的压降叠加而成的,改变电阻 R_{W1} 大小,便可整定电压调整率,如图 4.35 所示。

测量环节的测量变压器 BC,原边接在发电机电压 $\dot{U}_{AB}$ 上,在 BC 副边回路中串入调差电阻 R_{W1},在 R_{W1} 通过由接在 C 相的电流互感器 LH 副边电流,按此接线目的,是使该装置只反映发电机的无功电流。由 $\dot{U}_{AB}$ 和 $\dot{I}_C$ 在 R_{W1} 上产生的电压降,方向是相反的。根据电

路电压 $\dot{U}_{CL}$：

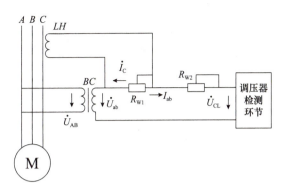

图 4.35 环流补偿环节（电流稳定环节）

$$\dot{U}_{CL}=\dot{U}_{ab}-\dot{I}_{ab}R_{W2}+\dot{I}_CR_{W1} \tag{4-16}$$

因式中 $\dot{I}_{ab}$ 为测量变压器 BC 副边电流，其值远比电流互感器副边电流 $\dot{I}_C$ 小得多，故可忽略，所以上式可简化为

$$\dot{U}_{CL}=\dot{U}_{ab}+\dot{I}_CR_{W1} \tag{4-17}$$

它的矢量图如图 4.36 所示，调整 R_{W1} 使 $\dot{I}_C$ 与 $\dot{U}_C$ 的夹角为 ϕ，$\dot{I}_C$ 可分解有功分量 $\dot{I}_{CP}$ 和无功分量 $\dot{I}_{CQ}$。由上式，可画出矢量图，可见测量环节的输入电压 $\dot{U}_{CL}$ 主要随无功电流 $\dot{I}_{CQ}$ 而改变，从矢量图上可以见到 $\dot{U}_{CL}$ 随 $\dot{I}_{CP}$ 变化时，变化很小。另外调节 R_{W1} 大小，即可调节无功分量。

所以此线路对无功分量进行调整灵敏度较高，对有功分量反应不灵敏，可见环流补偿装置输出电压主要是随着发电机电流中的无功分量的变化而变化，该装置输出信号越大，说明该机组承担无功功率也越大，这一信号加到调压器调节后，使发电机励磁电流做出相应地减少的调节。

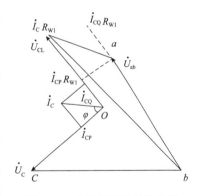

图 4.36 电流稳定装置的矢量

3. 带有差动电流互感器的电流稳定装置

在某类型调节器中，是利用带有差动电流互感器的电流稳定装置来自动均衡无功功率的，其原理图如图 4.37 所示，由图可见，差动电流互感器 DCT 的原边接电流互感器 CT 的副边，DCT 有个副边绕组 A 及 B，A 绕组接电阻 CCR_2 构成电流稳定装置即是调压器检测环节，两台发电机的 B 绕组相互串联。

在单机运行时，B 绕组被另一台停机运行发电机的主开关 ACB 的辅助触头（常闭触头）所短路，因此使 A 绕组不起作用，所以对调压精度无影响。

当并联运行时，在两台发电机无功负荷 I_Q 分配不均衡时，将使两台发电机电压不相等，于是出现电压差 ΔU，由 ΔU 在两发电机间产生无功环流 I_{hQ}。如等值电路图 4.38(a)所示，在两个 B 绕组中产生差动 I_{DCT1}、I_{DCT2}，其值大小相等，方向相反（CT_1 和 CT_2 的所有绕组匝数相同）故相互抵消，使 B 绕组相当于开路，因此，A 绕组中将有感应电流，通过自动电压调整器 AVR，调整励磁电流 I_1，使一台发电机的励磁电流增加，而另一台发电机励磁电流减少，直到无功负荷 I_Q 分配均衡为止。

当无功负荷 I_Q 均衡分配时，由于 $I_{Q1}=I_{Q2}$，所以 B 绕组相当于短路。

如图 4.38(b)所示，故 A 绕组中无感应电流，就相当于无电流稳定装置，因而不影响调压精度。

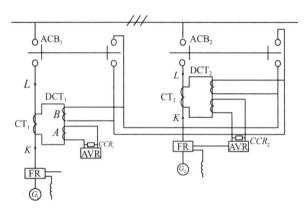

图 4.37 带有差动电流互感器的电流稳定装置原理

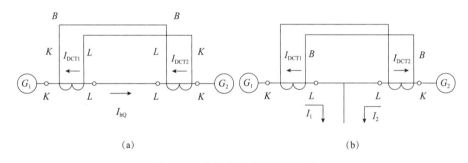

图 4.38 电流稳定装置等值电路
(a)等值电路；(b)无电流稳定装置

任务 4.4 并联运行发电机间有功功率的分配、转移

4.4.1 电力系统有功功率自动调整基础知识

1. 电力系统频率波动的原因及其影响

发电机输出的有功功率是由原动机的机械功率转化而来的，电力系统的有功功率变化（例如空压机电动机的启动、停机等）引起发电机组转速的变化，从而使电网频率发生变化。

电网频率 f 与发电机组转速 n 有如下关系式：

$$f=\frac{pn}{60} \tag{4-18}$$

同步发电机的有功功率转移与分配

设原动机输入功率为 P_T，发电机负荷功率为 P_F，忽略内部损耗。当 $P_T=P_F$ 时输入与输出功率平衡，系统转速（即频率）不变。如果系统中的负荷突然变化使发电机输出功率增加 ΔP_F，而由于机械惯性，原动机的输入功率还来不及变化，这时

$$P_T < P_F + \Delta P_F \tag{4-19}$$

为了保持功率平衡，机组把转子的一部分动能转换成电功率，使机组转速降低，系统频率下降。可见系统频率的变化，是由于发电机的负荷功率与原动机输入功率之间失去平衡所致。

例如突然增加或卸掉某些负荷（P_F 增大或减小）时，原动机（以柴油机为例）由于机械惯性的作用，油门尚未变化（P_T 未变），这就导致了频率下降或升高。此时若不相应增加或减少原动机的喷油量，则频率的变化将会使电力系统不能正常运行。和额定电压一样，维持频率恒定也是电能质量的重要指标之一。船级社规定船用电气设备在电源频率波动稳态值达 $\pm 5\%$ 额定频率时应能正常运行。因此要求船舶电网频率的变化最好保持在 $\pm 0.2 Hz$ 以内。

2. 电力系统的负荷调节效应

当系统频率变化时，整个系统的负荷功率也随之改变，即

$$P_L = f(f) \tag{4-20}$$

这种负荷功率随频率而改变的特性称为负荷的功率频率特性，属于负荷的静态频率特性。船舶电力系统中各种有功负荷与频率的关系，可分为如下几种类型：

(1) 功率与频率无直接关系的负荷，如白炽灯照明、电热、整流器等；

(2) 功率与频率成正比的负荷，如机床、压缩机、卷扬机等，其转矩基本恒定；

(3) 功率与频率的三次方成正比的负荷，如吸风机、通风机、水泵等。

由于第二、三类负载在电力系统中占的比例较大，因此整个电力系统的有功负荷与频率有密切的关系。

当某种原因造成电网频率下降时，负载从电网吸收的有功功率将随之下降；频率上升时，负载吸收的有功功率随之上升。这意味着原动机提供的机械功率小于（或大于）电网的负荷功率，引起频率的下降（或上升）又将使总负荷从电网吸收的功率相应减少（或增加）。由此可见，在电力系统中功率平衡被破坏引起频率变化时，负载吸收功率的变化起着补偿的作用，使系统能在另一个频率值下得到新的平衡，这种现象称为电力系统的负荷调节效应。

负荷调节效应，对于限制系统频率变化是有利的，但只依靠这个效应，频率的变化将是很大的。为了保证系统的频率变化在一定的允许范围内，发电机组必需配置调速器。

4.4.2 调速器及其调速特性

如图 4.39 所示为柴油机调速器的结构。柴油机的传动轴 1 将转速传到轴 2，使飞铁 3 绕轴 2 旋转，飞铁在离心力作用下张开，通过拨爪 4 将滑套 5 向上顶压缩弹簧 6，直至与弹簧产生的反作用力平衡，这时滑套 5 处于某一平衡位置，通过杠杆 7、拉杆 8，将油门拉到一定开度，使机组在一定转速下稳定运行。通过伺服电动机 10，经涡轮蜗杆 9 传动，可以将弹簧 6 事先压紧到一定程度。如果需要保持转速不变，而加大输出功率时，可以加大弹簧预紧力。如果要求增加转速，也应加大预紧力，使油门开大，转速上升。预紧力的调整是通过手动或自动调整配电盘上伺服马达的正反转调速旋钮来实现的。

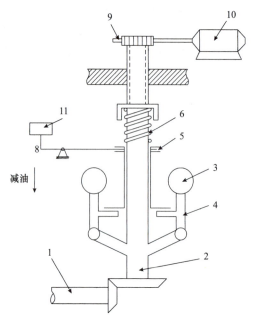

图 4.39 柴油机调速器结构

1—传动轴；2—轴；3—飞铁；4—拨爪；5—滑套筒；6—弹簧；7—杠杆；8—拉杆；
9—涡轮蜗杆；10—伺服电动机；11—油门控制机构

1. 调速器的静态调速特性

柴油机转速（或电网频率）与柴油机输出功率 P 的关系称调速器的调速特性曲线，如图 4.40(a)所示，调速特性的斜率称调差系数 K_C。

$$K_C = \frac{-\Delta n}{\Delta P} = \tan\alpha \tag{4-21}$$

如转差 Δn 与 p 大小无关，维持常数，则称无差调速特性，其 $K_C=0$，如曲线 2，曲线 1 为有差特性。改变弹簧预紧力，从调速特性上看是将调速特性向上（加大预紧力）或向下（减小预紧力）平行移动，如图 4.40(b)所示。

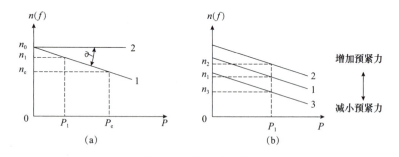

图 4.40 静态调速特性

(a)调速特性曲线；(b)无差调速特性曲线

2. 调速器的动态调速特性

调速器的动态调速特性，如图 4.41 所示。

(1)瞬时调速率 J。

$$J=\frac{n_2-n_1}{n_e}\times 100\% \tag{4-22}$$

(2)转速恢复到稳定值所需时间 T 要求：转速恢复过程，应当没有振荡。

3. 调速

调速特性的失灵区(灵敏度)，如图 4.42 所示。

由于调速机构的间隙，对微小转速变化不能反映。即调速期存在一定的失灵区。失灵区太大功率分配产生误差，太小频繁调节。

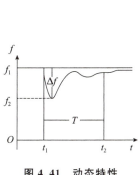

图 4.41 动态特性

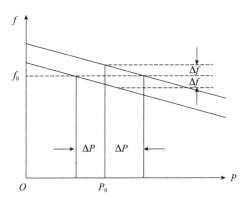

图 4.42 调速器的失灵区

4.4.3 单机运行时频率的调整

(1)一次调节。当发电机的有功负荷变化时，将引起频率的变化，由于调速器的作用，依靠调速器的固有调速特性自动调节油门的大小，从而维持发电机的频率(转速)在一定的范围内，这种调节过程通常称为调速器的"一次调节"。

(2)二次调节。对有差调速特性的调速器来说，功率变化时仅靠调速器的一次调节不能维持频率不变，如果希望维持发电机的频率在额定值，还必须适当地调节调速器弹簧的预紧力，改变油门的开度，这种改变弹簧预紧力的调节称调速器的二次调节。

调速器二次调节是通过手动或自动控制调速器伺服电动机的正反转，改变调速器弹簧的预紧力，使调速特性上下平移，实现频率和机组功率的分配的调节过程。

4.4.4 有功功率的转移分配

并联运行的发电机组利用调速器来实现有功功率分配和频率的自动调整。现以两台发电机组并联运行为例来说明。

设 1 号机组为运行机，2 号机为待并机，1 号机已带负载 P 运行，当 2 号机经同步并车后，还只是处于空载状态，现在需将有功功率负载一半转移给 2 号机。手动转移负载过程如下，首先对 2 号机的调速器增大弹簧预紧力。即对伺服机加速正转，加大油门，使特性曲线平移上升。到 $2'$，同时再对 1 号机调速器进行反转拨动。减小弹簧预紧力，减小油门，使特性曲线从 1 平移到 $1'$，使曲线 $1'$ 与 $2'$ 相交于 C 点，此时电网频率为 f_N，两台机组都承担 $\frac{1}{2}P$ 负载，如图 4.43 所示。

若想使同容量机组在并联运行时平均承担系统的功率增量，最好令各机组调速特性的调差系数尽量接近相等。此外，当发电机并联运行时，若出现电网频率偏高或偏低现象时，可以通过同时减小或增大各机组的油门开度进行调整。

当两台机组均有有差调速特性，且调差系数差别大时情况，如两台机组 G_1 与 G_2 并联运行的频率为 f_1，1号机组与2号机组承担的功率分配分别为 P_1 和 P_2，但当系统总功率增加 ΔP 时，系统的频率就要下降到 f_2，此时1号与2号机所承担的功率分别为 P'_1 与 P'_2，由图 4.44 可见：

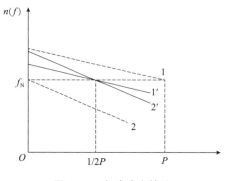

图 4.43　有功功率转移　　　　　图 4.44　调速特性

$$\Delta f = \Delta P_1 \tan\alpha_1 = \Delta P_1 K_1 \quad (4\text{-}23)$$

ΔP_1 即为 $P'_1 - P_1$，K_1 为 G_1 的调差系数。

$$\Delta f = \Delta P_2 \tan\alpha_2 = \Delta P_2 K_2 \quad (4\text{-}24)$$

ΔP_2 为 $P'_2 - P_2$，K_2 为 G_2 的调差系数，K_1、K_2 分别为1号发电机与2号发电机调速特性的调差系数，由图 4.44 运算

$$\Delta P_1 + \Delta P_2 = \Delta f \left(\frac{1}{K_1} + \frac{1}{K_2} \right) \quad (4\text{-}25)$$

$$\Delta f = \frac{\Delta P_1 + \Delta P_2}{\frac{1}{K_1} + \frac{1}{K_2}} \quad (4\text{-}26)$$

因为 $\Delta P_1 = \frac{\Delta f}{K_1}$，$\Delta P_2 = \frac{\Delta f}{K_2}$ 代入得 $\frac{\Delta P_1}{\Delta P_2} = \frac{K_2}{K_1}$；因为当功率增加 $\Delta P = \Delta P_1 + \Delta P_2$

得
$$\Delta P_1 = \frac{\Delta f}{K_1} = \frac{\Delta P}{K_1 \left(\frac{1}{K_1} + \frac{1}{K_2} \right)} \quad (4\text{-}27)$$

$$\Delta P_2 = \frac{\Delta P}{K_2 \left(\frac{1}{K_1} + \frac{1}{K_2} \right)} \quad (4\text{-}28)$$

所以
$$\frac{\Delta P_1}{\Delta P_2} = \frac{K_2}{K_1} \quad (4\text{-}29)$$

结论：发电机之间有功负载分配与调速特性的斜率 K 呈反比关系。同时，原动机的转速（发电机的频率）随系统负载的变化而变化，所以在船舶上多希望调速器的型号与斜率相同，即 $K_1 = K_2 = K$。当增加功率时，两机组增加功率相同。

4.4.5　自动调频调载装置的组成和调频调载的方法

在具有多台机组的船舶交流电站中，需要两台以上的机组并联供电或者虽然只需要单

机供电,但为了能够不断电换机,都需要有并车和负荷分配(和转移)的操作。在这些情况下,要实现整个发电系统全自动化"频率自动调整和有功功率自动分配"是不可缺少的环节。

仅执行频率和有功功率自动调整的装置称为"调频调载"装置,又叫自动负荷分配器。它的基本功能应当能自动维持电网的频率为额定值;按参与并联运行各机组的容量以既定的比例或其他的既定方式自动控制负荷分配;接受"解列"指令时,能自动控制负荷转移,待其负荷接近零时,才使主开关跳闸。

1. 自动调频调载装置的基本组成

自动调频调载装置通常由以下部分组成:

(1)频率变换器(谐振或频率变换器)。原理线路如图 4.45 所示,被测频率 f_W 的电压 U_W 加于变压器原边 A、B,其副边有两个相同的绕组 1 和 2,分别供电给两个独立的 RLC 电路。两个电路中均有整流桥,R 处于直流侧。选择 L_1C_1 及 L_2C_2,使第一个电路的谐振频率高于额定频率 f_0(设为 50 Hz),即

$$f_{01} = \frac{1}{2\pi\sqrt{L_1C_1}} = 55 \text{ Hz} \tag{4-30}$$

第二个电路的谐振频率低于额定频率,即

$$f_{02} = \frac{1}{2\pi\sqrt{L_2C_2}} = 45 \text{ Hz} \tag{4-31}$$

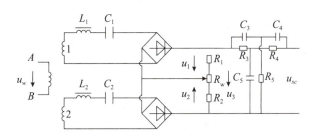

图 4.45 谐振式频率变换器

它们电压-频率曲线如图 4.46 所示,图中 u_1、u_2 和 u_3 为各电压平均值,u_3 经双 T 滤波器滤波后输出 U_{SC}。当频率在 45~55 Hz 范围内变化时,输入与输出呈线性关系,它能符合对频率变换器特性的要求,因为多数实际频率变化是在此范围内,图中电位器 R_W 是用来调整零点而设置的。

频率变换器将频率变化 Δf 变换成相应大小和极性的直流电压信号送到调整系统去进行综合比较,每一套调频调载装置只配置一个频率变换器,其方框图及其所要求的输入—输出特性如图 4.47 所示。

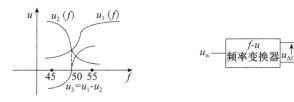

图 4.46 电压-频率曲线   **图 4.47 频率变换器及其特性**

(2)有功功率变换器。功率变换器通常都是根据相敏电路的原理构成的,如图 4.48(a)

所示，YH 为电压互感器，其原边接在发电机 AC 线电压 U_{AC} 上，副边电压 U_u 正比于 U_{AC}。LH 为电流互感器，其原边有两个绕组，分别接于发电机的 A 相和 C 相电流互感器的副边，LH 的副边是一个有中间抽头的绕组。YH 与 LH 的同名端如图 4.48(a) 所示。由 LH 的接线可知，其副边在电阻 R_1 上产生的电压 U_i 正比于发电机的电流 $I_A - I_C$，并且在设计时，使 $U_u > 4U_i$。

其工作原理分析如下：

当功率因素 $\varphi = 0$ 时，发电机电压、电流的矢量图，如图 4.48(b) 所示，U_{AC} 和 $(I_A - I_C)$ 同相位。显然，当功率因素角 φ 任意变化时，U_{AC} 和 $(I_A - I_C)$ 的相位差也等于 φ。故可知 U_i 与 U_u 的相位差即为功率因素角，所以

$$U_1 = K|U_u + U_i|, \quad U_2 = K|U_u - U_i| \tag{4-32}$$

式中 U_1、U_2 为整流后分别在两个电阻 R 上的平均直流电压，K 为比例常数，当上下两电路元件性能一致，参数相同时，两电路的比例常数也一致。由此可作矢量图如图 4.48(c) 所示，因为已保证 $U_u > 4U_i$，故在图中可以用线段 $\overline{OM}$ 和 $\overline{ON}$ 分别近似代替 $|U_u + U_i|$ 和 $|U_u - U_i|$，即

$$U_1 = K|U_u + U_i| = K\overline{OM} = K(U_u + U_i\cos\varphi) \tag{4-33}$$

$$U_1 = K|U_u - U_i| = K\overline{ON} = K(U_u - U_i\cos\varphi) \tag{4-34}$$

由图 4.48(a) 可见 $U_P = U_1 - U_2 = 2KU_i\cos\varphi$，因 U_i 是与发电机输出电流 I 成正比的电压，即 $U_i = K_i I$，所以

$$U_P = 2KK_i I\cos\varphi \tag{4-35}$$

式中 $2KK_i$ 为一常数，上式说明功率变换器的输出电压 U_P 正比于发电机输出的有功电流（$I\cos\varphi$），即反映了发电机的有功功率。有功功率变换器用来测量每一台发电机的有功功率 P，并将测得结果变换为与之成正比的直流电压信号，即

$$U_P = K_P P \tag{4-36}$$

U_P 为有功功率变换器输出电压与 P 成正比，K_P 功率变换系数，P 为发电机实际发出的有功功率，其方框图与要求的输入输出特性如图 4.49 所示。

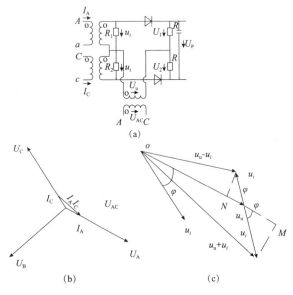

图 4.48 有功功率变换器

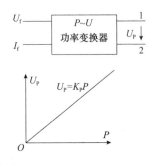

图 4.49 功率变换器及其特性

(3)有功功率分配器。电网的总功率按并联运行机组数平均的功率值为

$$P_P = \frac{1}{n}\sum_{i=1}^{n} P_i \tag{4-37}$$

式中　n——并联运行机组数;

　　　P_i——第i台机组的输出功率,$i=1,2,3,\cdots,n$。

各台发电机实际功率与平均值之差,即

$$\Delta P_i = P_i - \frac{1}{n}\sum_{i=1}^{n} P_i \tag{4-38}$$

相当于功率分配差值的信号电压应为

$$U_{\Delta P} = K_P \Delta P_i = K_P \left(P_i - \frac{1}{n}\sum_{i=1}^{n} P_i \right) \tag{4-39}$$

为求得"功差"信号$U_{\Delta P}$以及实现有功功率按比例分配,如何实现将在下节中讨论。

(4)调整器。调整器用来接收频差和功率分配差信号,然后发出相应的调整信号。它应能根据频差和功差的综合信号,并按其极性和大小,变换成相应的脉冲调整信号,作用到调速器的伺服电动机,形成加速或减速(使伺服电动机正转或反转)的控制,从而实现对频率和功率的调整,还设置适当的延时,以便避开动态过程,调整器的方框图表示如图4.50所示。

2. 采用虚有差调节法的自动调频调载装置原理

虚有差(或称假有差)调节法是将系统的负荷按固定比例分配给所有参与并联运行的发电机组使系统频率维持额定值的频载调节方法。

在各机组上均装有测功器和调整器,为测量系统频率偏差,整套装置装有一台测频器。

图 4.50　调整器

如图4.51所示是包括三台发电机虚有差调节的频载调节系统,图中各方块的输入、输出特性及各端子的标号都与上面图示中相对应。

为简化分析,设各台发电机功率相等,系统按平均分配有功功率的原则进行调整,即三台测功器的功率变换系数K_P相等。各测功器输出端"1"联成一点,称为"均功率点"。测频器的两个端子:一端联于各均功电阻R的一端"2"点;另一端联到各调整器的一个输入端"3"点。这个装置共有三个公用点,称三点式网络。

根据各种功能,分述如下:

(1)频率调整。假设三台发电机有功功率已经均匀分配,因此图中各测功器输出端1、4两点间直流电压相等,又因为"1"已联成一点,则"4"点也为等电位点,因此图4.51可等效成图4.52。

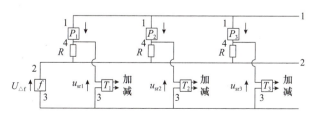

图 4.51　虚有差法方框原理

P—测功器、f—测频器、T—调整器、R—均功率电阻

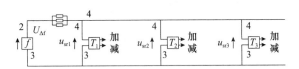

图 4.52 各发电机均功时等效电路

若电网的频率 $f>f_e$（额定频率），则测频器输出 $U_{\Delta f}>0$，经电阻 R 自然会使 $U_{sri}>0$。因此各调节器均发出"减速"脉冲信号，使各机组的调速特性向下移动，系统的频率下降，直到 $f=f_e$、$U_{sri}=U_{\Delta f}=0$，调整完毕；若 $f<f_e$，则发生相反的调节。总之，当电网的频率调到额定值时，调整过程才结束。

（2）功率分配的调整。假定在调整过程中始终保持频率为额定值，则测频器的输出为零，即图 4.52 中 2、3 两点为同位点，测功器的输出犹如一个电源。装置的等效电路则为图 4.53"恒频"时系统等效电路，此时，调整器从均功率电阻 R 上取得信号应为如何呢？

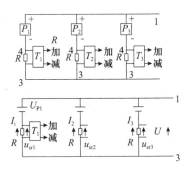

图 4.53 "恒频"时系统的等效电路

在该图上，1~3 点的电压设定为 U，假定有 n 台机组参与并联运行，则各测功器上输出的电压、电流分别为 U_{Pi} 和 I_i（$i=1, 2, 3, \cdots, n$），它们正方向均如图 4.53 所示。由含源支路的欧姆定律求各支路电流为

$$I_i = \frac{U+U_{Pi}}{R} \tag{4-40}$$

由基尔霍夫第一定律得

$$\sum_{i=1}^{n} I_i = 0 \tag{4-41}$$

代入上式得

$$\sum_{i=1}^{n}\left[\frac{U+U_{Pi}}{R}\right] = 0 \tag{4-42}$$

$$n \cdot U = -\sum_{i=1}^{n} U_{Pi} \tag{4-43}$$

所以

$$U = -\frac{1}{n}\sum_{i=1}^{n} U_{Pi} \tag{4-44}$$

而在各均功率电阻 R 上的电压，得

$$U_{Ri} = I_i R = U + U_{Pi} \tag{4-45}$$

将上式 U 代入得

$$U_{Ri} = -\frac{1}{n}\sum_{i=1}^{n} U_{Pi} + U_{Pi} = K_p\left(P_i - \frac{1}{n}\sum_{i=1}^{n} P_i\right) = K_P \cdot \Delta P_i \tag{4-46}$$

由此可见，每一个均功电阻 R 上的电压，即输入相对应调整器上的电压信号恰好就是功差信号。

如果 1 号发电机的实际输出功率 P_1 大于参与并联运行机组的平均功率 $\left(\dfrac{1}{n}\sum_{i=1}^{n} P_i\right)$，

则与测功率器 P_1 串联的均功电阻 R 上将有信号电压 U_{sr1}。

$$U_{sr1}=U_{R1}=K_P\left(P_1-\frac{1}{n}\sum_{i=1}^{n}P_i\right)>0 \tag{4-47}$$

U_{sr1} 加于调整器 T_1 的输入端,就会令1号机组调速器进行减小油门的二次调整,使之减负载。与此同时,必有其他机组的均功电阻上信号电压 $U_{srk}<0$,使该机组的调整器 T_k 发出"加速"脉冲信号,使其增加负载,这种调节一直进行到参与并联运行的各机组的负载值都相等时才结束。此时有 $P_i-\frac{1}{n}\sum_{i=1}^{n}P_i=0$。各均功电阻上的信号电压均为 $U_{sri}=U_{Ri}=0$,调整过程结束。

实际上,上述两种调整过程往往是同时进行的,所以各调整器接受的是"功差"和"频差"的综合(代数和)信号。

$$U_{sri}=K_f\Delta f+K_P\Delta P \tag{4-48}$$

即

$$U_{sri}=K_f\Delta f+K_p\left(P_i-\frac{1}{n}\sum_{i=1}^{n}P_i\right) \tag{4-49}$$

各机组的调整器按接受的 U_{sri} 进行调整,直到 U_{sri} 均为零,即输入的"频差"和"功差"信号均为零时,调整才告结束。

虚有差法有如下特点:

①调整过程中是有差的,调整终了是无差的;

②调频及调整功率分配时,所有机组同时进行调整,因而调整速度较快;

③调整终了时,频率能维持恒定,各机组有功功率能按各机组容量成比例分配。

(3)虚有调节法,待停机的"解列"。当并联运行中,电力系统总负载减小时,需要将机组退出并联运行,此工作称为"解列",参见图4.54。

在图中,当 KA_1、KA_2 继电器有电,KA_3、KA_4 继电器失电时,线路处于"均功""恒频"运行,现欲使1号机"解列",则1号机的解列继电器 KA_3 得电动作,使测功器 P_1 脱离均功点"1",并经 R_1 和 R 自成一路(解列回路),使1号机组不参与均分功率的调整,此时,KA_1 是闭合的(即继电器动作)。在解列过程中,P_1 输出端仍有信号电压(因此时1号机仍承担有功负载),所以在解列回路中产生电流 i 在电阻 R 上形成一个下正上负的电压(图4.54)。此时测频器输出仍为零,所以加入调整器输入端电压为负的电压,于是调整器发出"减速"信号,使1号机卸负荷。与此同时,2号机油门尚未变化,使电网功率不够,故频率下降,测频器产生如图4.54极性频差信号,该信号电压通过2号机的均功电阻 R 后加于调整器,使发出"加速"信号(加载),以维持功率平衡。另一方面,在解列回路产生电压信号反向串联,共同加至1号机的调整器,使减缓了1号机卸负荷速度,知道电网功率全部由2号机承担,即 P_1 的输出为零,而电网频率维持额定值。通常1号机功率降至该功率(额定功率的50%)以下时,即可使该机组主开关跳闸,脱离电网。

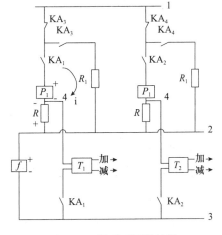

图4.54 解列时调整过程

3. 积差调整法

积差调整法是利用积分器、求和运算器元件实现电网系统恒频和按比例分配负荷的一种调整法。如图 4.55 所示,图中 D 为加法器,E 为积分器,T 为调整器,A、B、C 为放大器,放大倍数为 K。同时它又是一个比较器。U_1、U_2、U_3 分别代替 1、2、3 号发电机测功器 P 的输出电压,加法器 D 求出各放大器输出之和,这个和值使积分器 E 工作。积分器 E 的输出量 U_s 增加或减少到一直使加法器 D 输出至零,只要有和值,积分器一直工作,当 U_s 达到某一定值时,下列关系成立,积分器才停止工作,即

$$(U_1-U_s)K+(U_2-U_s)K+(U_3-U_s)K=0 \quad (4\text{-}50)$$

当 $U_1 > U_s$,则说明 1 号发电机承载负荷大于平均值,这时便向调整器 1 送出减少油门信号;若 $U_2 = U_s$,则说明 2 号发电机承载负荷正好等于平均值,这时调整器不动作;若 $U_3 < U_s$,则说明 3 号发电机承载负荷小于平均值,这时便向调整器 3 送出加大油门信号。

经反复调整,可使 $U_1 = U_2 = U_3 = U_s$。此时,说明各发电机所承担有功功率均匀为止。同时若电网频率偏离额定值,则测频器 f 输出 U_f 不等于零。通过比较放大器 A、B、C 向调整器发出信号,同时增大或减少原动机油门,使频率回到额定值。

调整器又称执行元件,根据运算环节送来信号电压大小和方向,发出相应加大或减少油门的指令来控制伺服马达正反转,以达到有功功率的均匀分配和保持频率恒定。当输入到调整器信号电压为正时,控制减速开关,电动机(油门)反转,关小。

综上所述,自动调频调载,实质上是根据恒频和按比例分配有功负载的要求对调速器实现调整的自动装置。

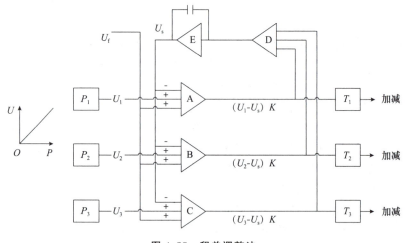

图 4.55 积差调整法

▶ 项目实施

引导问题 1:简述同步发电机的理想并车条件和实际并车条件要求。

引导问题2：同步表法并车操作的步骤有哪些？

引导问题3：分别画出灯光明暗法并车和灯光旋转法并车的原理图和电压向量图。

引导问题4：请思考并回答项目导入中提到的问题。

▶ 项目评价

序号	评价项目	自我评价	教师评价
1	学习准备		
2	引导问题填写		
3	规范操作		
4	完成质量		
5	关键操作要领掌握		
6	完成速度		
7	5S管理、环保节能		
8	参与讨论主动性		
9	沟通协作		
10	展示汇报		

说明：表格中每项10分，满分100分。学生根据任务学习的过程与结果真实、诚信地完成自我评价。教师根据学生学习过程与结果客观、公正地完成对学生的评价。

知识拓展：船舶发电机无功功率分配及故障分析

技能操作参考手册：发电机手动准同步并车与负载均分

技能操作参考手册：灯光法并车实训

课后习题

4-1 两台同步发电机正处于并联运行，则一定有（　　）。
A. 电压相等、电流相等、频率相同　　　　B. 电压相等、频率相同
C. 电流相等、频率相同　　　　　　　　　D. 有功功率相同、无功功率相同

4-2 在准同步并车时，常根据整步表指针转动情况来决定是否合闸。合闸条件应是（　　）。
A. 顺时针转动（2～5 s 转一周）到同相位点位置
B. 逆时针转动（2～5 s 转一周）到同相位点位置
C. 顺时针转动（2～5 s 转一周）到 11 点位置
D. 逆时针转动（2～5 s 转一周）到 11 点位置

4-3 采用"灯光旋转法"并车指示的两台同步发电机在并车时出现了灯光同时明暗的现象（并车指示灯接线无误），这是由于（　　）。
A. 两机频率相差甚远　　　　　　　　　　B. 两机电压相差甚远
C. 两机初相位相差甚远　　　　　　　　　D. 两机相序相反

4-4 同步发电机单机运行中跳闸，不可能是由于（　　）引起的。
A. 短路　　　　B. 过载　　　　C. 逆功率　　　　D. 失压

4-5 同步发电机并车时，主开关合闸后由于自整步作用给转速较低的发电机以（　　）力矩，给转速较高的发电机以（　　）力矩，从而将两机拉入同步。
A. 驱动　制动　　B. 制动　驱动　　C. 驱动　驱动　　D. 制动　制动

4-6 并车完毕后，应将同步表切除工作，其主要原因是（　　）。
A. 为了省电　　　　　　　　　　　　　　B. 整步表为短时工作制表
C. 并车后整步表失去作用　　　　　　　　D. 整步表不切除，无法进行有功功率转移

4-7 同步发电机并车时，有电压相等、频率相等、初相位相同、相序一致四个条件。其中任一个条件不满足，待并机则出现（　　）。
A. 冲击电流　　　B. 制动转矩　　　C. 驱动转矩　　　D. 并车失败

4-8 采用同步表并车时，若同步表逆时针方向旋转，则说明（　　）；此时应操作调速装置使待并机（　　）。
A. 频率偏高　减速　　　　　　　　　　　B. 频率偏低　加速
C. 电压偏高　减速　　　　　　　　　　　D. 电压偏低　加速

4-9 对于手动准同步并车，其电压差、频率差、初相位差允许的范围是（　　）。
A. $\Delta U \leqslant \pm 6\% U_N$、$\Delta f \leqslant \pm 0.5$ Hz、$\Delta \leqslant \pm 30°$
B. $\Delta U \leqslant \pm 10\% U_N$、$\Delta f \leqslant \pm 0.5$ Hz、$\Delta \leqslant \pm 15°$
C. $\Delta U \leqslant \pm 10\% U_N$、$\Delta f \leqslant \pm 2$ Hz、$\Delta \leqslant \pm 30°$
D. $\Delta U \leqslant \pm 10\% U_N$、$\Delta f \leqslant \pm 2$ Hz、$\Delta \leqslant \pm 15°$

4-10 同步发电机并车时，若满足电压相等、频率相等、相序一致但初相位不同，则当初相位差为（　　）时，冲击电流最大。
A. $\pi/4$　　　　B. $\pi/2$　　　　C. π　　　　D. $3\pi/2$

4-11 用同步表检验待并机与电网的频率差，当频率差为 0.25 Hz，则整步表指针转一周需（　　）。
A. 1 s　　　　B. 2 s　　　　C. 3 s　　　　D. 4 s

4-12 除非是做了检修，一般情况下发电机并车时，下列（　　）条件可不考虑。
A. 电压相等　　　B. 频率相同　　　C. 初相位一致　　　D. 相序一致

4-13　下列关于交流船舶电站中并车的说法，错误的是（　　）。

A. 在电网频率及电压波动较大情况下并车，容易导致并车失败，甚至全船停电

B. 若电网原有发电机处于空载时并上另一台发电机，容易导致并车失败

C. 并车后的空载发电机实际上不可能长时间运行

D. 在电网负荷较大情况下并车，容易导致并车失败

4-14　关于解列发电机的下列说法正确的是（　　）。

A. 直流电站必须先转移负荷后解列，交流电站则不必

B. 交流电站必须先转移负荷后解列，直流电站则不必

C. 无论直流电站、交流电站都必须先转移负荷后解列

D. 直接按下解列按钮即可

4-15　采用"灯光明暗法"并车，这时同步指示灯应（　　）连接，电压同相时同步指示灯应（　　）。

A. 接在待并机与运行机的对应相上　同时灭

B. 接在待并机与运行机的相互交叉相上　同时灭

C. 接在待并机与运行机的对应相上　同时最亮

D. 接在待并机与运行机的相互交叉相上　一灯最亮，另两灯同样亮

4-16　采用同步指示灯的"灯光明暗法"来并车，灯光明暗的程度反映（　　），灯光明暗的快慢反映（　　）。

A. 频差　相位差 　　　　　　　　　B. 相位差　频差

C. 电压表　频差 　　　　　　　　　D. 电压差　相位差

4-17　采用"灯光旋转法"并车时，同步发电机电压与电网电压同相位的标志是（　　）。

A. 三灯均灭

B. 三灯均亮

C. 对应相接的灯灭，交叉相接的灯亮

D. 对应相接的灯亮，交叉相接的灯灭

4-18　采用"灯光旋转法"并车，三个同步指示灯应（　　），电压同相时，同步指示灯应（　　）。

A. 一相灯接在对应相上，另两灯接在交叉的两相上　对应相灯灭，另两灯一样亮

B. 三相灯接在互相交叉的三相上　三个灯一样暗

C. 一相灯接在对应相上，另两灯接在交叉的两相上　对应相灯亮，另两灯灭

D. 三相灯接在互相交叉的三相上　三个灯一样亮

4-19　采用"灯光旋转法"来并车，可从灯光旋转的快、慢反映出（　　），还可从灯光旋转的方向判断出（　　）。

A. 频差大小　待并机与电网哪个频率高　　B. 频差大小　相位差大小

C. 频差大小　电压差大小　　　　　　　　D. 相位差大小　待并机与电网哪个频率低

4-20　粗同步车法是将待并发电机的三相绕组先经（　　）与电网连接。

A. 电阻器　　　B. 电抗器　　　C. 电压继电器　　　D. 三个指示灯

4-21　同步发电机组的并联操作可分为哪几类？

4-22　三相同步发电机准确同步时，待并机组与运行机组（或电网）之间必须同时满足什么条件？如果不满足这些条件会出现什么后果？

项目 5 船舶电网

项目导入

在你为一条船进行电网设计时,你知道船舶电缆的选型方法和步骤吗?

项目分析

船舶电网是由船用电缆、导线和配电装置以一定的连接方式组成的整体。就像人体中血管输送血液到各器官,发电机所产生的电能就是通过电网输送到船上的各个用电设备的。船舶电网包括供电网络和配电网络,供电网络是指主发电机与主配电板之间,应急发电机和应急配电板之间,主配电板之间,以及主配电板与应急配电板、岸电箱之间的电气连接网络。配电网络是指主配电板、应急配电板到用电设备之间的电气连接网络。当船上的用电设备较多时,负荷不可能全部都由主配电板直接供电,而是将电能从主配电板经由分配电板或分配电箱再分到负载。为了分析方便,通常称主配电板与分配电板之间的网络及由主配电板直接供电给负载的网络称为一次网络,而分配电箱到各用电设备之间的网络称为二次网络。通过本项目内容学习及扫描二维码观看"船舶电力网的连接方式""船舶电缆"视频课程,学习者了解船舶电网的组成及类型,以及船舶电缆的结构。

学习目标

知识目标

1. 了解世界典型的电网实例,掌握船舶电力网的概念和连接的不同方式。

2. 掌握船舶供电网络分类、电力负荷分级和分配电箱设置原则;了解怎样提高供电网络的可靠性和生命力。

3. 了解船舶电缆和电线的区别;掌握电缆的结构及电缆型号的命名方法。

能力目标

1. 能够分析实船电网及相应特点。
2. 能够根据船舶实际情况选择合适的船用电网。
3. 掌握电缆选型的方法和步骤。

素质目标

1. 通过分析不同船舶电网设计及连接方式不同,不同类电网负责不同类负载,每种电网都在岗位上各司其职,合起来是一个整体,融入团结爱国情怀。
2. 通过船用电网的相关分析和设计选择,锻炼学生严谨的科学精神和缜密的逻辑思维。
3. 电缆和电线锻造工艺的比较,融入工匠精神、科学素养。

船舶电网设计的基本要求如下:

(1)电网生命力强,可靠性高,即要求电网在发电机组和线路发生故障或局部破损时仍能保证在最大范围内对负载的连续供电,并限制故障的发展和将故障的影响限制于最小的范围之内;当电网严重破坏时,继续保持对最重要设备的连续供电。

(2)电网设计应保证系统操作的灵活性,即电网运行的机动性和维修保养的方便性,包括控制部位操作的机动性、运行方案多样性、电源接口标准化、减少电气设备的型号规格、增加零部件的统一性。此外,电网设计应考虑船舶以后局部改装、增加新设备的需要,在某些部位设置一定数量的备用供电支路。

为了保证电站设计中确定的控制功能的发挥,电网设计应采取相应的措施:一方面,从网络设施上保障控制部位的地位;另一方面保证实现控制部位的转换条件,即可以根据系统使用要求从一个部位转换到另一部位,也可以从另一部位转回到这个部位。例如,船上配备两个电站 A 和 B,通常既要求可从电站 A 向电站 B 做并联操作,又要求可从电站 B 向电站 A 做并联操作。为此,这两个电站之间的跨接线两端都应设置可带电合闸的空气断路器,以实现两个电站之间的双向操作。

(3)电网设计应努力提高其技术经济指标。设计时应选用最经济的电网连接方案;力求减少中间环节,节省配电电器;适当限制电缆的储备截面;在满足要求的前提下,选用价格低的电气设备,降低电网建造成本;提高电网运行的自动化程度,减少操作管理人员;降低设备故障率,减少运行损失和维修工作量;合理调配负荷,保持电网高效率运行;控制运行功率因数,减少线路损耗;提高负荷设备的运行效率。

(4)电网设计应周密考虑电网的保护措施。衡量船舶电网的设计是否成功,不仅要看它处于正常状态下的运行情况,而且更重要的是要观察它在故障状态下的行为,有没有控制故障的能力。

对于一些重要的电网参数异常应在故障动作发生前发出预警,以引起值班人员的警觉,提前采取必要的措施。

保护电器的动作应具有选择功能。选择功能包括两点:

① 对故障点的判别能力,进行区域性的选择保护、缩小故障的影响面;

② 对故障性质的判别能力,如区别瞬时过流、短时过载等,然后采取不同的保护措施。

选择保护电器动作值应十分慎重。动作值选得太大,将失去安全保护的意义;动作值选得过低又会引起保护电器不必要的动作,影响电网的正常工作。因此,电网设计应确切掌握系统故障时各种参数变化的可能范围，合理地选择保护电器动作值的安全范围。

电网故障排除后，希望各级保护器械都能迅速恢复正常，不经常有人管理的保护器械就应选用具有自恢复功能的保护设备。

船舶电网的合理设计直接关系到电力系统供电的可靠性，因此电网的重要性并不亚于电站。没有优良的电网相配合，电站的性能再好也不可能发挥作用。船舶设计实践表明，选择合适的供电方式和配电方式，对提高船舶电力系统的设计质量、增强电网的生命力，具有重要意义。

任务 5.1　船舶电网分析

在电站设备确定的情况下，选择电网的形式对保证供电可靠性和生命力具有决定性的作用。因此，系统地分析现有船舶电网的运行情况，探索新的电网形式是船舶总体设计的一项重要内容。

5.1.1　船舶电网基本类型

船舶电网采用的连接方式多种多样，但是基本的连接方式有以下五种：馈线配电方式、干线配电方式、混合配电方式、环形配电方式、网形配电方式。

船舶电网连接方式

下面对这五种基本接线方式的结构和特点逐一进行分析。

1. 馈线配电方式

各个用电设备以及分配电箱由主配电板的单独馈线引出，如图 5.1(a)所示；在具有两个电站时常采用以棋盘式的顺序给各个用电设备供电，如图 5.1(b)所示。这种配电方式的所有用电设备均由主配电板供电。从形式上看，设备似乎能得到较高的供电可靠性，但由于这个方式的馈线电缆太多，任何一路的用电负载发生较大的变动或意外故障都会对主配电板产生很大的影响，从而降低电力系统的供电可靠性。这种方式适用于用电设备较少的小型船舶。主配电板向其所在舱室的负载供电也可以局部采用这种方式。

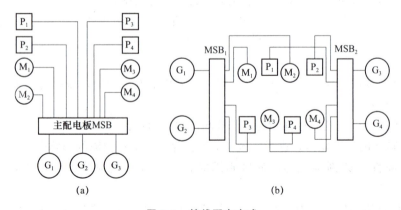

图 5.1　馈线配电方式
(a)一般式；(b)棋盘式

2. 干线配电方式

由主配电板引出几根叫作干线的电缆对分配电箱供电，用电设备再从分配电板上取得电源，如图5.2所示。

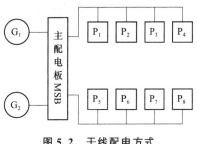

图 5.2 干线配电方式

这种配电方式的优点是电网结构简单，可以大大减少船舶干线电缆的数量。这对希望尽量减少穿过水密隔墙电缆数量的潜艇电力系统是很合适的。这种配电方式的缺点是供电可靠性低，对电气装置不易进行集中控制。目前，单纯采用干线式供电的电力系统已经很少。

3. 混合配电方式

馈线式和干线式混合的配电方式，即一部分分配电箱或负载采用馈线配电方式，另一部分则采用干线配电方式。通常，前者是功率较大或者比较重要的负载，后者是较次要或功率较小的负载，如图5.3所示。

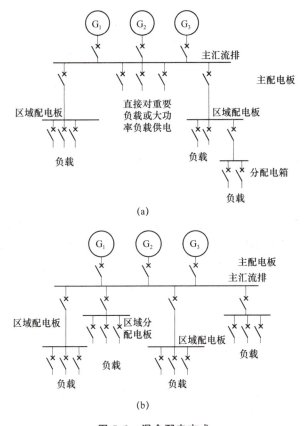

图 5.3 混合配电方式
(a)一般混合式；(b)分区混合式

混合配电方式的优点是局部线路发生故障不致影响整个电力系统，只要合理配置，可以保证重要设备的供电可靠性，因此是目前船舶上广泛采用的一种配电方式。

4. 环形配电方式

这种方式是将主配电板和负载的分配电板串接，再一起形成一个完整的环形向用电设备供电。根据连接线形成的电网闭环的情况，环形配电方式可以分为全闭环、电源环和负载环。如图 5.4 所示为全闭环配电方式。在两个电站的主配电板之间加上两根跨接线就可以形成一个电源环。环形配电方式的优点是可以构成较多的电源到负载的通路，可以有较高的供电可靠性。但这种方式在管理和保护上比较复杂，故要求较高的技术水平。

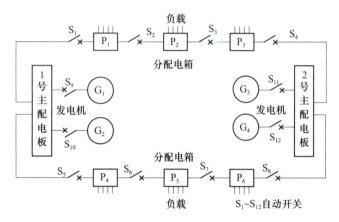

图 5.4　全闭环配电方式

在电网的连接方式中，发电机与负载之间的连接线可以称为纵向连线，而发电机之间或电动机之间的连线称为横向连线。由以上电网的基本类型可以看出，在某些情况下，横向连线有使负载电源通路数成倍增长的作用。如果纵横连线形成了闭合环，则可以显著地提高电网供电的生命力和可靠性，这就是电网设计中的环形原理，设计时应根据实际情况巧妙地加以运用。

5. 网形配电方式

如图 5.5 所示，它是在船舶发电机组和负载较多的情况下，由环形配电方式发展而形成的一种配电方式。这种电网至少形成了两个以上组合的全闭环，与环形配电方式没有本质上的区别，只是把环形配电方式推向更高的一层，因而网形配电方式也是环形配电方式发展的必然趋势。

上述五种电网的基本配电方式，各有不同的特点和适用范围，前两种现在已较少单独使用，最后一种则是发展中的形式，只出现在某些吨位很大的船舶上。因此，目前世界各国船舶上实际应用的主要是干馈混合配电方式和环形配电方式两种。这两种基本的电网形式究竟何种更为优越，一直是船舶电力系统发展问题讨论的焦点。各国船舶电网的类型也和它们陆上电力系统所采用的传统形式有关。一般来说，电力系统采用环形电网的国家，其船舶采用环形电网也多。还有一些船舶电网采用开环的形式，即电网的构成虽是闭环形，但在运行中故意将闭环的某个环节切断，形成开环；电力系统运行有需要时再合上切断部分形成闭环。这样做可以简化线路的管理和保护，并减少闭环的某些不良影响。这种做法对于技术水平还不能达到完全闭环运行的船舶也是一种折中的处理办法。

从环形配电基本连接方式可以看出，只要留有适当的裕度，运行得当，可望得到高度可靠的供电，但必须解决线路保护、系统监视、调整等一系列技术关键问题。因此，环形

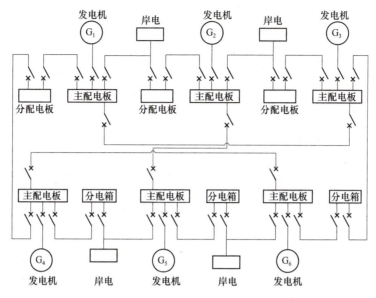

图 5.5 网形配电方式

配电方式能否替代干馈混合配电方式主要取决于电网技术的发展。近年来,由于电子计算机在电力系统监视控制技术上的应用和电力系统稳定性研究的进展,环形配电方式已被认为是今后船舶电网发展的一种很有前途的配电方式,尤其对于军用船舶,更有其特殊的价值。因此,认真开展环形电网的探索研究工作,对于造船事业的发展是很有意义的。

5.1.2 世界船舶电网实例分析

上面讨论了船舶电网的基本形式,下面我们选择一部分具有代表性的世界典型船舶电网进行分析。

1. 日本护卫舰电力系统

如图 5.6 所示,这是一种很典型的馈线配电方式。在这个设计中,主配电板和应急配电板是完全独立的。依靠跨接线,连通了主配电板之间、主配电板与应急配电板之间的联系。这些跨接线构成了电源部分的环形。由于主发电机一般不和应急发电机并联运行,这些跨接线不会同时接通,所以跨接线所形成的是前面说过的开环形式。开环连接保证了发电机之间相互支援的机动性,但又不必考虑环形制的各种特殊问题,故它本质上还是馈线制的配电方式。

这个线路在设备配电方面也是有其特色的。由图 5.6 可见,全舰用电负载分为四种类型:

第一类:由任何一台主配电板、应急配电板和事故紧急配电板供电给舰船最重要的负载,如通信设备、火炮水雷配电板、舵机配电板、应急照明等。因为供电路数多,故不是靠手动转换选择由哪一台主配电板供电,而靠自动转换选择由主配电板还是应急配电板供电,再用手动选择是否用事故应急供电端子供电。

第二类:由主配电板和应急配电板转换供电的应急负载,如消防海水泵、电子设备配电板、航行识别灯、信号灯、主机的重要辅机等。这些设备正常状态下,由某台主配电板供电,而在应急情况下,则自动转换由应急配电板供电。主电网失电时,应急发电机通常能自行启动投入，故这类负荷可以保证很短的停电间隔。

第三类：由两台主配电板交替供电的重要负载。这类负载基本上和第一、二类负载性质相同，只是重要性稍低或容量比较大，以致应急发电机不能满足其供电要求的负载。

第四类：直接由主配电板单独供电的负载，主要是由主配电板供电比较方便的一般负载。

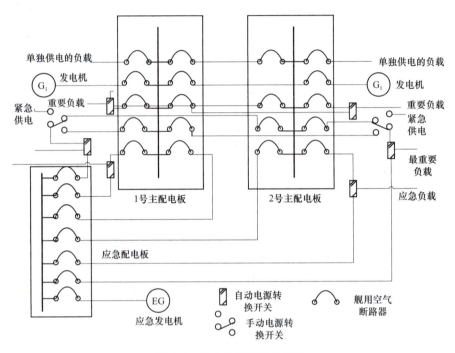

图 5.6 日本护卫舰配电原理

日本船舶设计主张多路供电，原则上采用自动转换方式，只有在以下两种情况采用手动转换方式：

(1) 允许短时停电的两路供电负载且在船舶处于封舱状态下，可以接近和操作转换开关的场合，如一些通风机等。

(2) 为了保证某些状态的优先地位，避免引起不必要的混乱，而采用手动转换如上述第一、二类中，第三或第四类中重要供电的设备，但也应保证船舶处于封舱状态下可以接近和操作这些开关。

这个线路的优点是在主配电板和应急配电板之间连有跨接线，提高了供电可靠性。电网中最重要的设备和应急设备的供电可靠性实质上是依赖应急发电机组来保证的。一般应急机组的容量不大，这种保证也就受到限制。此外，大量负载集中在主配电板也会使整个电网的线路复杂化，引起主干电缆数量增多，这对于船舶的总体布置和电网的抗损能力都是很不利的。因此，这样的线路配置通常只能用于护卫舰之类的较小的舰艇上。

2. 英国某驱逐舰的典型电力系统

如图 5.7 所示为英国某驱逐舰的典型电力系统，这是欧洲国家船舶电网的一种典型供电方式。这种方式的第一个特点是采用两个对等的电站，可以互为备用。两个电站各设两台发电机，它们的主配电板用双重电缆连接起来，形成电源环形供电方式。可以看出，这种供电方式有较高的可靠性和生命力。每个电站的主配电板上都设有发电机之间的隔离开关，必要时所有发电机组均可以单独工作，实行分区供电，形成更多的独立供电源，具有很高的灵活性。因此，英国人认为这是驱逐舰电力系统的一种典型方案。

这种配电系统的第二个特点是采用"配电中心"（区域配电板）的供电方式，这在欧美一些船舶电网中也是常见的。除了少数最重要的负载外，全舰大部分设备都由"配电中心"供电，减少了各种设备故障时对主配电板的干扰，从而保证了主配电板工作的可靠性和供电品质。对于重要设备，可以由不同船舷侧的"配电中心"双重供电。

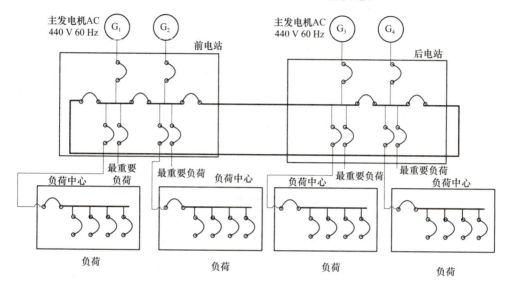

图 5.7　英国某驱逐舰的典型电力系统

第三个特点是两个电站可以实行并联运行，以便最大限度地保持供电的不间断性。这就对发电机组及其控制电器提出了较高的要求，必须设置电力系统的控制中心，实行全舰性的供电监视和控制。

3. 美国船舶典型电力系统

如图 5.8 所示，美国船舶电力系统的特点是经常采用单台发电机组作为一个独立单元，表明对于自己发电机组的可靠性具有较强的信心。该电力系统选用了两台应急发电机组，它们的运行也是完全独立的，四个主配电板两两相连，同时通过它们与应急配电板的跨接线形成两个闭合的供电环，这样就大大地提高了系统供电的可靠性。舰上的重要负荷保证是由主配电板和应急配电板两路供电，在失电时，它们可以自动转换，按照美国船舶设计的观点，两路供电已经能够满足重要设备的供电要求，因为各种配电板之间还有其他固定连接线。有些设备如照明等，在主配电板失电时，还可以自动转换到其他备用电源上去。

4. 美国核潜艇交流电力系统

如图 5.9 所示，核潜艇的电力系统采用了交流发电机组与另一种储电能源经电能变换后联合运行的方案，经常采用并联储备供电方式。艇上反应堆等重要负荷是兼由交流发电机组和直流－交流发电机组来供电的。交流机组的能源来自蓄电池组。因为蓄电池组失电的可能性很小，而且当潜艇处于水下状态时仍可以供给电能，因而大大提高了供电的可靠性和生命力。此外，为了保证 400 Hz 用电设备的供电，系统通过三种方式产生 400 Hz 交流电：

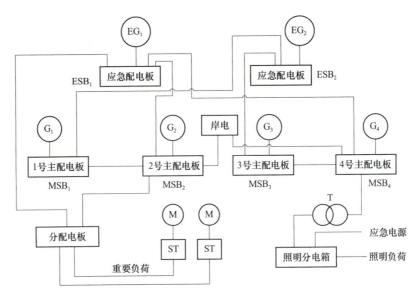

图 5.8 美国船舶典型电力系统

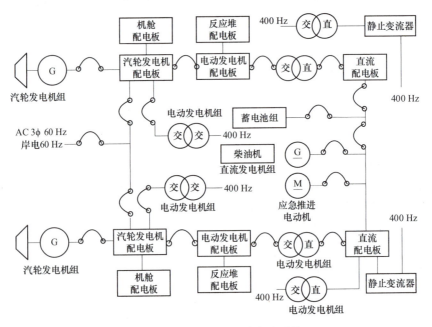

图 5.9 美国核潜艇交流电力系统

(1) 从交流电网通过交交流变流器产生。

(2) 从直流电网通过直交流变流器产生。

(3) 从直流电网通过静止逆变器产生。这样可以满足不同精度要求设备的供电，同时又可增强变流设备本身的可靠性。

5. 美国航空母舰电力系统

如图 5.10 所示，这个电力系统采用网形的供电方式，它是多电站系统中应用环形供电发展起来的。系统形成多个闭环，这种网络的形状犹如车轮，美国人称为辐形电网，它的供电生命力较强，在电站数量较多的场合下，采用这种供电方式可避免多个电站之间错综复杂的汇流排跨接线。但是这种形式要求多电站并联运行,当并联运行的发电机台数较多时,电网的短路电流很大,由于自动开关断流容量有限,故必须采取限流保护措施。

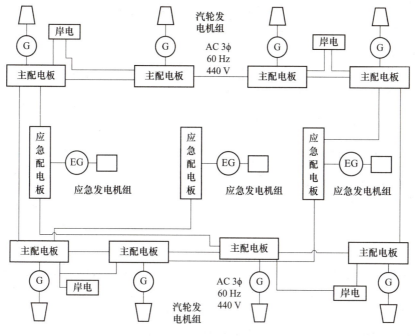

图 5.10 美国航空母舰电力系统

6. 法国戴高乐号核动力航母电力系统

如图 5.11 所示,法国戴高乐号核动力航母的电力系统设计也有其特色。这艘航母设置有两个主电站,每个电站包含两台汽轮发电机组,完全对称布置在两舷;两个应急电站,

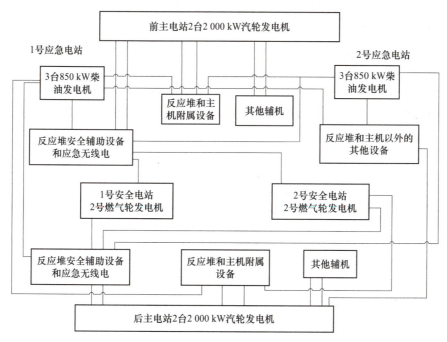

图 5.11 法国戴高乐号核动力航母电力系统

每个应急电站包含三台柴油发电机组;此外还设置了两个安全电站,每个安全电站包含两台燃气轮机发电机。反应堆等重要负荷分两舷由三种类型电站交叉供电,最多的设备可以得到五路供电,保证最重要的设备有较高的供电可靠性。

任务 5.2　船舶用电网及其选择

5.2.1　船舶供电网络的分类

1. 根据用电设备使用电压等级划分

根据用电设备电压等级的不同,船舶供电网络可以分为动力网络、照明网络和低压网络。

(1)动力网络。即 380 V 网络,供电给电动机和 600 kW 以上的电热装置及功率大于 1 kW 的照明灯。动力网络用电量占总负荷的 70% 左右,它可以由主配电板直接供电,也允许把安装在附近的各种相同性质的辅机合并成组,由主配电板单独馈电的分配电板供电。

(2)照明网络。即 220 V 网络,通常连接到主配电板汇流排上的变压器副边,供电给各照明分配电箱,再由各照明分配电箱供电给照明灯具。机舱中的照明须交叉分布,并至少有两个独立供电线路,以保证一条线路有故障时仍可以保持 50% 的照明。室外照明线路应能在驾驶室集中控制其开断。

(3)低压网络。即 50 V 以下的网络,供电给使用电压为 50 V 以下的用电设备。一般由直流 24 V 蓄电池电源,供给公共场所的应急照明、主机操作台、前后主配电板、锅炉仪表、应急出入口、艇甲板等处的最低照明;供给设备控制系统的用电以及供给无线电、通信导航设备的应急用电。

2. 根据电源装置的不同划分

根据电源装置的不同,船舶供电网络可以分为主电网、应急电网、临时应急电网、弱电网和事故电网。

(1)主电网。由主发电机通过主配电板供电的网络。用电设备可直接由主配电板供电,或由主配电板供电至分配电箱再供电。主电网必须对下列动力、照明及通信导航等设备直接供电:

①舵机必须有两路独立馈电线供电(如左右舷敷设),若船舶设有应急发电机,其中一路可以由应急配电板供电。

②锚机、起锚绞盘机。

③消防泵的电源和线路布置应保证任何一舱失火时,至少有一台可以使用。

④总用泵、多级泵。

⑤为推进装置服务的电动辅机的分配电箱。

⑥油船货油泵、起货机。

⑦冷藏船的冷藏电动机。

⑧主照明变压器。

⑨航行信号灯控制箱、探照灯、舱室照明分配电箱。

⑩驾驶室集中控制板。驾驶室内电气设备，如助航设备分配电箱、航行信号灯控制箱、工作灯和探照灯、室外照明分配电箱等集中设置在驾驶室集中控制板内时，若采用集中供电，应由主配电板设两路单独馈电线对其供电。当设有应急电源时，其中一路可由主配电板经由应急配电板供电。每路馈电线的电流定额均应满足驾驶室控制板内电气设备满负载时的用电，并应保证其中一路馈电线故障时，另一路能通过自动或手动转换使驾驶室控制板得到供电。

(2) 应急电网。由应急发电机或应急蓄电池供电的电网。在主电网失电的情况下，应急电网应能向船舶最重要设备和具有关键功能的设备及一些重要的必不可少的控制设备自动供电。应急电网应该保持相对的独立性，在安装和布线上都应尽量与主电网分开，而且有较高的安全可靠性；但在特殊情况下，允许适当降低应急电网的运行指标。

我国船舶规范规定，航行于海上的客船，应急电网必须保证在主电网失效时，向应急动力负载和应急照明负载及无线电通信、导航等应急负载连续供电 36 h (货船 18 h)。航行于内河的客船，应急电网必须保证在主电网失效时，向应急动力负载和应急照明负载及无线电通信、导航等应急负载连续供电 1 h。

在正常工作情况下，应急电网可通过联络开关由主配电板供电。当主电网失电时能自动接通应急电源，供电给特别重要的辅机（如舵机、消防泵等），应急照明，各种信号灯以及通信助航设备。应急电网必须供电给下列负载：

①应急动力负载。

a. 操舵装置的动力及控制设备；

b. 通信导航设备、应急照明负载等的变流机组；

c. 主机电遥控装置及电传令钟；

d. 电动消防泵（设有应急发电机组时）。

当以应急发电机组作为应急电源时，在主电源失效状态下，对电动或电动液压操舵装置的两套互为备用的动力设备和控制装置，应由应急配电板至少设一路单独供电线对其供电。供电线的电流定额应能满足操舵装置同时工作的要求。

②应急照明负载。

a. 主机操纵台的上方、主配电板及应急配电板的前后方；

b. 舵机舱、机舱集中控制处所及机舱集中监视处所；

c. 广播室、无线电室、海图室及驾驶室、灭火控制室；

d. 机炉舱及其出入口处、应急逃生出口处、通道、扶梯口、救生艇停放处；

e. 公共场所以及超过 16 人的客舱。

除驾驶室外，在应急照明线路上不应设置开关。

③各种信号灯及通信助航设备。

a. 信号灯、磁罗经；

b. 机械传令钟；

c. 灭火剂释放预告信号装置；

d. 紧急集合报警装置、火警系统。

(3) 临时应急电网。由临时应急蓄电池供电的电网。临时应急电网应能在主电网失效时自动供电。在以应急发电机作为应急电源而又无自动启动装置的船舶，必须安装临时应急电网，蓄电池的容量应能满足连续供电 30 min。临时应急电网应对下列设备供电：

①临时应急照明、扩音机。

②失火报警和探火系统。

③机电设备故障检测报警系统。

④船内通信系统。

⑤操舵控制系统。

⑥信号灯。

(4) 弱电网。弱电网包括助航、通信、无线电设备中各种不同电压、不同电流、不同频率的电网。也就是向船上无线电收发报机，各种助航设备(如雷达、测向仪、定位仪、测深仪等)，船内通信设备(如电话、广播等)以及信号报警系统供电的网络。这类用电设备的特点是耗电量不大，但使用电源与主电源不尽相同，对供电电源的电压、频率、稳压稳频的性能有特殊要求。因此，船上往往需要配置专门的变流机组或变频器向全船弱电设备供电。

(5) 事故电网。对于护卫舰以上的军用船舶还应该配置事故电网，这是一种用一些固定敷设的干线以及可以移动的电缆段和快速接头联合组成，可以在紧急状态下临时拉敷的辅助性电网。事故电网自身通常不包括电源，平时它和主电网是分开的，只有在事故状态下，才通过专用的开关和插头，插接至某些特殊部位组成新的紧急电源电路，使一些重要设备得到供电。

为了保证事故电网实施临时供电，要在发电机部位设置事故电网的电源接头，还要在许多重要用电设备部位设置事故电网的供电接头。事故电网是全船电网的后备手段，它兼顾应急和故障状态的特殊需要，故其供电范围将大于应急电网。通常装有事故供电接头的设备和部位如下：

①消防设备的配电板。

②照明系统的变压器。

③内部通信设备的配电板。

④电子设备的配电板。

⑤船舶最重要机械和武器装置。

⑥通用区域配电板(其所处的地位及负载有特殊意义的)。

由于在事故情况下，船舶水密隔舱的密封门必须关闭，因此在这种状态下就需要依赖固定敷设的电缆段来保证水密舱之间的电气连接。临时拉敷的可移动电缆段主要在水密舱或甲板上做短距离的电力传输。

5.2.2 电力负荷的分级

电源的波动会给负载设备带来影响，而设备的运行反过来对电源产生影响，这是显而易见的。因此电网设计不仅要注意电源的配备，而且要注意负载的合理安排。系统设计不可能以保证全船所有设备的不间断供电作为目标(事实上这是难以办到的)，而只能以保证与船舶运行有关的重要设备的供电作为主要目标，这就是船舶电力系统设计必须区别对待各种用电设备这条重要原则的依据。电网设计首先对全船电力负荷进行分析并加以适当的分级是这一条原则的具体实施。

划分负荷级别等级仅仅是一种区别对待的办法，不是提高各种电力负荷供电可靠性的途径。因此，应该适当控制一级负荷所占全船负荷的比例，否则分级就失去意义。一般情况下，一级负荷不应超过30％，三级负荷也居少数，大部分负荷应属于二级负荷。电力系统设计，应该采取各种有效措施来提高全船电力负荷供电的可靠性和生命力，而二级负荷应该列为重点，它是改进电力网供电性能的主要对象。它们的供电可靠性能否得到保证是电力网设计成功与否的一个极重要的标志。

不同类型或不同使命的船舶电网，电力负荷的分级也是不同的，不能强求一律。对民用船舶而言，所谓一级负荷，与其应急负荷没有本质上的区别。《钢质海船入级与建造规范》已有了较明确的规定，可遵照执行。

船舶的特殊设备，其供电不间断性或供电指标具有完全不同于一般负荷的要求时，也可不列入以上按重要性划分的三级负荷范围之内，电网设计时应另做特殊的处理。

依据以上所述的指导思想，根据我国船舶设计的实践，电力负荷按其对船舶运行的影响(重要性)可划分为以下三个等级：

1. 一级负荷

一级负荷直接关系到船舶生命安全，属于极重要的用电设备。即设备供电不能中断且供电品质不能受到其他电路直接干扰，否则可能影响或威胁船舶安全的负荷。它包括以下几种类型：

(1)影响船舶航行操纵的负荷，如操舵装置及其辅助设备。

(2)关系人员安全的通风装置，船舶动力装置冷启动和机械保护所必需的设备。

(3)属于船舶最后防卫手段的负荷，如快速防空武备、电子干扰设备。

(4)应急照明和航行信号识别灯、应急通信设备。

(5)应急发电机原动机的辅助保障设备等。

2. 二级负荷

二级负荷关系到船舶的使命任务，属于重要的用电设备。它们的供电中断或受其他电路干扰，将影响船舶使命任务的完成。

(1)动力辅助设备。

(2)船舶重要的管路系统。

(3)观察、通信、导航电子设备。

(4)医疗设备。

(5)消磁设备。

(6)工作舱室的通风和空调设备。

(7)重要武器及其控制系统。

对于装有导弹武器、飞机和负有特殊使命的船舶，还包括中频电网的变流设备；飞机维护辅助设备、飞机着陆保障设备；航空系统电子设备；作战数据系统；综合情报系统；导弹及其控制系统，导弹系统电力变换设备；弹药舱空调及通风设备；其他为完成船舶使命而配备的特殊装置。

3. 三级负荷

三级负荷指工作时间较短、对供电指标要求不高的一般设备负荷，如电池充电设备、生活空调设备、锚机系缆设备、金加工设备等。

不同级别的设备对船舶的运行有不同的作用和影响，网络供电处理也应有所不同。通常，一级和二级设备应该保证由两个独立电源的双舱供电；三级设备则可以仅由一个电源单路供电。如果船舶设置应急发电机和应急电网，则应首先保证一级设备的供电；应急发电机容量有富裕时，再依次向二级设备供电。电网分级时应保证一级设备连接在更靠近电源的位置上。

5.2.3 分配电箱设置原则

为了减少主配电板上的开关设备和节省主馈电缆，同时为了对用电设备进行分区控制，除必须由主配电板直接供电的用电设备及大容量设备外，其余大量用电设备均通过分配电箱进行供电。分配电箱的设置原则如下：

(1)为方便控制管理，可将船上同一系统或同时投入工作的多个用电设备设置一个分配电箱。例如，同为主机燃油系统的燃油输送泵、驳运泵、油水分离机等可由一个分配电箱供电。类似的还有润滑油系统、冷却系统、锅炉设备、空调系统、起货设备、防摇装置、航行灯及助航设备等。

(2)安装位置相近的各个用电设备往往可单独设置一个分配电箱，尤其对于远离主配电板的非重要用电设备常按此原则考虑。例如，照明系统常常按甲板来分别设置照明分配电箱。但在走道、机舱、炉舱、舵机舱以及客船上公共场所与超过16人的客舱等处照明，应至少有两个独立分路供电，当其中一路不能供电时，另一路仍可保持上述场所必要的照明。机炉舱内各路灯点应交叉设置。

(3)每一分配电箱的供电点数不宜过多，以防止因该线路故障导致很多设备停电。如规定 220 V 的照明分配电箱每一分路的灯点数(包括风扇、电钻及容量不大于 100 W 的小型日用电器、插座等)应不超过 24 点，110 V 应不超过 14 点，低于 24 V 应不超过 10 点。

5.2.4 提高供电网络的可靠性和生命力

船舶电网的供电网络应具有高度的可靠性和生命力。这里所说的供电可靠性和生命力是指电网以下几方面的能力：当发电机组和线路局部损坏时，电网继续在最大范围内维持供电的能力；当电网严重破坏时，继续保持最重要设备不间断供电的能力；将电力系统设备故障的影响面缩小和限制在最小范围的能力等。为了提高电网的可靠性和生命力，电网设计往往在供电方面采取以下措施：

(1)选择可靠性较高的电网类型。电网各种类型的性能分析比较已在上一任务中讨论过。

(2)重要负载由主配电板直接供电而不经分配电箱供电。例如，舵机、锚机、消防泵、消防自动喷水系统、航行灯控制箱、电罗经、苏伊士运河探照灯、无线电台及助航仪电源等均须由主配电板直接供电，以保证对船舶航行重要设备的供电。

(3)对于某些特别重要负载多路供电。这是一种多重供电措施，它保证重要设备能够从两个或两个以上完全独立的电源得到供电，从而提高了供电可靠性。通常，船舶的电缆是分两舷敷设的，只有沿两舷的电源线才不易同时被摧毁。如舵机电动机和航行灯控制箱等应由两路供电，并尽量远离。通常可分别由主配电板在左、右舷馈线供电或由主配电板及应急配电板分别供电，这样在有一条馈线发生故障的情况下，仍能保证负载的供电。同时，船舶各种配电板相互又是有联系的，通过这些联系，两路供电就能形成许多从电源到用电设备的供电通路来保证供电可靠性。因此，两舷制的双重供电被认为是船舶最常用、最基本的供电方式。重要设备由来自不同电站的两舷供电,当正常供电电源中断时,可立即转换到另一舷"交替"供电的电源上去。如图 5.12 所示为应急供电转换示意。正常情况下自动转换开关(ATS)置于主汇流排侧,应急汇流排由主发电机侧供电。当主汇流排失电时,应急发电机自行启动投入运行,应急汇流排转由应急发电机供电。

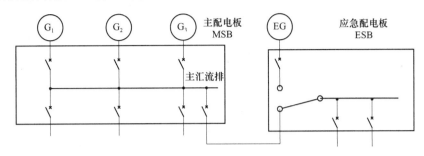

图 5.12　应急供电转换示意

(4)按用电设备的重要性实行分级供电。这是区别对待的供电措施,其目的在于优先保证照明设备供电可靠性。当高峰负荷引起发电机过载时,将次要用电设备从电网上自动切除,即自动卸载,以使发电机恢复到正常运行。如图 5.13 所示为电网分级供电的一种方式。通常选择靠相应发电源最近的配电板(如主配电板)作为一级配电板,向最重要的负荷供电,其余依次编级号。

分级供电时,由于开关的保护作用,低级配电的负荷发生故障时,一般不会影响它上一级的供电。

(5)采用分段汇流排方式供电。《国际海上人命安全公约》规定,超过 3 000 kW 的主配电板应采取分段汇流排的结构。这种配电板可以实行控制隔离的供电措施,即在特殊情况下,船舶操作人员可以根据需要将电网分割成几个独立供电区,从而把故障限制在一个小范围内,使其他区域的负载供电不受影响。如图 5.14 所示为两台发电机组采用了分段汇流排方式供电。

分区供电后,每台发电机组都形成一个独立电源。设计处理得当,可以提高电力系统的生命力,因此海军船舶常要求电力系统实行分区供电。

(6)电网安装和主干电缆布置上的保证措施。船舶电网包含着大量的电线和电缆,这是电网的一个薄弱环节。电线和电缆受到意外机械损伤(包括战斗破损)会发生断裂或绝缘破坏,它们的电气绝缘能力降低又会引起线间或线地短路,这些都可能对电网造成严重后果。因此,电网设计除选用符合船舶要求的电线、电缆外,还应从电网的安装布置上采取相应的措施。也即在保证供电条件下,尽可能减少隔舱供电线(主干电缆)的根数和长度,同时将主干电缆安装敷设在不易受到损害、安全可靠的位置上。必要时,还应在电缆外部配备适当保护。凡由不同电源引出的供电电源线应该分开,并尽可能远离敷设,以免意外情况下同时受到损伤,以保持电源的独立性。减小电缆根数和长度可采用区域配电板的办法,即在船舶上划分若干个供电区,找出每个区内用电负荷的中心位置,然后在这个位置上设立区域配电板,向该区域的用电设备供电。欧美一些军用船舶上广泛采用的电能分配中心就是这样的一种配电方式。除极端重要的设备由配电板直接供电外,全舰所有设备都由分布在各个区域的配电中心供电。当然,配电中心自身和通向它的电缆也有生命力的问题,这就要靠合理划分供电区域和配备适当数量的配电中心来解决。

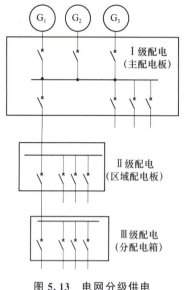

图 5.13 电网分级供电

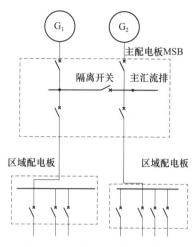

图 5.14 分段汇流排方式供电

(7)设置事故供电系统。这是军用船舶为对付网络损坏的紧急情况,用临时拉敷电缆的办法向重要负载供电的极端措施。各国的海军船舶大多配备这种设备。

任务 5.3 船舶电缆认知及选型

电缆是船舶上用于传输电能、传递信息和在电气设备之间进行各种连接的一种电工材料。电缆与电线在结构和用途上是有区别的,电线的芯线外层只覆有保证电气绝缘用的绝缘层,电缆则除电气绝缘层外还有用以防止外界各种因素(火、油、水、机械力等)危害的防护套。

船舶电缆

船舶电网中绝大部分采用的是电缆,而电线仅用作电气设备的内部接线和一部分生活舱室的照明线路。

5.3.1 船舶电缆的构造和性能

电缆在结构上主要由导电芯线、电气绝缘层和防护套三部分组成。导电芯线用于传导电流;绝缘层用于将各导电芯线进行电气绝缘,防止芯线间短路或接地;防护套层的作用是保护电缆免受油水、化学腐蚀。为了增强机械强度和抗干扰能力,在防护层外可再加一层铠装层。电缆结构如图 5.15 所示。

图 5.15 电缆结构

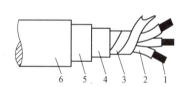

1—导电芯线;2—芯线绝缘;3—胶带;
4—绝缘层;5—护套;6—铠装层

5.3.2 船用电缆的分类及常用型号

船用电缆有多种分类,型号众多。常用型号如下:

(1)CHF：船用橡皮绝缘非燃性橡套电缆。
(2)CHFR：船用橡皮绝缘非燃性橡套软电缆。
(3)CHY：船用橡皮绝缘耐油橡套电缆。
(4)CHY－31：船用橡皮绝缘耐油橡套镀锌钢丝编织电缆。
(5)CHY－32：船用橡皮绝缘耐油橡套镀锡铜丝编织电缆。
(6)CV：船用橡皮绝缘聚氯乙烯护套电缆。
(7)CQ：船用橡皮绝缘裸铅包电缆。
(8)CXDHF：船用丁基橡皮绝缘非燃性橡套电缆。

型号中 C 代表船用，HF 代表非燃性橡套，HY 代表耐油橡套，R 代表软性，V 代表聚氯乙烯，31 代表镀锌钢丝编织网，32 代表镀锡铜丝编织网，Q 代表铅包，XD 代表丁基橡皮。

5.3.3 船舶电缆牌号的选择

(1)型号选择：主要根据用途、环境条件、敷设方式、屏蔽要求四个方面进行选择。

(2)芯线截面选择：主要根据载流大小、用电设备工作制进行选择。选择时电缆最大允许载流量一般不小于该线路可能出现的最大电流。

具体注意要求：①发电机电缆；②电动机电缆；③分配电板电缆；④起货机电缆；⑤直流发电机的均压线；⑥交流电缆避免单芯；⑦考虑备用芯线；⑧不允许不同用途共用一条多芯电缆。

5.3.4 船用电缆的性能要求

为保证电缆在运行时可靠工作，船舶对电缆的性能有如下要求：
(1)绝缘性能好。
(2)防潮防腐蚀性能好。
(3)抗震与抗机械损伤能力强。
(4)耐高温性能好。
(5)耐油污、耐酸碱性能好。
(6)所有电缆都应是滞燃型或防火型的。

此外，船上敷设的电缆还要根据下列敷设处的因素确定：环境条件、敷设方法、电流定额、工作定额。

项目实施

引导问题1：船舶电网设计的基本要求是什么？

_____
_____
_____
_____
_____
_____

引导问题2：船舶电网基本类型、结构和特点是什么？（绘制混合配电方式）

引导问题3：电缆的选型需要考虑哪些方面的因素？

📌 项目评价

序号	评价项目	自我评价	教师评价
1	学习准备		
2	引导问题填写		
3	规范操作		
4	完成质量		
5	关键操作要领掌握		
6	完成速度		
7	5S管理、环保节能		
8	参与讨论主动性		
9	沟通协作		
10	展示汇报		

说明：表格中每项10分，满分100分。学生根据任务学习的过程与结果真实、诚信地完成自我评价。教师根据学生的学习过程与结果客观、公正地完成对学生的评价。

知识拓展：电网中的谐波危害

课后习题

5-1 从主配电板到直接供电负载或分配电板之间电网是（　　）次网络，通常属于（　　）电网。

A. 一　动力　　　B. 一　应急　　　C. 二　动力　　　D. 二　应急

5-2 船舶电网采用枝状结线，可使电网（　　）。

A. 故障时停电范围小　　　　　　B. 线压降及损耗较小

C. 电缆总长度较小　　　　　　　D. 可靠性提高

5-3 船舶电网采用环状结线，可使电网（　　）。

A. 造价降低　　　　　　　　　　B. 维修保养方便

C. 电缆总长度较小　　　　　　　D. 可靠性提高

5-4 本书所提及的船舶电气负载中，（　　）属于重要负载。

A. 机舱通风机　　　　　　　　　B. 燃油分油机

C. 起货机　　　　　　　　　　　D. 污水泵

5-5 正常时，应急配电板供电的电网是（　　）。

A. 主电网的一部分　　　　　　　B. 主电网的备用

C. 不工作的　　　　　　　　　　D. 独立的

5-6 三相绝缘系统供电制的船舶电网特征之一是（　　）。

A. 容易发生短路故障　　　　　　B. 采用照明变压器

C. 故障寻找容易　　　　　　　　D. 容易造成跳闸事故

5-7 中性点接地的三相四线系统供电制的船舶电网特征之一是（　　）。

A. 容易发生短路故障　　　　　　B. 采用照明变压器

C. 故障寻找容易　　　　　　　　D. 容易造成跳闸事故

5-8 船用电缆按用途的不同可分为电力电缆和（　　）电缆。

A. 照明　　　　　B. 控制　　　　　C. 射频　　　　　D. 应急

5-9 船用电缆主要由（　　）部分组成。

A. 6　　　　　　　B. 5　　　　　　　C. 4　　　　　　　D. 3

5-10 交流电缆应避免采用（　　）芯电缆，必须使用时应选用有（　　）性材料屏蔽护套电缆。

A. 三　非磁　　　B. 三　磁　　　　C. 单　非磁　　　D. 单　磁

5-11 电缆（　　）敷设在船壳板上，主馈电线和应急馈电线（　　）分开远离敷设。

A. 应　不应　　　B. 应　应　　　　C. 不应　不应　　D. 不应　应

5-12 弱电电网向全船无线电通信、助航设备、船内通信设备和（　　）供电。

A. 蓄电池装置　　　　　　　　　B. 航行信号灯

C. 信号报警系统　　　　　　　　D. 甲板投光灯

5-13 船舶电网的设计任务是什么？对船舶电网设计的基本要求是什么？

5-14 船舶电网按电源性质不同可划分为哪几类？按用电设备使用电压等级可划分为哪几类？

5-15 小应急电网在什么情况下投入使用，什么情况下退出？

5-16 怎样选择船用电缆型号？选择船用电缆和电线的截面面积都有什么要求？

项目 6 船舶照明负载

≫ 项目导入

当夜里行车的时候,车上会亮有前照灯、雾灯、后尾灯等;当机车转弯的时候,需要打转向灯;当机车倒车的时候,会亮有倒车灯。这些灯是机车的夜行灯和信号灯。那么在船上有什么照明灯具呢?

≫ 项目分析

船舶负载包括部分船舶辅机、船舶通信导航设备和船舶照明等用电设备等。船舶辅机和船舶通信导航由专修课程,此处重点介绍船舶照明系统。以船舶照明系统为研究对象,在掌握照明系统分类的基础上,分析船舶照明系统的特点及要求,同时认知航行灯信号灯系统,掌握船舶照明系统的维护保养和船舶照明系统的常见故障检查的方法和操作,为学生能顺利进行船舶照明系统的管理奠定理论基础。

电力负载——辅机

船舶导航

船舶通信

≫ 学习目标

知识目标

1. 了解船舶照明系统及信号灯管理系统组成。
2. 掌握船舶常用灯具、船舶照明属具和电光源。
3. 了解油船及特殊船舶的附加要求等。

能力目标

1. 识别船舶常用灯具种类与控制线路。
2. 能进行常用灯具的选型与控制线路的设计。
3. 掌握过载报警及处理流程。

素质目标

在进行船舶照明系统的维护保养和船舶照明系统的常见故障检查中,培养学生认真的工作态度和严谨的科学精神。

任务 6.1　船舶照明系统管理

船舶照明通常包括确保航行安全和人员安全照明(如航行灯、信号灯、登放艇区域照明)、船舶工作场所照明(如驾驶室、机舱和甲板装卸照明)以及生活区域照明等。

照明与信号灯

6.1.1　船舶照明系统分类

船舶照明按其功能大致可做如下分类:
(1)室内照明:舱室主体照明;局部辅助照明;娱乐美化气氛照明;
(2)室外照明:室外通道照明;室外工作照明(甲板照明);
(3)探照灯(图6.1)和投光灯(图6.2);
(4)航行、信号灯。

图 6.1　探照灯

图 6.2　投光灯

船舶照明也可按供电方式做如下分类:
(1)正常照明(船舶主电源供电);
(2)应急照明(应急电源供电);其中应急照明供电又可分以下几种:
①应急发电机供电。
②蓄电池组供电。
(3)临时应急照明(俗称小应急照明,蓄电池组供电半小时);
(4)航行信号灯(正常和应急两路供电)。

6.1.2　船舶照明系统特点及要求

1. 正常照明系统(主照明系统)

船舶主照明系统分布在船舶内外各个生活和工作场所,提供各舱室和工作场所以足够的照度。

(1)正常照明的内容：

①舱室主照明，如顶灯的大部分；

②局部或辅助照明，如床灯、壁灯、盥洗灯等；

③装卸货强光照明；

④室内外走道半数以上的照明；

⑤各舱室必须备有的插座等。

电风扇、冰箱和舱室电取暖器等定额等于或小于 0.25 kW 的非重要设备也可包括在正常照明系统内。

(2)正常照明的特点：

①主配电板上照明汇流排直接向各照明分电箱供电，然后由照明分电箱向邻近舱室或区域的照明灯具供电；

②照明电压一般为交、直流 110 V 或 220 V；

③不同舱室和处所均有不同的照度要求；

④所有照明灯具均设有控制开关。

2. 应急照明系统(大应急照明)

船舶应急照明系统主要分布于机舱内重要处所、船员和旅客舱室、艇甲板及各人员通道。它在主配电板失电、主照明系统故障情况下做应急照明使用。其特点如下：

(1)应急发电机通过应急配电板及专用线路供电；

(2)照明电压与主照明系统相同；

(3)灯点较少，无照度要求；

(4)需要足够的用电量。

①对于客船，应急电源的供电时间应大于 36 h；

②对于货船，应急电源供电时间一般应大于 18 h。

3. 临时应急照明(小应急照明)

在主照明和应急照明系统发生故障时，临时应急照明系统应能发挥作用。其主要分布在驾驶室，船舶重要通道，扶梯口和机舱重要处所。

临时应急照明的特点如下：

(1)灯点少，无照度要求，灯具涂以红漆标志；

(2)小应急照明由蓄电池组供电，与主、应急照明系统之间有电气联锁；

(3)馈线上不设开关；

(4)应能连续供电 30 min 以上。

6.1.3 航行灯信号灯系统

(1)航行灯由前桅灯、主桅灯、艉灯、左右舷灯和前后锚灯组成，用于船舶夜航和指示船舶的状态和相应位置(图 6.3、图 6.4)。驾驶室设置专用的航行灯控制箱，由主配电板和应急配电板两路供电。航行灯泡一般为 60 W 的双丝白炽灯。每盏灯具都为双套，其中一个备用，可在控制箱上切换。

(2)信号灯一般采用两路电源供电，在驾驶室实现控制。为了适应某些国家的港口和狭小水通道的特殊要求，远洋船舶的信号灯设置比较复杂。这些信号灯通常安装在驾驶台顶上专设的信号桅或雷达桅上，按照规定十数盏(8～12盏)红、绿、白等颜色的环照灯分成两行或三行安装。

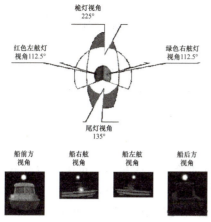

图 6.3 航行灯示意

图 6.4 航行中的船舶航行灯

(3)第一类船舶航行灯及主要信号灯见表 6.1。

表 6.1 第一类船舶航行灯及主要信号灯

名称	安装位置	数量	标志	使用	类型
前/后桅灯	前桅/后桅	1/1	白色(225°),后桅灯高于前桅灯≥4.6 m	航行	航行灯
左/右舷灯	左舷/右舷	1/1	红色/绿色,各 112.5°	航行	
尾灯	船尾或尽可能船尾	1	白色,135°	航行	
前/后锚灯	船头/船尾	1/1	白色环照灯	停泊	信号灯
失控灯	前桅或信号桅或雷达桅	2	红色环照灯,垂直上下安装	失去独立操纵能力	
闪光灯	信号桅或雷达桅	1	白色环照灯,闪光频率 120 次/分	过狭水道、转弯	

知识拓展:船舶分类

任务 6.2　船舶常用灯具的选型与控制线路的维保

6.2.1　船舶常用灯具的基本类型

(1)防护型:用于干燥舱室,如船员和旅客的居住舱、休息室、餐厅、驾驶室、报务室等,防护等级为 IP2x。

(2)防潮型：用于有较大潮气的场合，如走道、厨房、洗衣间等，防护等级为 IP3x～IP4x。

(3)防水型：用于有水滴、溅水和凝水的场所，如机炉舱、干货舱、轴隧、管弄、露天甲板等，防护等级为 IP5x～IP6x。

(4)防爆型：用于可能积聚易燃易爆气体和各有关危险区域，其密封性能最好。用于装有易燃性物体和存在爆炸性气体的舱室，如蓄电池室，油漆贮藏室，分油机室，舱底花铁板之下和油舱的第二类区域。

6.2.2 船舶照明属具

(1)开关：一般舱室灯开关应安装在门开启边，有的舱室有两扇门，可采用双联开关；储藏室、蓄电池室、油漆间、消防设备控制站等舱室开关不应设在室内；厕所、浴室等处开关通常设在门外；冷库、粮库、行李舱、邮件舱等处开关应设在门外且开关上应带接通指示灯。

(2)插座：在居住舱室的台灯、冰箱、电取暖器旁；餐厅、厨房、配餐间；机器处所及各种工作舱室；主配电板、应急配电板及大型控制设备近旁；计程仪、测深仪舱、轴隧、起货机桅房等；内外走道适当处所等应装设插座。对不同电压等级的插头、插座应选用不同的结构形式。

(3)舱室：
①最高顶部多为大功率直照式白炽灯或荧光高压汞灯；
②各层顶棚多为防水型白炽灯和荧光灯；
③荧光灯配有机玻璃罩，内有 2～4 只灯，配 24 V、15 W 应急灯座；
④冷藏舱一般为白炽灯，不能用荧光灯(启动困难)。

(4)内走道、楼梯、穿堂厅间：照明器多为吸顶式，内设应急灯座。居室照明发展的趋势是集中控制。

(5)厨房：
①光源显色性好；
②照明器为防水式；
③不能用有机玻璃罩(油污不易清洗，受热变形)。

(6)露天甲板：广口型外壳，投光角可调；货舱口至少两盏 400 W 的高压汞灯的照度。

(7)探照灯：射出较集中的平行光束，苏伊士运河灯可见 1 500 m 航标反射带。

6.2.3 油船及特殊船舶的附加要求

(1)在油船危险区域或处所内固定安装的照明灯具应采用隔爆型、增安型、正压型、空气驱动型灯具。这些照明灯具的开关应能分断所有绝缘极，并应设置在安全区域或处所内。

(2)油船及特殊船舶的危险区域或处所内可携式照明应采用带有独立蓄电池的本质安全型、增安型、隔爆型、空气驱动型灯具。危险区内不应使用由电缆供电的可携式照明。

(3)货泵舱、毗邻于货油舱的隔离空舱、直接位于货油舱上面的封闭和半封闭处所以及储放输油管的舱室，可以通过固定装在舱壁上或甲板上的玻璃窗进行照明。照明灯具及其配线固定安置在非危险处所。

(4)安装在露天甲板或处于危险区域的插座，应选用带联锁的形式，使开关在接通位置时,插头不能插入或拔出,并且开关能分断所有绝缘极。

(5)油船上严禁挂彩灯。

6.2.4 电光源

常用两大类电光源如下:

(1)热辐射光源(白炽灯、卤钨灯);

(2)气体放电光源(荧光灯、高压汞灯、高压钠灯、金属卤化物灯、汞氙灯)。

1. 热辐射电光源

热辐射电光源原理:热辐射电光源都是用电能加热灯丝至白炽状态而发光。

(1)白炽灯。结构简单、使用灵活,可瞬时点燃、无频闪、可调光、可任意位置点燃;但易黑化,耐振性差,寿命与光通受电压影响大。因其可瞬时点燃,船舶航行信号灯、应急照明都只能用白炽灯,且还有双灯丝产品(图6.5)。

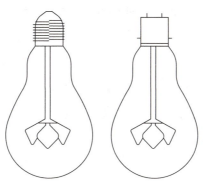

图 6.5 白炽灯

(2)卤钨灯。卤钨灯有碘钨灯和溴钨灯两种。溴钨灯对安装位置没有要求,可避免黑化,体积小、光效高(图6.6)。

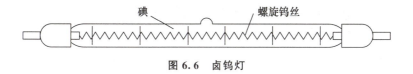

图 6.6 卤钨灯

2. 气体放电灯

气体放电灯工作原理:利用电场(高压)加速自由电子,使之撞击气体或金属蒸气原子电离,形成自持放电,电离后的原子能释放能量辐射光子。稳定放电后,应进行限流。

(1)荧光灯。需配启动器(镇流器、启辉器)点燃,表面亮度低、表面温度低、光效高、寿命长、显色性较好、光通分布均匀;不能频繁开关,电压低时有跳光现象,过低则熄灭。工作原理如图 6.7 所示。

(2)高压汞灯。发紫外线,经荧光物质变为可见光;工作温度高,灯泡内汞蒸气压力高;光效高、成本低、寿命长、耐震性能好、不受恶劣气候条件影响。但电压降低可熄灭,点燃时间长,不适合频繁开关场所,适用于大面积高大厂房、主甲板,货舱口等处照明(图 6.8)。注:需用镇流器启动。

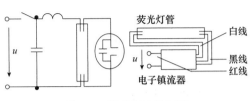
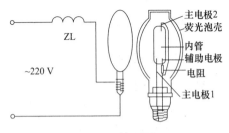

图 6.7 荧光灯工作原理　　　　　　图 6.8 高压汞灯

(3)高压钠灯。工作原理似荧光灯；结构与高压汞灯相似，但无辅助电极，要求更高的启动电压；光效高、透雾性及光通维持性好、耐震，缺点及使用场合同高压汞灯。一般用作雾灯(图 6.9)。

(4)金属卤化物灯。即碘化金属(钠、铊、铟、镝等)灯，结构与高压汞灯类似，但无荧光层；光效更高，适用于大面积照明，如图 6.10 所示。其一般有三个系列：钠－铊－镝灯、钪－钠灯、镝－钬灯。

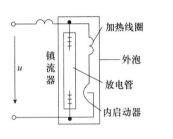
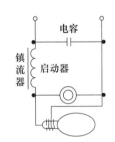

图 6.9 高压钠灯　　　　　　图 6.10 金属卤化物灯

(5)氙灯及汞氙灯。

①氙灯：惰性气体弧光放电。

特点：启动快、功率大、光色白、亮度高；但光效低、寿命短。

②汞氙灯：氙灯加汞，有长、短弧之分。

特点：启动快、再启动容易、光透性好；一般用作探照灯、机车头灯等。

注意：

①汞氙灯工作时有较多的紫外线辐射，避免用肉眼直视。

②灯须保持清洁，若用手摸后，须用酒精或蒸馏水洗，否则失去透明性、损坏。

③要用启动器点燃。

氙灯如图 6.11 所示。

图 6.11 氙灯

6.2.5 船舶照明系统的维护保养

1. 照明系统的维护周期和要求

对普通照明及可携式灯具应测量线路的绝缘电阻(正常情况下大于 0.5 MΩ)、检查灯头接线是否老化和开断、对于室外灯具应检查其水密性能与锈蚀,凡有损坏的应及时更换,通常周期为每半年一次。

对应急照明,每月进行一次效能试验,每半年测量一次绝缘电阻。

每次开航前,应检查航行灯信号灯的供电电源、灯具及故障报警装置。探照灯、运河灯在使用前应检查其电源、开关、连接电缆和灯具的水密性能及绝缘电阻情况。

2. 船舶照明系统维护保养注意事项

(1)尽量避免带电更换灯泡,更换的灯泡应与电源电压一致,功率不能超过灯具允许的容量。

(2)在检修某些特殊部位,例如辅锅炉内部、柴油机曲拐箱、压载舱、储水柜等地方时,需用临时照明时,必须使用带有安全网罩的 36 V 以下的低压行灯。装卸易燃危险货物时,不可使用携带式货舱灯。

(3)应急照明灯具应涂以红漆标记,以示区别,经常检查灯泡是否良好,损坏的应及时更换。

(4)甲板、船桥等露天投光灯具,开灯前应先脱去帆布,关灯后要及时用帆布罩妥。

(5)室外水密插座,通电前先检查插头螺母是否旋紧,取出插头前检查电源是否切断,用完后应旋紧防水盖。

(6)需要张挂彩灯时,要考虑到供电线路和开关的载流量,各相电流分配是否平衡,并要配备好保护装置。油轮严禁张挂彩灯。

6.2.6 船舶照明系统的常见故障检查

船舶照明系统的常见故障一般分为三类:短路故障、接地故障、断路故障。

1. 短路故障

原因:线路受潮或绝缘受损造成。

现象:一通电,空气开关就跳开或熔断丝烧断。

查找方法如下:

(1)挑担灯法。当线路有短路,保险丝 FU 烧断时,用较大功率的灯泡 HL 并联在烧断的保险丝两端。再将各支路开关顺序依次断开,当断开某条支路时,挑担灯的亮度突然变暗时,说明该支路上有短路故障。再可顺着线路对照明灯具和接线桩头进行逐个检查,找出短路点,如图 6.12 所示。

(2)"试灯"法:交叉试灯查断丝熔断器。图 6.13 所示为照明分电箱检查 FU_2 是否熔断的正确方法。用"试灯"或万用表相应的电压挡通过"交叉法"进行逐个支路查找,熔丝已断的熔断器使"试灯"或万用表与电源构不成回路,试灯不亮或表读数为零。

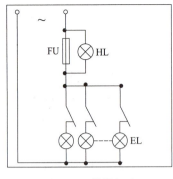

图 6.12 挑担灯法

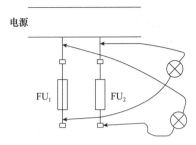

图 6.13 试灯法

2. 接地故障

原因：电缆线老化破损碰地或灯头接线处线路碰壳引起。

现象：用兆欧表测得的绝缘电阻值小于 0.5 MΩ。

查找方法：可用 500 V 兆欧表进行检查。

照明线路的绝缘值应大于 0.5 MΩ。

3. 断路故障

原因：线路被机械损伤，由震动而造成的接线桩头处松脱，灯具开关接触不好或损坏。

现象：线路不通，灯泡不亮。

查找方法如下：

(1)通电法：(不断电源)万用表置量程高于被测值的电压挡，一头固定在供电端，另一头逐步向灯具端移动，正常时有电压，移到某处电压消失，即断路发生之处。

(2)断电法：(断电源)万用表置欧姆 $R \times 1\ \text{k}\Omega$ 挡，如被测电路两端电阻值为无穷大，则可判断该段线路灯具处有断路故障。

知识拓展：船舶负载

项目实施

引导问题 1：船舶照明系统的分类、特点及要求有哪些？

引导问题 2：船舶常用灯具的基本类型有哪些？

引导问题 3：船舶照明系统的维护保养要求有哪些？

_____
_____
_____
_____

引导问题 4：发电机过电流预报警、自动卸载保护的基本原理及实现方法有哪些？

_____
_____
_____
_____

▶ 项目评价

序号	评价项目	自我评价	教师评价	综合评价
1	学习准备			
2	引导问题填写			
3	规范操作			
4	完成质量			
5	关键操作要领掌握			
6	完成速度			
7	5S 管理、环保节能			
8	参与讨论主动性			
9	沟通协作			
10	展示汇报			

说明：表格中每项 10 分，满分 100 分。学生根据任务学习的过程与结果真实、诚信地完成自我评价。教师根据学生的学习过程与结果客观、公正地完成对学生的评价。

发电机过电流与报警自动卸载

▶ 课后习题

6-1 （　　）属于气体放电光源。

A. 白炽灯　　　　B. 卤钨灯　　　　C. 溴钨灯　　　　D. 高压钠灯

6-2 不因电压低落而熄灭的灯是( )。
A. 白炽灯　　　　B. 卤钨灯　　　　C. 溴钨灯　　　　D. 氙灯

6-3 能瞬时点燃的灯是( )。
A. 白炽灯　　　　B. 荧光灯　　　　C. 汞氙灯　　　　D. 氙灯

6-4 锚灯是( )灯，艉灯是( )灯。
A. 信号　信号　　B. 信号　航行　　C. 航行　信号　　D. 航行　航行

6-5 左舷灯是( )色，失控灯是( )色。
A. 绿　绿　　　　B. 绿　红　　　　C. 红　绿　　　　D. 红　红

6-6 应急照明( )设置开关，临时应急照明( )设置开关。
A. 应该　不应　　B. 应该　应该　　C. 不应　不应　　D. 不应　应该

6-7 船舶冷藏舱的照明一般不选用荧光灯的主要原因是荧光灯( )。
A. 产生紫外线　　B. 产生汞污染　　C. 低温光效差　　D. 低温启动难

6-8 露天甲板照明器具备的防护形式为( )型。
A. 保护　　　　　B. 防晒　　　　　C. 防水　　　　　D. 防爆

6-9 货舱内的固定照明由设在舱( )专用控制箱控制，设有开关的控制箱应该( )。
A. 内　水密　　　B. 内　带锁　　　C. 外　水密　　　D. 外　带锁

6-10 船舶应急照明设备应涂以( )漆标志。
A. 黄　　　　　　B. 红　　　　　　C. 蓝　　　　　　D. 黑

6-11 当照明灯能在两地控制时，则两个地点的控制开关是( )开关。
A. 串联的两个单联　　　　　　　　B. 并联的两个单联
C. 两个双联　　　　　　　　　　　D. 一个单联一个双联

6-12 船舶上有各种类型的照明灯具，按其结构可概括地分为( )类型。
①保护型　　　　②防水型　　　　③防爆型　　　　④防溅型
A. ①②③④　　　B. ②③　　　　　C. ①②　　　　　D. ①③

6-13 船舶有哪几种照明系统？它们在使用上有什么不同特点？

6-14 电光源按发光原理分有哪两大类型？它们包括哪几种常用的光源？

项目 7

船舶电力系统继电保护

📖 项目导入

某船在行驶的过程中,船舶电站出现了严重的事故,导致万能式空气断路器跳闸,此时你会怎样去查找故障?万能式空气断路器有强大的保护功能,那么你知道它的保护动作原理吗?

📖 项目分析

船舶电力系统在运行中可能会出现各种不正常运行状态和故障,不正常运行状态主要有过载、欠压、过压、欠频、过频及中性点绝缘系统发生的单相接地等。这些不正常状态发展到一定程度就演变成故障,最常见且最严重的故障就是各种形式的短路,有三相短路、两相短路、两相接地短路、三相四线制系统单相接地短路。另外,还可能发生电动机或变压器绕组匝间短路和线路的断线等故障。因此在船舶电力系统的设计和运行中,要采取切实有效的措施,尽量避免不正常运行状态和短路故障的发生。有效的办法之一,就是在船舶电力系统中装设继电保护装置,自动迅速地切除故障。通过本项目的内容学习和扫描二维码观看"万能式空气断路器介绍""船舶同步发电机的保护分类"等课程视频,学习者可了解万能式空气断路器工作原理、船舶电力系统保护配置原则。

📖 学习目标

知识目标

1. 掌握继电保护的基本原理和电网保护的基本要求。
2. 掌握自动空气断路器、配电装置中的其他开关电器的工作原理。
3. 掌握发电机、变压器和电网保护等,了解保护配合和协调及断路器选型方法。

能力目标

1. 能将电网保护的基本要求灵活运用到电网保护设计中。
2. 掌握自动空气断路器常见故障的判别与排除。
3. 能进行船舶电路系统保护的设计和保护装置的选择。

素质目标

1. 万能式空气断路器功能强大,在电力系统中的地位举足轻重。要引导学生明白,人要提升综合素质,大国要提升综合实力。
2. 通过正确选择常用电器,培养学生的逻辑能力和科学思维能力。
3. 在进行船舶电路系统保护设计时,锻炼学生将理论应用于实践的能力和辩证思维的能力。

任务 7.1 船舶电力系统继电保护认知

7.1.1 继电保护装置及其作用

船舶电力系统在实际运行当中,会由于维护不周、绝缘的损坏、检修不良或操作等方面的原因,出现各种故障或非正常运行。最常见的故障有过载、短路、欠压、逆电流运行、电网断相等,这些故障会对电力系统造成严重的后果。特别是短路,它是船舶电力系统中出现的最严重的破坏性故障。例如,发生短路故障时,引起比正常电流大得多的短路电流。其热效应可能损坏设备,导体也会受到很大的电动力冲击,致使导体变形,甚至损坏。

短路还会引起电网中电压降低。特别是靠近短路点处的电压下降得最多,当短路点距电源点不远而短路电流持续时间又较长时,三相短路会使并列运行的发电机失去同步,造成解列,从而破坏系统的稳定运行,导致大面积停电。

船舶电力系统继电保护装置在故障发生后,能自动地、迅速地切除故障部分,最大限度地保护整个电站,避免故障的进一步扩大。同时,最大限度地保证非故障电路的连续供电,增强电力系统的生命力。针对船舶电力系统运行过程中种种可能出现的故障,限制不正常运行和短路的破坏作用,其中最有效的办法之一就是在船舶电力系统的主要电气设备上装设继电保护装置。

继电保护的作用如下:

(1)当电气设备发生故障或足以造成故障的危险情况时,继电保护装置将自动地、迅速地并有选择性地切除发生故障的电气设备,以保护设备并保证非故障部分正常安全运行。

(2)当电气设备发生不正常运行情况时,继电保护装置立即发出报警信号以便及时处理,以防事故发生和扩大,或切除不正常运行的设备。

(3)配合自动控制装置,自动消除或减少事故及不正常运行情况。

继电保护的基本原理:电力系统的继电保护装置是一种能够主动地判断和处理故障的自动化装置。它和其他自动化装置一样,也是以人为给予的功能,效仿人工进行工作。若要在某电力设备上装设继电保护，首先应分析该设备可能出现的不正常运行和故障情况及其特点，根据需要，装设必要的继电保护装置。如人工寻找故障的道理一样，继电保护的基本原理就是利用在发生各种不同故障或不正常运行情况时，必定要出现的、其特有的现象，作为自动控制的信号，自动判断故障，而后进行必要的处理。在电力系统中发生故障或不正常运行时，总是伴随着电流、电压、频率、功率以及电流与电压相位角等物理量的变化。因此，电力系统的各种继电保护都是在反映这些物理量出现差异的基础上实现的。

根据各种故障和不正常运行的特点，人们采用了各种原理不同的继电保护。例如，对过载和短路，有反映电流量值改变的过电流保护；根据过电流量值的大小，又可分为自动卸载、过载和短路自动跳闸保护。对于欠电压，则有反映电压值改变的低电压信号或跳闸保护。对于功率倒流，则有反映功率方向改变的逆功率跳闸保护等。

综上所述，电力系统继电保护装置是用来提高电力系统运行安全可靠性的一种反事故自动装置。因为电力系统继电保护装置是为解决电力系统不正常运行和故障情况而设置的，所以对保护装置本身更需要注意调试、检查和维护，以便充分合理地发挥它的作用。否则，它本身就可能出现故障，而成为事故的根源。

船舶电力系统与陆上电力系统相比较，有其不同的特点，因此其保护也有自身的特点。船舶发电机电压不高，对发电机保护要求相对比较简单。船舶电力系统的电压较低，故障电流很大，正常运行状态下，一般采用辐射状网络结构进行供电，其保护配置通常是阶段式的短路和过负载保护；船舶电力系统的容量一般也比较小，通常在数兆瓦左右，大电动机启动对电网影响大，相应对保护提出的要求就高。由于船舶航行的特殊要求，需要尽可能地保持供电连续性，减小故障下的停电区域，同时需要保证不因故障电流的存在对设备造成破坏，所以在对保护性能的要求上，对保护动作选择性的要求要高于速动性、可靠性和灵敏性的要求；船舶空间有限，设备安装集中，对各种保护配合的要求高、难度大。船舶系统中电气系统的保护应服从船舶的全局需要，当中断供电将会影响船舶航行安全或产生严重后果时，保护电气设备安全就应让位于保护船舶安全。

7.1.2 保护配置原则

供电的连续性和可靠性是保证船舶生命力的首要前提之一。在电力系统的实际运行当中，故障又难以避免，因此电力系统保护的基本任务就是在电力设备出现故障时，一方面，自动、快速且有选择地将故障设备从系统中切除，避免故障范围的扩大，保证电力系统中无故障部分能够继续运行和电力系统的稳定性。另一方面，电力系统保护的可靠性主要由配置合理、互相能够合理地协调配合、质量和技术性能优良的保护装置以及正常的运行维护和管理来保证。

为了保证保护装置能完成其在电力系统中承担的任务和作用，一般从以下四个方面对电力系统保护的性能进行要求和评价。

1. 选择性

选择性是指当系统的某个设备发生故障时，首先由故障设备对应的保护把故障设备从电网中切除，并且不能对其余无故障设备构成影响。换句话说，保护装置的动作只切除故障设备，或使故障的影响范围限制在最小。需要指出的是，由于保护和开关都存在拒动的可能性，而有些故障对系统的稳定和电气设备都极易构成永久性破坏，因此对于重要设备必须有相应的后备保护。当故障设备或线路本身的保护或断路器拒动时，才允许由相邻设备保护、线路保护或断路器失灵保护切除故障。为保证对相邻设备和线路有配合要求的保护和同一保护内有配合要求的两元件（如启动与跳闸元件或闭锁与动作元件）的选择性，其灵敏系数及动作时间在一般情况下应相互配合。当后备保护动作时，通常会扩大停电范围。

2. 速动性

速动性是指保护装置应尽可能快地切除故障，其目的是提高系统的稳定性，减轻故障设备和线路的损坏程度，缩小故障波及范围。有关保护速动性的要求需要注意两个问题：一是故障的切除时间为保护的动作时间和断路器的跳闸时间之和。因此，要缩短故障的切除时间，不仅要求保护的动作速度要快，与之配套使用的开关跳闸时间也应该尽可能短。二是保护的速动性要求是相对的，不同电压等级的电网，要求不同。同样的动作时间，对电压等级较高的电网可能是不够迅速，对低压电网而言可能已经足够迅速。保护的速动性应根据被保护设备和系统运行的要求确定，并非越快越好。因为过分强调保护装置速动性势必带来保护装置其他性能的降低，或者增加保护的复杂性，有时候在经济上也是不合理的。显然，满足保护的速动性不仅能减轻故障设备的损坏程度，还可以使系统电压快速恢复，从而减小对用户的影响，更重要的是可以提高电网运行的稳定性。为了满足对保护装置速动性的要求，可通过合理的保护方案及实现保护的技术手段来保证，如装设速动保护（高频保护、差动保护等），减少保护装置固有动作时间和开关跳闸时间等。

3. 灵敏性

灵敏性是指保护装置对于其保护范围内所发生的各种金属性短路故障，应具有足够的反应能力。保护装置的灵敏性要求与选择性要求关系密切，在电力系统故障时，故障设备的保护必须先灵敏地反映故障，才可能有选择性地切除故障，因此能有选择地切除故障的保护，必须同时具备灵敏性。保护装置的灵敏性通常用灵敏性系数的大小来衡量，灵敏系数越大表示装置对故障的反应能力越强，反之，则越弱。

4. 可靠性

可靠性是指保护装置应处于良好的工作状态，在保护装置不该动作时应可靠地不动作，而在保护装置应该动作时可靠地动作。可靠性是对保护装置性能的最根本的要求。所谓可靠不动作，也称为"安全性"，因为如果保护装置在不应动作时却误动了，误发了信号或者误将某运行中的设备切除，则保护装置非但没起到保护的作用，反而由于其误动作而造成了电力系统的不安全；所谓可靠地动作，也称为"可依赖性"，因为如果保护装置应该动作时却拒动了，保护装置就没有起到保护作用，即该保护装置是不可信赖的。保护装置的误动和拒动是电力系统发生事故的根源之一，因此保护装置必须满足可靠性的要求。可靠性与保护装置本身的制造、安装质量有关，同时也与系统的运行维护水平有关。

以上分析的是对电网保护的四个基本要求，这四者之间紧密联系，既矛盾又统一。理想的状态是它们都应同时满足，但这种满足只是相对的。因为这四个基本要求之间，既有相互紧密联系的一面，也有相互矛盾的一面。例如，为保证选择性，有时就要求保护动作带上延时；为保证灵敏性，有时就得允许保护非选择性动作；而为了保证速动性和选择性，有时需要采用较复杂的保护装置，因而降低了可靠性。因此在确定保护方案时，必须从电力系统的实际情况出发，分清主次，求得最优情况下的统一。

任务 7.2　船舶电力系统的常用电器认知

7.2.1　自动空气断路器

自动空气断路器也称为自动空气开关,具有框架式和塑壳式两种类型。船舶发电机主开关大多采用框架式,配电开关大多采用塑壳式。

万能式自动空气断路器

1. 框架式自动空气断路器

船舶发电机主开关常采用万能式自动空气断路器。船舶常用的有框架式即万能式自动开关(如国产 DW 型)和装置式(如国产 DZ 型)自动开关。

发电机的主开关是发电机投入电网的接入部件。在非正常运行情况下,如发生过载、电网短路、发电机欠压等,它能自动从电网上断开发电机,因此它既是开关电器,又是保护电器。装置式自动空气开关一般用作支路、负载屏、照明屏等的开关电器,不同型号产品具有不同的保护功能,一般都具有短路保护和过载保护功能。

国内外制造的船用发电机主开关的形式很多,结构不尽相同,但基本原理大同小异,一般都是由触头、灭弧装置、自由脱扣机构、操作机构和保护装置等组成。其结构框图如图 7.1 所示。

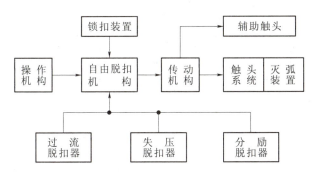

图 7.1　船用发电机主开关的结构框图

(1)触头和灭弧装置。触头在切断时电流很大会产生电弧,因此必须具有完善的触头系统。触头系统由主触头、副触头和弧触头组成。主触头承担电路的正常工作电流,弧触头是为了防止主触头断开电路时产生的电弧烧坏主触头而设置的。在合闸时弧触头先接通,然后依次是副触头和主触头。分闸时,主触头先断开,然后是副触头和弧触头,断开电路产生的电弧在弧触头中熄灭。

自动空气断路器大多采用灭弧栅进行灭弧。

(2)自由脱扣机构。自由脱扣机构的作用是使触头保持完好闭合或迅速断开。如图 7.2 所示为自由脱扣机构示意,它是触头系统和操作传动装置之间的联系机构。正常触头闭合状态(合闸状态)如图 7.2(a)所示,而图 7.2(b)所示为分闸状态。由于衔铁动作,使顶杆向上逆动,撞击连杆接点,四连杆刚性连接被破坏,脱扣机构动作,使主触头处于断开状态。如图 7.2(c)所示为准备合闸状态。当脱扣后,需再次合闸时,应先将手柄向下拉,使四连杆机构成刚性连接状态，做好合闸准备，一旦需要合闸，只需将手柄往上推即可。

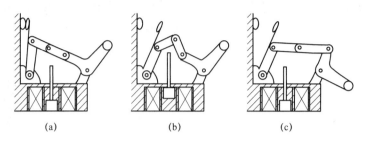

图 7.2 自由脱扣机构示意

(a)合闸状态；(b)分闸状态；(c)准备合闸状态

(3)过流、失压、分励脱扣器。过流、失压、分励脱扣器示意如图 7.3 所示。其中失压脱扣器保证在电压降到额定电压值的 35% 或以下时必须动作，使自动开关打开。在额定电压的 70% 或以上时必须保证自动开关可靠合闸。因此失压保护可在 35%～70% 额定电压范围内整定。为了避免在电网电压瞬时波动下产生误动作(如较大功率电动机启动时)，即要求在欠压情况下可带有 0～3 s 的延时。

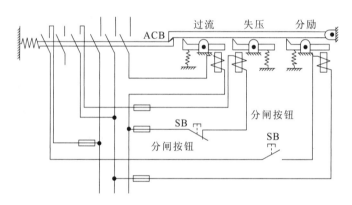

图 7.3 过流、失压、分励脱扣器示意

分励脱扣器是为远距离操纵跳闸用的。过流脱扣器为了得到选择性保护，采用了过载长延时(定时限或反时限)、短路短延时、特大短路瞬时脱扣的三段保护特性。反时限是指过载越多，开关脱扣时间越短；过载越小，开关脱扣时间越长。

现在船用框架式自动空气断路器的脱扣器大多采用的是电子脱扣器。如图 7.4 所示为 DW95 框架式自动空气断路器电子脱扣器的原理。它是由集成电路和分立元件组成的，具有过载、短路、失压、欠压保护特性，同时还具有过载预报警功能。

老式框架式自动空气开关的延时装置采用的是钟表延时机构或油杯等几种形式。

(4)锁扣装置。发生紧急情况时，为了不间断供电，有时宁可使电气设备受到损伤也要保证供电，这时可将框架式自动空气断路器的锁扣装置放在"扣"的位置，把脱扣器锁住。

(5)传动装置。框架式自动空气断路器有三种传动操作方式：手柄合闸操作方式、电磁铁合闸操作方式及电动机合闸操作方式。一般船用框架式自动空气断路器大多采用按钮合闸操作，但其内部实际合闸操作机构不是电磁铁形式就是电动机形式，均保留有手柄操作方式。

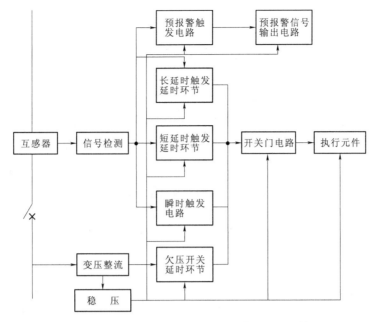

图 7.4 DW95 框架式自动空气断路器电子脱扣器的原理

不论哪一种操作方式，均首先使断路器内部的储能拉簧储能，并使自由脱扣机构"再扣"，然后利用已储能的弹簧释放能量使主触头快速闭合，即合闸时间与操作无关，仅与断路器内部机制有关。现在框架式自动空气断路器采用电磁铁合闸操作机构的，一般合闸时间在 0.1 s 左右；采用电动机合闸操作机构的，一般为 0.3～0.4 s。

如图 7.5 所示为 DW95 电磁铁合闸操作电路原理，图 7.6 所示为 AH 型电磁铁合闸操作电路原理，两者均为电磁铁合闸操作方式。对于 DW95 型，当发电机启动成功电压建立时，6、7 间即发电机线电压，经 KA、V10、R_{42}、R_{43} 对电容 C_{10} 充电。当按下合闸按钮 SB1 时，电容 C_{10} 对继电器 KA 放电，KA 动作，其常闭触点打开，切除电容充电回路，常开触点闭合，接通整流桥电路，电磁铁线圈 YA 通电动作，将开关内主弹簧拉长储能。电容快放完电时继电器 KA 释放，其常开触点打开，切除桥式整流电路，电磁铁线圈 YA 断电，此时储了能的主弹簧复位使断路器主触点闭合；KA 的常闭触点闭合，电容 C_{10} 又充电储能为下次合闸做准备。

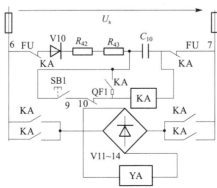

图 7.5 DW95 电磁铁合闸操作电路原理

SB1—合闸按钮；YA—电磁铁线圈；QF1—空气开关副触头；KA—辅助继电器

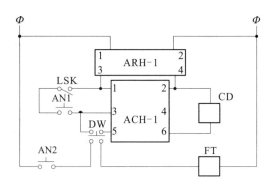

图 7.6 AH 型电磁铁合闸操作电路原理

ARH-1—电合闸整流装置；ACH-1—电合闸控制装置；DW—空气开关副触点；CD—空气开关电磁铁线圈；
FT—分励脱扣线圈；AN1—合闸按钮；AN2—分闸按钮；LSK—其他连锁开关

手柄合闸操作视主开关类型不同其操作方法也不一样。有的先将合闸手柄逆时针转动 120°左右，然后顺时针转动 120°左右合闸；有的先将合闸手柄向下扳动，然后向上扳动合闸；也有先将手柄逆时针摇转 30 圈左右使主弹簧储能（也有发电机降压后主开关自行使主弹簧储能的，因此不需要摇动），然后将手柄顺时针摇转 30 圈左右合闸。

(6) 框架式自动空气断路器的维护要求。

① 自动空气开关在使用前应将各电磁铁工作表面（如失压脱扣器电磁铁吸合面）的防锈油漆或油脂擦净，以免影响开关的动作。

② 操作机构在使用一段时间后（可考虑 1～2 年或约 1/4 机械寿命一次），应在传动机构部分加润滑油（小容量塑壳式断路器不需要）。

③ 每隔一段时间（如定期检修时），应清除落于断路器上的灰尘，以保证断路器绝缘良好。

④ 灭弧室在因短路分断后或较长时期使用后，应清除灭弧室内壁和栅片上的金属颗粒和黑烟灰。长期未使用的灭弧室，在需使用前应先烘一次，以保障良好的绝缘。

⑤ 开关触头使用一定次数后，如触头表面发现有毛刺、金属颗粒等，应当予以清理以保证良好的接触。只有当触头被磨损至原来厚度的 1/3 时，才考虑更换触头。

(7) 框架式自动空气断路器常见故障的判别与排除。框架式自动空气断路器常见故障的判别与排除见表 7.1。

表 7.1 框架式自动空气断路器常见故障的判别与排除

故障现象	故障原因	处理方法
合不上闸	1. 失压脱扣器不动作； 2. 过电流脱扣器失调（动作值太大或太小）； 3. 脱扣机构磨损严重，钩不住； 4. 热脱扣器动作后没有复位	1. 检查失压脱扣线圈是否断路，若断路应修复或换新； 2. 检查脱扣按钮接触是否良好；辅助开关与线圈串联的触点接触是否良好；熔断丝是否烧断； 3. 校正、调整到规定值； 4. 修理脱扣机构或换新件； 5. 停几秒，待热元件复位

续表

故障现象	故障原因	处理方法
合闸后无电压	1. 主触头烧坏，动、静触头不接触； 2. 动触头连接线松脱或断线	1. 检查、修理或更换主触头； 2. 检查连接线及连接处，接好或紧固螺钉
断路器跳闸	1. 失压脱扣器的脱扣钩握持不牢； 2. 失压脱扣线圈串联电阻过大； 3. 失压脱扣器反作用弹簧拉力过大； 4. 过电流脱扣器失调(动作值太小)	1. 检查脱扣机构； 2. 检查串联电阻及连线是否良好； 3. 检查、调小弹簧拉力； 4. 校核、调整到规定值

2. 塑壳式自动空气断路器

塑壳式自动空气断路器也称为装置式自动空气断路器或称为塑壳式(装置式)自动空气开关，在船舶上大多作为配电开关、负载开关来使用。塑壳式自动空气断路器用于不太频繁的接通或断开电路，具有过载、短路和欠压保护，通常一只开关只带有一种保护功能。过载保护一般采用热脱扣器，短路保护采用电磁脱扣器，欠压保护采用失压脱扣器，可带有分励脱扣器以作远距离跳闸用。

塑壳式自动空气开关的合闸操作可以手动也可以自动操作，自动合闸操作机构可以是电磁铁式也可以是电动机式的。

塑壳式自动空气开关使用时，因保护引起自动跳闸后，再合闸时应先将手柄推向下端，使自由脱扣机构处在"再扣"位，然后才可合闸。

7.2.2 配电装置中的其他开关电器

低压开关用来切断或关闭 500 V 以下的交流或直流电路，广泛用于各种船舶配电装置中，通常应用的有闸刀开关、交直流接触器和磁力启动器。

常用低压控制电器

1. 闸刀开关

闸刀开关是最简单的低压切断电器，额定电流一般在 1 000 A 以下，如汇流排分段开关大部分用此种开关。

2. 交直流接触器

作远距离控制时，如启动和停止电动机，需要逐步接入或切除启动变阻器或调节变阻器的电阻时，可应用交直流接触器，如用在接通同步并车电抗器、遥控启停舵机电动机等。交直流接触器可以用于频繁操作，不能在不正常状态(短路、过载)下保护电路，除非与熔断器配合。

交直流接触器利用吸引线圈保持其闭合，触头上罩有石棉水泥的灭弧栅，触头及灭弧栅只能用来切断工作电流。接触器可以制成单极、双极、三极或多极的，它和其他电路配合起来，可用于自动控制电路。

3. 磁力启动器

加装热继电器(只装在两相上)的三相交流接触器称作磁力启动器，在过载时，热继电器动作，使接触器断开，自动停机。

热继电器由双金属元件、加热元件和接点构成。过载时加热元件受过载电流作用加热双金属元件，使其弯曲而接点随着分离、吸持线圈因停电而释放，吸持线圈在电压低于额定值的60%时，不能再吸持，因此还起了欠压脱扣的作用。

磁力启动器不能保护短路，要做短路保护时必须和熔断器串联。

7.2.3 互感器

采用电流互感器和电压互感器可将电测量仪表、继电器和自动装置接入大电流或高电压系统，这样可以达到：

(1)测量安全，便于仪表、继电器、自动装置的使用。

(2)仪表、继电器和自动装置标准化，其线路的额定电流可设计为5 A，额定电压为100 V。

(3)当线路上发生短路时，保护电测量仪表的串联线圈，使它不受大电流的损害。

电流互感器也使用在低压装置上，这时安全因素已不是决定性的条件，使用它的目的是可利用较简单而经济的电测量仪表，并使配电盘的接线简单。

互感器有规定的准确度，当原电压(电流)在规定范围内变动时，互感器的原电压(电流)与副电压(电流)之比及其相位差必须保持几乎不变。当互感器的二次电路的阻抗(仪表、导线的阻抗)不超过规定的范围时，互感器能保证其准确度，否则，如果我们任意给互感器增加负载将加大测量误差，甚至引起自动装置或保护装置误动作。

为了保证人在接触量电仪表和继电器时的安全，互感器的副线圈应接地，这样当互感器绝缘损坏时，可防止在仪表上出现高电压的危险。

1. 电压互感器

电压互感器的构造及其接线图与电力变压器相似，主要区别在于容量不同。它的用途主要是测量电压，供给继电器和自动装置的电压信号，它的原绕组并联在主电路中，副绕组的运行电压常为100 V。为了使测定尽可能准确，应限制电压互感器的负载令它的运行情况和普通变压器在空载状态下相同，使它的负载电流接近磁化电流。

电压互感器的额定互感比，指原、副额定电压之比：

$$K_U = \frac{U_{1C}}{U_{2C}} \tag{7-1}$$

式中，K_U为表示互感器特性的参数，接在互感器二次电路的电测量仪表，其刻度包含了此倍数。$U_{2C}K_U$的值即被测量的原电压的近似值。由于电压互感器的原、副额定电压都已标准化，其互感比也就标准化了。

2. 电流互感器

电流互感器的原边仅有一匝或数匝，且和需测量电流线路串联，副绕组却由很多匝数线圈绕成，且与电测量仪表及继电器的电流线圈相串接。

从原边看，电流互感器电路的阻抗很小，在正常工作情况下，接近短路状态，此为与电压互感器的主要不同之处。

电流互感器的额定互感比，指额定原、副电流之比值：

$$K_I = \frac{I_{1C}}{I_{2C}} \tag{7-2}$$

式中，K_I为电流互感器的参数之一，$I_{2C}K_I$的值为所要测定电流的近似值。

电流互感器副边的额定电流通常为5 A，它的运行情况和普通变压器在短路状态下相同，当把电流互感器接入或切除时，在任何情况下决不可将它的副绕组开路。这是因为在额定原电流和副绕组闭路时互感器铁心中的磁通密度为600～1 000 Gs。当副绕组开路而同时原边电路有电流时，铁心中的磁通密度剧烈上升。当原电流为额定值时，其值可达 14 000～18 000 Gs，使铁心饱和，这时在二次侧能感应出很高的电势，如图 7.7 所示，它的顶值可达很高的数值。此电压对设备绝缘和运行人员的安全都很危险的。同时由于铁心中磁通骤然增加，使铁心剧烈发热。除此之外，在铁心中还会产生剩磁，使互感器误差增大。由于以上原因，在原电路有电流时，互感器的副电路是绝不容许开路的。副线圈平时经仪表的线圈接成闭路，要拆除仪表时，必须先短接电流互感器的副线圈，防止因副电路开路而造成严重危害。

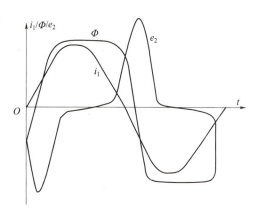

图 7.7　在副电路开路时电流互感器的电流、电动势和磁通的波形

7.2.4　选择电器和载流导体的一般条件

各种电器和载流导体的具体选择条件并不一样，但对它们的基本要求相同。要保证配电装置可靠地工作，必须按正常条件来选择电器，而按短路情形来校验热稳定和动稳定。

正常工作的选择条件是额定电压和额定电流。

1. 额定电压

电器的额定电压就是铭牌上标出的线电压。电器可以长期处在超过额定电压 15% 的电压下工作，此电压称为电器的最大工作电压。制造厂对于电器、绝缘子、电缆等都规定了它们的额定电压和最大工作电压。

选择时，必须使电气装置点的电网额定电压不超过电器的额定电压，即

$$U_{dqe} \geq U_{we} \tag{7-3}$$

式中　U_{dqe}——电器的额定电压；

U_{we}——电网的额定电压。

2. 额定电流

电器的额定电流是指在一定周围空气温度下，无限长时间内电器所能允许通过的电流。因此，选择时应满足条件：

$$I_{dqe} \geq I_{we} \tag{7-4}$$

式中　I_{dqe}——电器的额定电流；

I_{we}——最大连续工作电流。

周围空气温度对容许连续电流有很大影响。我国目前生产的电器，设计时取周围空气计算温度为 45 ℃（或 40 ℃），如周围最高气温大于 45 ℃，则由于工作温度过高，会降低电器绝缘寿命，因此电器的连续允许电流应按下式校正：

$$I = I_{45}\sqrt{\frac{T_1 - T_0}{T_1 - 45}} \tag{7-5}$$

式中　T_0——周围实际温度；

I——空气温度为 t_0 时的连续容许电流；

I_{45}——空气温度为 45 ℃ 时电器的额定电流；

T_1——电器某部位的最高容许温度(如断路器和隔离开关的触头最高容许温度为 75 ℃,汇流排最高容许温度为 90 ℃)。

若周围实际温度小于 45 ℃,则 T_0 每低 1 ℃,容许电流可增加 0.5%,但增加总数不得大于 $20\% I_{45}$。

3. 短路热稳定校验

由于短路电流超过正常电流很多倍,因此虽然流过的时间很短,但温度上升仍然很高。导体在短路时的最高温度不应超过此类导体的短时发热容许温度,满足这个条件时认为短路电流是热稳定的。热稳定的条件为

$$Q_{\text{rong}} \geqslant Q_d \tag{7-6}$$

式中 Q_{rong}——短路时容许发热量,制造厂常以 t 秒内允许通过电流 I_t 产生的热量 $I_t^2 Rt$ 来表示;

Q_d——短路时产生的热量,$Q_d = I_\infty^2 R t_\phi$。

因此式(7-6)又可写成

$$I_t^2 t \geqslant I_\infty^2 R t_\phi \tag{7-7}$$

式中 I_∞——稳态短路电流;

t_ϕ——短路持续时间。

式(7-7)即为热稳定校验条件,制造厂常将 t 定为 1 s、5 s、10 s。

4. 电动力稳定校验

配电装置电器的载流部分当有电流通过时受到机械力的作用。正常情况下工作电流不大,机械力也不大。短路时,特别是冲击电流通过时,此力可达到很大数值,以致能破坏电器。

电器设备必须能承受短路时引起的机械作用力,即具有足够的电动力稳定度,才能可靠地工作。电动力稳定校验目的是检查电器能否有承受短路电流机械效应的能力。电器的动稳定用短路电流的最大振幅数值来表示,即在此电流作用下电器能承受其产生的电动力。校验时是将制造厂规定的最大容许电流与短路全电流来比较,即

$$i_{zd} \geqslant i_{dsh} \tag{7-8}$$

或

$$I_{zd} \geqslant I_{dsh} \tag{7-9}$$

式中 i_{zd}、I_{zd}——最大容许电流的幅值和有效值;

i_{dsh}、I_{dsh}——短路冲击电流及其有效值。

5. 汇流排的选择

汇流排的截面按其容许电流(安全载流量)进行选择,汇流排安全载流量见表 7.2 和表 7.3。

表 7.2 铜汇流排安全载流量(环境温度 45 ℃,允许温升 45 ℃)(交流)   A

宽 h/mm	厚 b/mm										
	1	2	3	4	5	6	8	10	12	15	20
10	61	118	150	179	207	233					
15	118	171	214	255	290	326	394	456			
20	157	225	281	331	377	419	500	575	646		
25	194	278	348	407	462	513	610	696	783	931	

续表

宽 h/mm	厚 b/mm									
	1	2	3	4	5	6	8	10	12	15	20
30	232	332	413	482	544	603	714	814	931	1 030	1 248
40	307	439	541	632	714	786	923	1 048	1 170	1 324	1 580
50	382	548	674	780	875	956	1 125	1 273	1 409	1 590	1 890
60	440	629	776	867	991	1 083	1 273	1 429	1 561	1 771	2 082
80	578	820	1 003	1 162	1 293	1 410	1 630	1 824	1 970	2 198	2 510
100	724	1 020	1 248	1 440	1 590	1 734	2 060	2 230	2 416	2 670	3 140

表 7.3　铝汇流排安全载流量(环境温度 45 ℃，允许温升 45 ℃)(交流)　A

宽 h/mm	厚 b/mm					
	3	4	5	6	8	10
25	220					
30	253	303				
40		400	450			
50			552	615		
60			585	723	850	960
65				755	900	1 230
70				1 185	1 350	1 510
75					1 580	1 720

如果周围环境温度不是 45 ℃时，汇流排的容许电流应按式(7-5)予以校正。

如果没有另外的特别规定，汇流排及其连接件必须用紫铜制；所有连接件应尽可能做到防止电腐蚀；汇流排必须坚固耐用，能承受由于最严重短路而产生的热与电动力。

由于集肤效应和邻近效应的作用，同样的汇流排所允许通过的交流电流值比直流电流值相应小一些。

选择船用配电盘汇流排时，宽度不要小于 15 mm，不要大于 100 mm，厚度为 2～8 mm。如果一根汇流排的载流量不够，可采用几根汇流排叠成，俗称分裂汇流排，此时安全载流量应相应降低。交流系统的中性线的截面面积应与相线的截面面积相同。

任务 7.3　船舶电力系统保护分类

电力系统保护从保护对象分为发电机保护、变压器保护和电网保护。船舶电网的保护主要是线路的保护，船舶负载通常要求设短路和过负载保护。由于负载的多样性，具体的保护要求也不尽相同。

船舶同步发电机的保护分类

7.3.1 发电机保护

发电机是船舶电站中的重要设备,保证发电机不受损坏是实现安全供电的重要手段之一。发电机的安全运行对保证电力系统正常工作和电能质量起着决定性的作用,为此应该对其各种不同的故障和不正常运行状态,设置性能完善的继电保护装置。

发电机应设有过载保护、外部短路保护、欠压保护、过压保护、逆功率保护和发电机纵向差动保护。

通常,这些保护装置都是以中断供电来实现保护的。但如果保护特性选择不合理,往往会造成不必要的电源中断,这就与人们要求的系统连续供电有矛盾。中断供电固然对电气设备起了保护作用,但在发生不至于引起发电机等电气设备损坏或事故时,保证连续供电显然是矛盾的主要方面。这时就不应只偏重于保护设备,而使系统产生不必要的或不允许的中断供电,影响航行安全。只有当事故可能引起发电机等主要电气设备损坏时,保护这些设备才成为主要方面,装置应该动作。从全局观点看,这样才能更有效地保证航行安全。

在大多数情况下,故障或非正常运行都是暂时的。当不正常运行次数在一定数量之内和在一定时间之内可以认为是允许的,因为设备允许有一定的过载能力,而且,不正常运行也不会立即引起破坏性事故。因此在一般情况下,保护装置首先应该避开暂时性故障和非正常的运行状态,以保证连续供电。应当注意,数量和时间这两个概念在这里对发电机的保护是十分重要的。

1. 发电机的过载保护

电站在运行中如果出现发电机的容量不能满足负载的要求或并联运行的机组负载分配不均匀等情况,就可能造成发电机的过载,并有两种表现方式:电流过载和有功功率过载,它们对发电机组均是不利的。长期的电流过载会使发电机过热,引起绝缘老化和损坏;长期的功率过载会导致原动机的寿命缩短和部件损坏。

对发电机可承受的电流过载来说,过载时间在电流为 1.1 倍额定电流时为 2 h, 1.25 倍额定电流时为 30 min, 1.5 倍额定电流时为 5 min。功率过载主要取决于原动机的型号和类型,过载时间在柴油机允许承受 1.1 倍额定功率为 2 h, 汽轮机允许承受 1.1 倍额定功率为 2 h, 1.2 倍额定功率为 30 min, 1.35 倍额定功率为 5 min。因此从发电机本身来说,完全允许一定时限的过载而不要求立即跳闸。

从外部系统的要求方面来看,也要求发电机过载保护是带时限的。例如,当大电动机或多台电动机同时启动时,启动电流可能很大,以致超过发电机的额定值,但此时发电机的过载保护不应动作,而应该从时间上避开这种暂时的过载现象,启动过程一般不超过 10 s。若在远离发电机处发生短路时,短路电流也可能超过发电机过载的整定值,但为了保证保护装置动作的选择性,也应该从时间上避开这种情况,先让下一级的分路开关动作,这段时间一般仅为几十至 100 多毫秒。因此对发电机的过载保护装置来说,必须有一个合理的时间来鉴别过载的性质,以躲过暂时性的过载状态。

发电机过载保护应具有反时限特性,我国《钢质海船入级与建造规范》对发电机过载保护规定:

(1)过载小于 10%,建议设一延时的音响报警器,其最大整定值应为发电机额定电流的

1.1倍，延时时间不超过15 min。

(2)过载在10%～50%，经小于2 min的延时短路器应分断。建议整定在发电机额定电流的125%～135%，延时为15～30 s的断路器分断。

(3)过电流大于50%，但小于发电机的稳态短路电流，经与系统选择性保护所要求的短暂延时后，断路器应分断。

断路器的短延时脱扣器建议按如下规定进行整定：始动值为发电机额定电流的200%～250%，延时时间交流最长为0.6 s。

(4)在有3台及以上发电机并联连接的情况下还应设有瞬时脱扣器，并应整定在稍大于其所保护发电机的最大短路电流下断路器瞬时分断。

尽管有延时保护，但长时间过载必将导致保护装置的动作而中断供电。卸载保护装置则弥补了这方面的不足，使中断供电的可能性降到最低的限度。一般电站有一级卸载就够了，卸去空调等次要负载。如果在某种状态下仍然过载，则可采取第二级卸载，可卸去部分较重要的负载。分级卸载适用于小容量多机组的电站。分级卸载的时限应比过载延时短，以确保分级卸载的动作在过载保护动作之前完成。一般一级卸载可整定在发电机额定电流的110%～120%，延时7～12 s。

上面所说发电机过载保护的整定值是对一般情况而言，对于具体发电机则应根据它的设计制造情况、使用情况做具体的分析，然后确定整定值。船舶同步发电机的过载保护装置，主要是由自动分级卸载装置和空气断路器中的过电流脱扣器担当。

2. 发电机的外部短路保护

发生短路的原因不外乎是导线绝缘老化，受机械或生物的损伤、误操作以及一些导电物品不小心掉在裸导体或汇流排上。短路时将产生巨大的短路电流，对电力系统的设备和运行有巨大的破坏作用，因此要求装置要正确、可靠、快速而有选择地断开故障。

通常在距发电机较远处短路时，短路电流较小(3～5倍发电机额定电流)，这时希望负载的分路开关动作，而不要主开关动作使整个电网供电中断，故主开关须设置短路延时(0.2～0.6 s)以躲开分路开关的动作。当在发电机近端短路时，短路电流较大，可达5～10倍发电机额定电流，这时必须立即切断发电机的供电，使保护装置瞬时动作。

船舶同步发电机的外部短路保护装置，也是由空气断路器的过电流脱扣器担当，如前述。

3. 发电机的欠压保护

当调压器失灵或发电机外部短路故障未切除时，将可能产生电压下降的情况。异步电动机在长期低电压下运行，将使它过电流而发热，绝缘老化损坏，这对发电机和异步电动机的运行是不利的，因此欠压保护的任务是当发电机电压低于一定值时，使主开关不能合闸或从电网上自动断开。欠压保护实际上还是一种短路保护的后备保护，因为短路时必定会出现欠压现象。

在系统中如果有大电动机等启动或突加较大负载时，也可能引起电压的下降，但这是暂时的正常现象，欠压保护不应动作，所以还需要有延时，以躲过暂时性的电压下降。我国《钢质海船入级与建造规范》规定，当电压降低至额定电压的35%～70%时，应经系统选择性保护所要求的延时后动作。

船舶发电机的欠压保护，由空气断路器的失压脱扣器来完成。

4. 发电机的过压保护

当发电机突然甩掉负荷或距发电机不远处的外部短路被有关的保护动作切除后，都可能引起发电机定子绕组过电压。虽然发电机都带有调速器和自动励磁调节装置，但考虑到自动励磁调节装置的拒绝动作的可能性和调速器的动作时间，系统应设置发电机的过压保护。发电机过压保护的整定值应根据定子绕组的绝缘情况决定，并需避开暂时性的电压降。

5. 发电机的逆功率保护

当几台同步发电机并联工作时，如果其中一台发电机的原动机产生故障，例如燃油中断、连接发电机的离合器损坏等，将使该发电机不但不能输出有功功率，反而从电网吸收功率成为同步电动机运行，这时将使其他的机组产生过载，甚至跳闸而使全船供电中断。另外，当同步发电机在非同步条件下并车时，也可能出现逆功率，强大的整步电流不但影响电网的正常供电，而且交变的力矩往往会损坏机组，这时也应切断主开关，使投入并联成为不可能。

以上两种情况都使同步发电机变为同步电动机的运行状态，都要从系统中吸收有功功率，它相对于发电机输出功率的方向是相反的，故称为逆功率。当出现逆功率时，要将该发电机从电网上切除，以保证其他发电机的正常供电。

由于船用发电机组的惯量较小，正常并车时在较短的时间内就可拉入同步，所产生的整步电流冲击是短暂的，因此用延时动作躲过投入时的逆功率状态是非常必要的，并且延时最好能具有反时限特性(逆功率10%时，延时10 s；逆功率50%时，延时减至1 s；逆功率达到100%时，应瞬时动作)。

并联运行的交流发电机应该设有延时3~10 s动作的逆功率保护。并联运行发电机的逆功率(或逆电流)值按原动机的类型不同可整定为

(1) 原动机为柴油机时，逆功率值为发电机额定功率(电流)的8%~15%。

(2) 原动机为涡轮机时，逆功率值为发电机额定功率(电流)的2%~6%。

船舶同步发电机的逆功率保护可由逆功率继电器来实现。

6. 发电机纵向差动保护(内部定子相间短路保护)

发电机纵向差动保护接于各台发电机定子绕组起始端与发电机主开关之间，动作于主开关瞬动跳闸，用来保护定子绕组。

7.3.2 变压器保护

变压器的基本故障是相间短路、对壳短路、绕组匝间短路以及输出端短路。相应的变压器保护有电流保护、差动保护等。保护的形式由变压器的功率、用途、采用的结构形式以及在系统中的工作条件来确定。对中性点绝缘的变压器，因在绝缘良好时仅有少量的对地短路电流，因此不必装单相短路保护，只在系统中装设绝缘状态的检测装置。由于船舶电力系统中变压器的功率不是很大，仅几十千瓦，在有电力推进装置的船上一般也仅有几百千瓦，故对变压器仅设短路保护以及供电网络的绝缘检测。当变压器绕组中有短路电流或过载电流等不正常工作时，可采用带过流脱扣器的自动开关保护。为了预防变压器故障蔓延，一般要求瞬时地把高压端及低压端的线路同时切断。

1. 变压器电流速断保护

变压器电流速断保护是用来应对变压器绕组、引出线及套管上的短路故障的。这些地

方发生短路故障时,保护动作使变压器两侧的开关跳闸,以保护变压器。其作用如下:

(1)避开变压器低压负荷侧汇流排上短路时流过保护装置的最大短路电流;

(2)避开变压器空载投入时的励磁涌流。

2. 变压器过电流保护

变压器过电流保护的任务是用于应对变压器外部短路时引起变压器绕组的过电流的,因此它是变压器外部短路的远后备保护,同时是变压器内部短路的近后备保护。当发生过电流时,保护延时动作于跳闸。变压器过电流的启动按避开最大负荷电流整定。

7.3.3 电网保护

对船舶电网的保护就是指系统出现过载或短路时对电缆的保护。船舶电力网的故障及不正常运行情况,主要是短路及过载、绝缘能力降低、相序接错等。当电网发生过载或短路时,导线中将有很大的短路电流通过,这将使导线过热和承受过大机械力作用,甚至使电网遭受破坏或引起火灾,因此对线路需要有继电保护装置来加以保护。船舶电力网多为单侧电源、辐射形线路,并且距离较短、无中线等,这种特征必将反映到对线路保护装置选择的具体情况中。根据船舶电力网的特点,其过载和短路保护都是利用在过载和短路时必将出现过电流这一现象,而采用带时限的过电流保护装置。

1. 过载保护

由于船舶电网多为单侧电源、辐射形线路,线路导线截面又都是与发电机及其用电设备的容量相配合的,故对船舶电网的过载保护一般不需要特殊考虑和装设专门的保护装置。下面具体说明。

如图 7.8 所示为馈线式配电网络,其过载可以分成三段进行讨论。

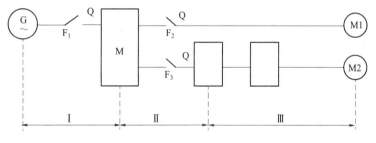

图 7.8 馈线式配电网络

第Ⅰ段:发电机 G 至主配线板 MSB 之间的电缆。这一段电缆的截面是按发电机额定容量来选择的,它的过载就是发电机的过载,因此可以完全由发电机的过载保护装置来完成。

第Ⅱ段:用电设备 M_2 到分配电板(或直接连接主配电板,如 M_1)之间的电缆。这一段电缆的截面通常按电动机额定电流来选择,而电动机一般均设有过载保护,因此同样也保护了这一段电缆。

第Ⅲ段:各级配电板之间的电缆。例如从主配电板到分配电板的每段电缆,它们过载的可能性较小。因为它们的截面是根据分配电板上所有负荷电流并考虑同时工作系数计算得到的,个别用电设备负载的过载不致引起这段电缆的过载,而大部分负载在同一时间内一起过载的可能性也是极少的,因此这段也不必考虑过载保护。

综上,船舶电网中可不必考虑过载保护,也就是说主配电板、应急配电板以及区域分配电板上的馈电开关可以不设过载保护。然而，由于考虑到船上电动机的过载保护一般都有热继电器，它们的动作特性因受到环境温度影响而不太可靠；又当电缆绝缘破坏时，实际电流可能超过用电设备的总电流而出现过载，因此，现代船舶电网中这些馈电开关均选用装置式自动开关。虽然其过载脱扣器不会对电网的过载保护有多大意义，但对于提高电网的工作可靠性是有一定作用的。

2. 短路保护

在船舶电力系统中，由于电气装置安装不良，使用不慎，电机、电器和电缆绝缘的老化，机械直接损伤或其他原因，可能发生网络的短路现象。网络短路时，会发生非常大的短路电流，将引起大量的热能和过高的机械力，使电机、电器和导线损坏。电力系统正常运行的破坏，大多数情况下是由于短路故障引起的，因此电网必须设计短路保护。

船舶电网短路保护的最重要问题是保护装置的选择性，也就是故障发生时，保护装置只切除故障部分，而不使前一级保护装置动作。这样就保证了其他没有故障的设备能继续运行。

船舶电力系统中保护选择性的实现，是通过上、下级断路器之间的协作配合来实现的，当网络中某处出现短路或过载，应该仅仅由故障点或其上游最近的断路器动作，其他支路上的断路器应该可靠不动作才满足要求。

根据短路时过电流的大小，船舶电力系统中保护的选择性可分为两段。一般情况下，过电流小于10倍额定电流时，为过载保护选择性区域；过电流大于10倍额定电流时，是短路保护选择性区域。在过电流保护范围内，如果从过载开始到短路均存在选择性，则称为完全选择性；如果仅仅局部具有选择性，而故障电流超过某一值时，不再保证全选择性条件，则称为部分选择性。在保护选择性的实现技术上，主要有电流选择性、时间选择性、虚拟时间选择性、逻辑选择性、能量选择性等。

船舶电力系统中保护选择性技术可以结合图 7.9 所示的简单供电网络来进行说明。在图 7.9 中，D_1 和 D_2 分别表示位于不同等级的断路器。

(1) 过载区的选择性。如图 7.10 所示的 D_1、D_2 断路器的安秒特性曲线可以看出其安秒特性是个反时限的曲线带，曲线位置高则表示过载后到分断的时间较长。其中，特性曲线带的下限表示最大不动作时间，上限表示最大动作时间，只有当 D_1 的最小不动作时间大于 D_2 的最大动作时间，即 $TD_1 > TD_2$，过载区才有选择性。在实践中，D_1、D_2 之间在过载区有无选择性，可由其最小动作电流的比值 I_1/I_2 来判定，一般 $I_1/I_2 > 1.5$，即能实现过载区保护的选择性。

(2) 短路区的选择性。在短路保护的保护范围内，由于系统运行方式变化较大等因素的存在，使在不同等级的断路器间获得可靠的选择性是很困难的，为了防止越级跳闸，人们研究和发展了多种配合技术，目前比较成熟的主要有下面几种技术：

①电流选择性。当船舶电网中出现短路故障时，由于线路阻抗的原因，上下级短路电流值总是有一定的差别的，因此可实现基于短路电流的选择性保护，即依靠相邻两级断路器中脱扣器不同的动作整定值来实现。一般 D_1 的最小瞬动电流大于或等于 D_2 的最小瞬动电流的 1.4 倍即可。

②时间选择性。当短路电流较大时，已经无法通过短路电流的大小来实现选择性，只能依靠相邻两级断路器间不同的动作时间来达到有选择性地保护目的。

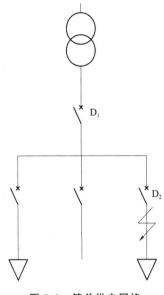
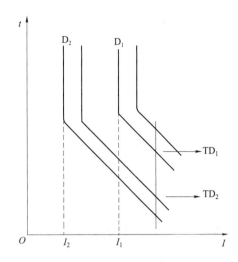

图 7.9　简单供电网络　　　图 7.10　断路器安秒特性

一般来说，断路器进行分断的过程是这样的：短路发生后，流过断路器的电流使脱扣器动作，导致锁扣解扣，然后操作机构使触头开断，产生的电弧在灭弧室中熄灭，从而完成分断动作过程。自短路产生之后直到锁扣即将解扣前的一段时间称为脱扣动作时间；自短路产生之后直至分断动作完成的一段时间称为全分断动作时间。为了达到选择性保护的目的，主断路器的脱扣动作时间应大于分支断路器的全分断动作时间。

③虚拟时间选择性。虚拟时间选择性是在下级 D_2 采用限流型断路器，通过限流作用使实际的短路电流幅值和持续时间大大减小，因此上级断路器的脱扣器检测到的短路电流值相应减小，从而增强了上下级之间的选择性。

④逻辑选择性。所谓逻辑选择性，指的是在辐射式电网中各级断路器脱扣器之间通过通信或数据交换的方式实现的选择性跳闸。目前，该技术已比较成熟，有些公司已把它作为基本配置向用户提供。

⑤能量选择性。能量选择性是指下级断路器的限流作用，限制了短路电流的能量，不足以使上级断路器跳闸。能量跳闸技术可在一般脱扣器的无选择性的瞬动区域内实现选择性。能量跳闸的速度极快，可高达 3 ms。

为使供电系统各级断路器之间具有最佳的选择性保护配合，通常需要在上面提到的几种选择性技术的基础上进行相互配合，共同构成一个船舶电网的保护系统。

针对某一个具体的船舶电力系统，如何综合应用各种保护技术，制订一个合理的保护配置和整定方案，在满足选择性要求的同时使保护性能得到最佳，是一个比较复杂的问题。由于网络结构之间的差别，难以制定一个统一的技术标准。

从目前国内或国外大型船舶的电网保护配置方案来看，通常是在网络的主干部分配置三到四级的短延时保护进行短路过电流的选择性保护，而瞬动保护在船舶电网中因为存在选择性较差的固有缺陷，一般配置较少。

3. 岸电相序和断相保护

船舶在接用岸电时,当相序接错或少接一相时,电动机将发生倒转或单相运行,从而导致电力拖动装置在机械或电气方面受损或破坏。为了防止这样的故障发生,岸电应该设置相序及断相保护。相序保护及断相保护由负序继电器完成。当相序接错或少接一相时,过滤器输出电压分别为150%和86.6%的线电压。该电流经整流后足以启动中间继电器,中间继电器的触点闭合后启动时间继电器,经延时后使岸电开关失压脱扣器失电跳闸。

除上述的保护外,为了保证电网的正常运行,无论是照明电网还是动力电网,船舶规范对绝缘电阻都有明确的要求,一般均要求大于1 MΩ。无论是一次系统还是二次系统,均应设有连续监测绝缘电阻的装置,且能在绝缘电阻异常低时发出声光报警信号,以便及时发现绝缘低下而无法及时排除。

7.3.4 保护配合与协调

保护配置的选择与电力系统的运行方式是密切相关的,环形电网和辐射状电网的保护配置方案差别是非常大的。与陆上电网运行不同的是,船舶电力系统的保护定值是不会随着运行方式的变化而随之调整的,因此在进行保护方案选择时必须兼顾所有可能的运行方式。虽然电力系统网络结构非常复杂,具备闭环运行的网络条件,但由于种种原因,实际在船上不会出现电源之间闭环运行的状态。不同电站的发电机通过舷侧跨接线并联运行时并不是真正意义上的闭环运行,舷侧跨接线上没有负荷,其作用更像母联,而不是环路。因此在保护配置上可以参照辐射状电网需要的配置方案进行设计。同样,由于存在不同电站内的汇流排通过跨接线连接的运行方式,因此在仅仅使用常规辐射状电网对应的保护手段的情况下,很难保证任何情况下都有最小的故障切除范围,但是增加闭环电网对应的保护手段,如差动、高频、方向等,必然增加保护系统配置的复杂性,加大运行维护的工作量和难度,从而降低运行的可靠性。如何在这两者之间权衡利弊,选择最佳方式,也是值得讨论的一个问题。

受电压等级、电网运行方式、工作环境等的影响,在船舶电力系统的保护当中,一般采用的是Ⅲ段式电流保护。保护装置在实现上通常和开关是结合在一起的。保护选择性的实现,以及主保护、后备保护之间的配合,通过设置瞬动电流定值、短延时电流动作值、长延时电流动作值、短延时动作时间、长延时动作时间来实现。

针对一个具体电网的保护,需要根据电网的特点和运行要求选择最合适的保护配置,即存在一个保护手段选择问题。从原理上说,在辐射状电网中按时间原则或电流原则是能够实现保护的选择性的,但由于船舶输电线路很短,线路阻抗较小,电网各段短路电流都很大,因此按电流原则实现选择性保护往往是有困难的,因而需要按时间原则来实现选择性保护,时间原则的整定也比较容易,而且比较可靠。但是,完全按时间原则实现选择性往往又存在保护动作的快速性不满足要求和使保护装置复杂化等缺点,甚至是不可能的。因此,在一个系统中,常常采用时间和电流原则混合的方法来满足保护选择性和快速性的要求。考虑到实际保护装置制造条件的限制:首先应该在常规船舶电力保护手段的基础上提出船舶网络保护的整套方案,毕竟保护系统可靠性的满足很大程度上取决于保护装置的制造水平和质量,在传统保护手段不满足要求的情况下再考虑增加新的保护手段。

近年来,随着全电力推进船的发展,船舶电力系统的规模在不断扩大,网络拓扑结构也越来越复杂,供电可靠性和船舶生命力提高的同时也为保护的配置增加了难度。传统的保护配置方式在复杂的网络结构中是不是还能够满足要求,应该如何改进,在复杂的网络结构中,除了以短路为理论基础的保护手段外,是不是还需要增加其他保护手段,如差动、方向保护等。这些问题,随着大型船只的建造也成为人们关注和研究的热点。

在进行电力系统各保护装置的布置、选择和整定时,应构成一个具有以下特性的完整协调的自动保护系统。

(1)在各种故障状态下,通过保护装置的选择分断作用,能有效地防止事故扩大并保持对非故障电路的连续供电。

(2)对于过载高阻抗故障,通过有关保护装置的分断特性与电气设备热特性的协调来获得设备受保护情况下的最大限度地连续供电;对于短路低阻抗故障,能够有选择地、迅速地将故障部分予以切除,以减小对系统和设备的危害。

(3)对于各种类型的故障,在故障出现到相应保护装置动作的时间段内,故障电流所形成的电动应力和热效应力应不会造成保护装置本身以及有关电气设备和电缆的损坏。

(4)在任何情况下保护装置的分断作用不应破坏电力系统的工作稳定性。

(5)在进行电力系统的保护设计时应考虑到在故障排除后能方便、迅速地对断电电路恢复供电。

(6)在选择和整定保护装置时,系统保护和设备保护之间要能够协调和配合。控制开关应能在规定的时间内承受其负载侧短路电流的冲击。

(7)当电动机正常启动、变压器正常接入或把它们从一个电站转接到另一个电站时,电力系统中的有关保护装置不应发生误动作。

(8)在上、下级保护装置均为断路器的配电系统中,若断路器设有长、短延时脱扣器,则在同一故障电流的作用下,下级断路器的全分断时间(包括延时和固有分断时间)应小于上级断路器的可返回时间。

(9)在能够实现选择性保护的前提下,电力系统中各断路器的短延时脱扣的延时时间应整定得尽可能短。

7.3.5 断路器选型

在船舶电力系统当中,断路器和保护本身通常是一体化的,断路器除了完成切断短路电流的功能外,还要互相配合实现对船舶电网的保护功能,因此在选择断路器设备时需要考虑将来保护方案的配置。

低压断路器一般分为万能式和塑料壳式。塑料壳式断路器一般用于非选择型、额定电流不大的情况,新型的也有制成选择型的,但通断能力低、保护和操作方式少,如德国西门子的 3 VE 系列。

万能式断路器也称框架式断路器,这种断路器容量较大,可装设多种脱扣器,可以设计成选择型和非选择型,如日本的 AH 系列、德国的 3 WE 和 ME 系列。DW914 系列是由北京开关厂生产,用于交流 50 Hz、额定电压在 660 V 以下、额定电流为 630~4 000 A 的船用或工业电力系统中。

断路器的选型过程主要考虑了以下几个方面的因素。

(1)断路器的通断能力应满足以下条件:

①断路器的额定工作电压≥线路额定电压;

②断路器的额定电流＞线路计算负载电流；
③断路器的额定短路切断能力＞线路中可能出现的对称短路电流初始有效值；
④断路器的额定短路接通能力＞线路中短路电流最大峰值。

(2)供电网中的断路器要具备过载长延时、短路短延时和短路瞬动的保护功能，配电网中的断路器要具备过载长延时和短路瞬动的保护功能，以满足在整个电力系统中实现选择性保护的需要。

(3)在满足运行要求的前提下，尽量在同一级电网中选用相同型号的设备。一方面是提高运行维护的方便性；另一方面可增加设备的通用性，在遭受破坏时提高船舶的生命力。

项目实施

引导问题1：概括继电保护的基本原理和电网保护的基本要求。

引导问题2：结合图7.11从四个方面分析船舶电力系统继电保护配置原则。

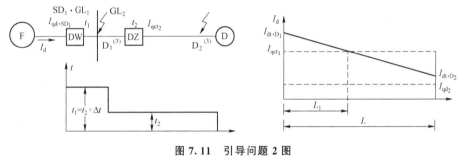

图 7.11 引导问题 2 图

引导问题3：结合图7.12叙述万能式自动空气断路器的工作原理。

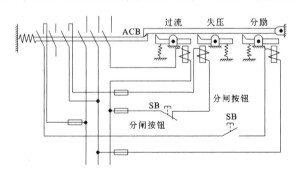

图 7.12 引导问题 3 图

引导问题 4：结合所学，思考并回答项目导入中提出的问题。

项目评价

序号	评价项目	自我评价	教师评价
1	学习准备		
2	引导问题填写		
3	规范操作		
4	完成质量		
5	关键操作要领掌握		
6	完成速度		
7	5S管理、环保节能		
8	参与讨论主动性		
9	沟通协作		
10	展示汇报		

说明：表格中每项10分，满分100分。学生根据任务学习的过程与结果真实、诚信地完成自我评价。教师根据学生学习过程与结果客观、公正地完成对学生的评价。

知识拓展：船舶电力系统
保护中的问题及发展

技能操作参考手册：欠压、过电流
保护及逆功率保护器件

》课后习题

7-1 逆功继电器是保护( )设备的装置。
A. 电动机　　　　　B. 负载　　　　　　C. 发电机组　　　　D. 接岸电

7-2 单台同步发电机运行时跳闸原因不可能是( )动作。
A. 短路保护　　　　B. 失压保护　　　　C. 过载保护　　　　D. 逆功保护

7-3 船舶用电高峰时,可能会引起发电机过载,在备用机组投入前,自动卸载装置应能自动将( )负载切除,以保证电网的连续供电。
A. 次要　　　　　　B. 大功率　　　　　C. 任意一部分　　　D. 功率因数低的

7-4 并联运行的船舶同步发电机不需设置的保护是( )。
A. 短路保护　　　　B. 过载保护　　　　C. 逆功保护　　　　D. 逆序保护

7-5 大应急同步发电机不需设置的保护是( )。
A. 过载保护　　　　　　　　　　　　　B. 短路保护
C. 逆功保护　　　　　　　　　　　　　D. 不设置任何保护

7-6 船舶接岸电时,不需考虑的因素是( )。
A. 电压等级　　　　B. 频率大小　　　　C. 相序　　　　　　D. 初相位

7-7 负序继电器的作用是( )。
A. 逆功率及断相保护　　　　　　　　　B. 逆相序及断相保护
C. 断相及过载保护　　　　　　　　　　D. 逆相序及短路保护

7-8 逆序继电器的作用是( )。
A. 逆功率保护　　　　　　　　　　　　B. 逆相序和断相保护
C. 自动均衡有功负荷　　　　　　　　　D. 自动均衡无功负荷

7-9 接岸电时,岸电主开关合上后又立即跳开,可能的原因是( )。
A. 船舶电站在运行　　　　　　　　　　B. 相序接反或断相
C. 逆功率保护动作　　　　　　　　　　D. 过载保护动作

7-10 负序继电器用于( ),其作用是( )。
A. 逆功率保护　保护发电机
B. 逆功率保护　防止电动机反转和单相运行
C. 逆相序和断相保护　保护发电机
D. 逆相序和断相保护　防止电动机反转和单相运行

7-11 同步发电机的欠压保护是通过( )来实现的。
A. 负序继电器　　　　　　　　　　　　B. 接触器
C. 自动空气开关的失压脱扣器　　　　　D. 自动空气开关的过流脱扣器

7-12 关于船舶同步发电机过载保护装置及自动卸载装置,下列说法正确的是( )。
A. 过载保护装置应具有延时动作特性,自动卸载装置也应具有延时动作特性
B. 过载保护装置应具有瞬时动作特性,自动卸载装置也应具有瞬时动作特性
C. 过载保护装置应具有延时动作特性,自动卸载装置应具有瞬时动作特性
D. 过载保护装置应具有瞬时动作特性,自动卸载装置应具有延时动作特性

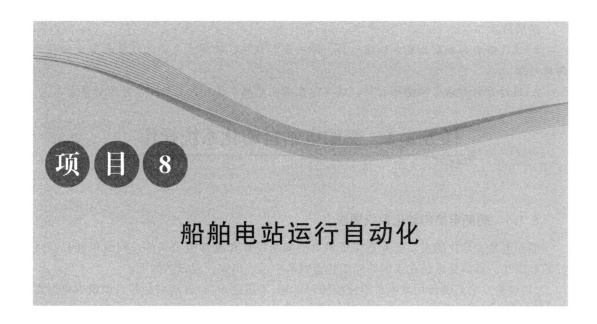

项目 8

船舶电站运行自动化

▶ 项目导入

某船自动化电站自动运行的过程中出现了船舶备用发电机组不能自动启动并自动投入电网的问题,当船舶电站过载时,无法自动卸除次要负载的问题,此种情况怎么处理?

▶ 项目分析

随着科学技术的发展,船舶机舱从有人值守到自动化机舱经历了几十年的发展过程。船舶电站自动化是实现机舱自动化,进而实现无人值班机舱的必要条件。本项目以实际的新型船舶自动化电站为例,从系统角度讲述常见船舶电站自动化系统的运行管理基本知识,即船舶电站自动化系统的基本组成、基本功能,实现这些基本功能的模块的工作原理。通过本项目内容的学习和扫描二维码观看"基于 PLC 与 Profibus 总线的系统介绍"课程视频,学习者应了解自动电站的总体控制系统及其功能。

▶ 学习目标

知识目标

1. 掌握船舶电站自动化系统要求。
2. 掌握船舶柴油发电机启动事项,自动启、停功能与程序。
3. 了解自动电站的总体控制系统及其功能。

能力目标

1. 能进行船舶电站自动控制系统的设置。
2. 能熟练使用船舶柴油发电机的自动启、停功能。
3. 能分析总体控制系统的功能和特点。

素质目标

1. 通过掌握船舶柴油发电机组的启、停功能和程序,锻炼学生透过现象看本质的科学逻辑思维。

2. 通过分析自动电站总体控制,培养学生探究原理本质、自主研究学习的科学素养。

任务 8.1　船舶电站自动化系统操作

8.1.1　船舶电站自动化系统要求

船舶电站自动化的主要任务是保证供电的安全可靠和改善劳动条件,同时也能提高运行的经济性。具体要求已在各国的船舶建造规范中反映出来。现归纳如下:

(1)船舶发电站的备用发电机组应能随时迅速(不超过 45 s)自动启动并自动投入电网供电(有两台机并联工作时,应能自动同步投入)。

(2)各发电机的自动开关应能防止短路时的重复合闸。

(3)当电网电压频率持续变低及负荷持续超过预定的最大值时,或运行机组发生故障时,应在集控室的主辅机控制台发出警报,并发出启动指令,使备用发电机组迅速自动启动,并自动投入电网供电。

(4)当船舶电站过载时,应能自动卸除次要负载。

(5)能自动启动的多台发电机组应装有程序启动系统或人工选择开关,程序启动系统在某机组启动失灵或不能合闸时,应能自动将启动指令转移到另一机组。

(6)船舶电站的自动控制或遥控失灵时,应能进行手动控制或就地控制(机旁)。

(7)在瞬态条件下反应的信号(如电动机的自启动电流)不应使发电机组产生不必要的自动启动。

(8)当故障断电后又恢复供电时,各电动机负载应能按程序启动,以免产生过大的冲击电流而使主开关跳闸。

(9)废气透平发电机系统应能控制加热器循环水,使主机功率变化时仍能保证正常供电。

(10)控制台应能启动和停止发电机组,接通或切断跨接汇流排,控制两路独立供电电源的转换,并有测量及显示机组运行情况的仪表和报警设备。

基于 PLC 与 Profibus
总线的系统介绍

8.1.2　船舶电站自动化系统的自动化操作

船舶自动化电站一般能实现下列自动化操作:

(1)自动启动任意一台发电机组。当柴油发电机处于停车状态时,而且发电机主开关也没有合闸,如有令发电机启动的信号时,该机就能实现自动启动。

(2)自动准同步并车。若电网上有机组供电,则机组自动启动成功后,即由自动准同步装置与自动调频调载装置配合工作,将新启动机组自动投入电网,并联运行。

(3)自动恒频及有功功率自动分配。当两台机组并联运行时,自动调频调载装置与原动机调速器配合，使电网维持恒定频率，偏差不大于±0.25 Hz，并使两台机承担的有功功率按机组容量成比例分配。

(4) 欲使一台机解列时，自动装置应将其负载自动转移至运行发电机后，才接收跳闸指令，实现自动解列。

(5) 自动恒压及无功功率自动分配。无论单机还是并联运行，自动调整励磁装置总能保持电网电压维持恒压，误差不大于U_e。同时能调整并联运行发电机的无功分配，使之合理分担。

(6) 有自动分级卸载装置及按程序顺序启动装置。当电网负载超过额定负载时，可分为一次或二次卸掉次要负载。当电网失电后又恢复供电时，有使重要负载按顺序启动的自动装置。

(7) 集控室中设有监视仪表、信号指示灯、报警设备和人工控制按钮、转换开关等。

在船舶自动化电站中有很多自动化测量装置，它依靠各种传感器能对电站系统中大量参数进行测量，如电压、电流、功率、温度、压力、转速等，有些能连续而自动地进行巡回测量、数字显示、监视、报警和记录。同时还可以输出信息，通过相应的自控设备去控制有关机器的运行。

具体对柴油发电机组，记录和报警内容见表8.1。

表 8.1 记录和报警内容

检测项目	记录及显示内容	报警内容
燃油	压力	低
润滑油（柴油机及发电机）	压力 温度	低 高
冷却水（喷油器及发电机轴承）	温度	高
排气（柴油机各缸）	温度	—
启动压缩空气	压力	低
冷却水出口（柴油机各缸及发电机）	温度	高
冷却水进口	压力	—
发电机参数	电压	高、低
	频率	高、低
	功率	—

8.1.3 某轮船电站的自动控制系统的操纵程序

该轮船是我国自动化程度较高的集装箱货轮，其电站自动化系统由电磁元件及半导体元件混合组成，功能比较完善。该轮船电站有三台600 kV·A的同容量柴油发电机组，正常航行时，用一台机组即可满足全船供电。各台柴油机（包括主机）的冷却水系统连通，利用运行机组的余热预热备用机组，还装设了实现周期性预润滑的电动润滑油泵及自动控制装置。

备用机组的启动，有"机旁""半自动"（遥控）和"自动"三种方式。当备用机组置于"自动"时，只要电网一停电，就形成启动指令。柴油机用压缩空气启动，可以实现"三次启动"。成功后，若电网无电，能直接自动合闸；停机的控制是由电磁铁切断燃油供给而实现的，控制系统具有"模拟试验"的功能，如图8.1所示。

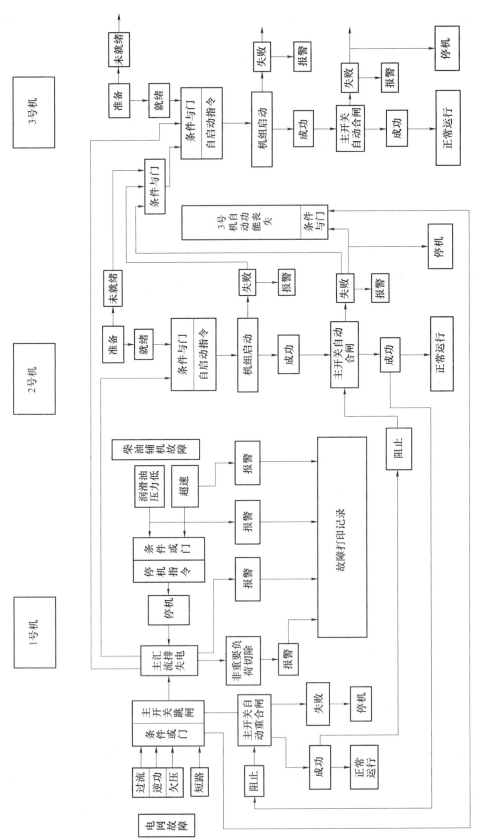

图 8.1 该轮船舶电站自动操纵时的程序方框图

三台机组中，1号机为运行机，2号和3号机分别为第一和第二备用机组。由图7.1可知，对运行机的故障，分为电气故障和机械故障两类。电气故障包括过流、逆功、欠压和短路；机械故障有润滑油压力低和柴油机超速。当发生电气故障时，发电机主开关将跳闸，考虑到电气故障有可能是瞬时性的，故控制系统有一次重合闸的功能；若是机械故障或一次重合闸不成功，则形成停机指令，并给出报警和记录。不论何种故障，只要是电网失电，备用机组立即接收启动指令。

第一备用机组启动成功后，若电网无电，则可直接自动合闸。若因运行机重合闸成功，则因电网已有电，备用机组将因为不能在限定的时间内自动合闸，只好自动停机；反之，若第一备用机组先合闸成功，则运行机不能再合闸，也将在规定时限内自动停机。

若电网断电，第一备用机组未准备好或其启动失败或合闸失败，则将启动第二备用机组。

至于三台机组中，哪一台作为运行机组，可以用转换开关进行选择。第一备用和第二备用则将按机舱中机组的固定编号顺序依次而定。

任务8.2 船舶电站、柴油发电机组启动与停止

8.2.1 船舶柴油发电机启动事项

船舶发电机大多由柴油机拖动，船舶发电机的自动启、停主要牵涉柴油机的启、停。

船舶发电机用的柴油机一般有电动启动和压缩空气启动两种方式。电动启动一般用于应急电站、发电机的原动机，由蓄电池供电给直流伺服电动机，带动柴油机转动直到启动完毕。主发电机组一般采用压缩空气启动，压缩空气启动控制阀到达柴油机，再由柴油机的空气分配器按各气缸发火的顺序，依次将压缩空气引入各气缸，推动活塞，使机器转动。一旦由进入气缸的压缩空气产生高温，自行发火运转后，立即切断气源，柴油机即自行运转。从柴油机开始启动直到在额定转速下工作需注意以下几个问题：

1. 启动前的预润滑

柴油机都具有润滑油循环系统，包括由自己的动力带动的润滑油泵、管路、过滤器和冷却器等。在运行时，能自行建立一定的润滑油压力，保证自身的润滑油循环，使各主要润滑部位都有良好的润滑；停机后，润滑油系统也停止工作。因此，经较长时间停机后，应有启动前的预润滑程序，确保在启动时，各相互接触的运动部位有必要的润滑油，避免发生干摩擦。预润滑的方式有两种：

(1) 周期性自动预润滑。在柴油机润滑油泵之外，另设一电动油泵，作为柴油机润滑油循环系统的另一个动力源，该电动油泵应能实现自动控制，当柴油机停机后，就开始工作，保证每隔一定时间(如4 h)接通电源泵油工作一段时间(如10 min)，周期性实现预润滑，以待随时启动。当柴油机投入运行，自动预润滑油泵的控制电源立即断开，由柴油机自行润滑。

(2) 一次性注入式预润滑。在柴油机润滑系统中，接入一个柱塞式润滑油泵，其中储满润滑油，当机器接到启动指令时，压缩空气先作用到柱塞式油泵，推动活塞，将其中所储

润滑油通过管系，注入机器需要润滑的各部位，然后才开始启动。

2. 启动时燃油控制

柴油机的喷油量是由调速器和控制手柄控制。启动时，调速器尚未正常工作，这时的燃油量可用手柄来限制。

3. 暖机

当启动成功后，柴油机将运行在略高于最低稳定转速上，称为点火转速，以后再予以升速，一般为减少热应力，让机器先在中速下运行一段时间，这就是暖机（或称为暖缸）。暖机所需时间依机型和辅机冷却系统的设计而不同。在自动电站中，通常是将各台柴油机的冷却淡水管系连成一个整体，运行机组的冷却水（约 65 ℃）也循环于备用机的冷却系统中，使备用机组处于预热状况。当备用机组启动成功后，可以较快地加速（甚至无须暖缸），直到额定转速运行。此对于增强自动电站功能，保证供电连续性、可靠性是有帮助的。

柴油机的停机，只需控制切断燃油供给，机器即自行停机。但也需注意不同形式机器可能有不同的要求，突然停机也许是某些机器的性能不能接受的，它要求在中速下先运行一段时间，待温度逐渐降低，然后才允许断油停机。

8.2.2 柴油发电机组的自动启、停功能及程序

柴油发电机组自动启、停机的控制应包括以下功能：

（1）应有"自动""遥控""机旁"操作方式的转换，并能满足"机旁"优先于"遥控"，"遥控"优先于"自动"。

①"自动"是指柴油机的操作方式转换开关置于此位置时，柴油发电机自动控制系统投入工作，按既定的程序，自动启动、停止机组。

②"遥控"是指在驾驶台或集控室用按钮对柴油机实行启、停控制。

③"机旁"是指在柴油机旁进行常规的手动启、停机组。

优先是指转换开关置于"自动"时，也能做"遥控"或"机旁"操作；置"遥控"时，也可实现"机旁"操作，但不能有"自动"的功能；置"机旁"时，"自动"及"遥控"功能均被取消。

（2）对自动启动的各种准备工作设置逻辑判断和监视。例如，需确认机组已检修完毕，转换开关已置于"自动"位置，有预润滑、预热，有足够的启动动力，本机是处于静止状态等，才能自动启动。

（3）接收启动指令时，按应有的程序自动启动。

（4）一个"启动"指令，可以允许试行三次启动，若三次失败应发出警报信号，并向总体逻辑控制单元汇报"启动失败"，以便由"总体"判断采取其他措施。

（5）适当控制启动时的给油量。

（6）柴油机自行发火后，应切断启动动力源。

（7）"中速运行"和"加速"控制。若柴油机需要有"暖缸运行"的程序时，应将油门控制于"暖缸转速"下进行暖缸，并给予一定的"暖缸时间"控制，待时限到达后，再予以加速，直到接近额定转速。

（8）当转速上升到额定值的 90% 时，可认为整个启动加速程序完成了，应自动切断本机的预润滑系统，经适当延时（几十秒）后，接入对本机的润滑油压力监视。这是因为柴油机自带的润滑油泵，在润滑系统中建立必要的油压需要一定的时间，刚启动时，润滑油压力尚未达到应有数值。若不经延时，接入监视，它将立即发出"油压低"的误会信号，造成不必要的报警，甚至自动停机。

(9)运行机组接到"停机"指令后,即按应有的程序自动停机,停机完成后,发出停机成功信号,并应自动接通预润滑系统,做好下次启动的一切准备。

如果因为柴油机本身故障(一般有启动失效、润滑油压力低、冷却水温高、排烟温度高、超速等)而导致停机时,应发出"阻塞"信号,使该机的自动启动阻塞,并发出声光报警。待工作人员排除了故障,手动"解除阻塞"后,才恢复自动功能。

(10)自动启动。停机控制器最好具备"模拟试验"的功能。使运行管理人员能在不影响柴油机的原始状态下,校核控制器的工作是否正常,通常用组合开关和指示灯来实现。

柴油发电机组的自动启动程序可以用下列方框图 8.2 表示。图 8.2 中包括了"暖缸"工况(虚线框),在某些系统中,也可以将"启动"指令安排成两种方式:一种是"正常启动"指令,让机组有"暖缸"工况;另一种是"紧急启动"指令,如航行中电网突然失电,要求备用机组立即启动供电。当程序控制器接到这种指令时,可以自动去掉"暖缸"程序。

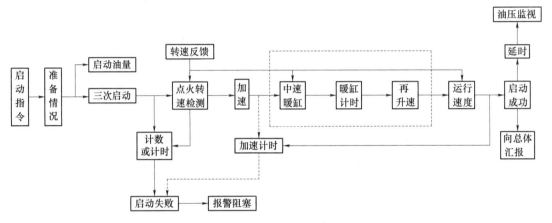

图 8.2 自动启动程序框图

自动停机的程序框图如图 8.3 所示,柴油机启、停程序制定一般有三种基本原则:

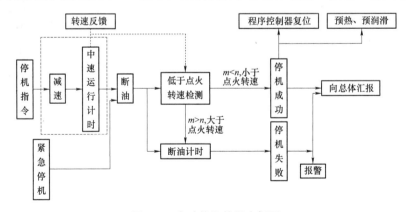

图 8.3 自动停机的程序框图

① 按时间原则控制,即模仿人的实际操作过程;
② 按速度原则控制,即直接按速度拟订控制程序;
③ 按润滑油压力控制,即根据不同转速时润滑油压力的变化拟订控制程序。

实际操作一般采用综合方式控制,即在整个控制系统中,以上三种控制原则都有。

任务 8.3　自动电站的总体控制系统及其功能

8.3.1　总体系统方框图

前面已经介绍了电站自动化各主要环节的功能。在具有要求多台机组并联供电的电站中实现电站自动化,还必须将各个自动环节有机地联系起来,组成一个总的系统,即总体控制系统。其用来收集来自各台柴油机、发电机断路器、汇流排以及各主要负载的必要信息及参数,加以分析判断,在一定条件下,自动采取符合逻辑的措施,以应付电站运行中可能出现的各种情况,确保电力系统安全、可靠、优质、经济地运行。总体控制系统一般设置在集控室,安装在专门的控制箱中,其方框图如 8.4 所示。

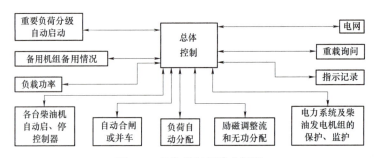

图 8.4　总体控制系统方框图

8.3.2　功能分析

下面对总体控制系统的功能进行分析。

1. 发电机组操作方式的选择

在自动电站中,每一台发电机组应有三种可供选择的操作方式:"机旁""半自动"(遥控),"自动",并且按次序前面的应优先于后面的,仅当某机确定为"自动"方式时,它才纳入总体控制系统的范围。在机组发生故障的情况下,应能自行"退出自动"(所谓"阻塞"),非经管理人员排除故障并手动控制"复位",不得自行恢复"自动"功能。

船舶电站自动化

2. 判断是否需要启动备用机组

这是一组"或门"条件,即当出现下述任一条件时,就应发出"增机"指令,启动备用机组。

(1)经延时判断,确认运行机组重载。

(2)运行机组的润滑油压力低。

(3)运行机组冷却水出口温度高。

(4)电网突然断电。

(5)经重载询问,储备容量不够。

(6)正要启动的备用机组阻塞(启动指令应递续)。

(7)备用机组启动失效或合闸失败。

3. 发电机组备用的条件及备用机组顺序的安排

(1)备用机组条件。船舶电站中各发电机组一般都是互为备用，因此发电机组可供备用的条件是燃油、压缩空气备好，有预热和预润滑，无阻塞，操作选择开关置"自动"位置。当同时满足上述条件时，认为机组已进入"备好"状态。

(2)备用机组顺序选择。对于备用机组的启动必须安排一个顺序，通常是按机组的编号依次循环。

例如，一个具有三台发电机组的自动电站按 1—2—3—1 的循环来决定备用机组。只要在电网上已有一台机组在运行，即可按负荷的需要或按运行机组的技术状态产生的"增机指令"，顺序启动下一台机组。

在电站中只有三台机组的情况下，增机情况大约如下：

① 单机运行不正常或重载，要求增机，按顺序启动下一台。

② 单机运行突然跳闸，电网失电，启动下一台。

③ 单机运行要求增机，但第一备用机组"阻塞"，或启动合闸失效，"增机指令"应递续给最后的一台。

④ 并联运行要求增机，则启动最后一台备用机组。

上述后两种情况发生时，则是系统的机组"已经用完"，故自动电站还应设置监视"系统用完"的信号指示电路，以便引起管理人员的注意。

4. 空气断路器的合闸

发电机主开关有三种合闸方式：

(1)直接自动合闸。当电网无电时，刚启动成功的发电机组建立电压后，其主开关即可直接合闸。

(2)自动准同步合闸。电网有电时，备用发电机组启动成功并建立电压后，应经过自动并车装置，使待并发电机经自动整步之后投入，并车后，利用自动空气断路器的辅助触头，接通均匀线及自动调频调载装置，实现无功及有功功率的分配及频率的自动调整。

(3)自动重合闸。由直接自动合闸的条件可知，当发电机在某些非正常情况下跳闸后，若使电网失电，就可能又构成了直接合闸的条件，这就自然地可能发生"重合闸"。作为自动化电站，可以设计成为具有重合闸功能，也可以不设置这一功能。若有重合闸功能，应保证只有一次重合闸，以免在永久性故障的情况下，发生一再重复合闸的有害过程。同时应防止在这种情况下连续启动两台以上的机组去做合闸的尝试。

无论哪种合闸方式，都有"成功"或"不成功"两种可能，这两种情况的信号都应设法取得，因为它们是作为"指示"和控制机能都不可少的信号。

5. 解列

当两台及以上机组并联运行，若因电网负荷降低到可以停掉一台机组时，应自动发出"解列"指令；或者，运行中的某机组因发生运行不正常，应自动发出"解列"指令；或者，运行中的某机组因发生运行不正常(如冷却水出口温度偏高等)时，自动控制系统可以先启动备用机组，并车后再转移负荷。解列指令发生后，通过自动调频调载装置将待停机组的负载转移给其他运行机组后，再将该机主开关跳闸，这就是解列操作。

对于运行不正常的机组属于解列对象。在这种情况下，为了尽可能不断电，对于"运行不正常"现象的识别信号，可以分为两级：一级作为预报；一级作为保护装置的动作极限。预报级信号可以用来要求启动备用机以便赢得时间，等待备用机组启动和并车后再取代"不正常"的机组。当然，这种期望是建立在不正常的机组还可以坚持运行一段时间的基础上。

显然,这一段时间决定于两方面:一方面是备用机组的启动、加速、并车所需的时间,当然越短越好;另一方面是不正常现象发展的速度,当它发展到保护装置的动作极限时,如果并车尚未成功,则造成因保护系统功能而停电。

6. 空气断路器的分断和停机

发电机自动空气断路器的分断有"正常分断"与"保护动作分断"。前者指手控分断或经自动解列、负荷转移完毕后的分断;后者指因各种发电机保护动作而引起的自动跳闸。

机组的停机也可分为"正常停机"与"紧急停机"。前者一般都是在自动空气断路器"正常分断"后,按正常停机程序进行;后者一般是当柴油机发生润滑油压力低或超速时,为了保护机器不至于损坏,控制柴油机直接断油而实现停机。此时,自动空气断路器可能是逆功率脱扣(并联运行时),也可能是失压脱扣(单机运行时)。

7. 重载询问

当欲启动大负荷时,应先询问运行发电机功率储备是否满足其用电和启动要求。若不能满足,则应先启动备用机组,并车后才允许该负荷接入电网。

重载询问的基本原理如图 8.5 所示。

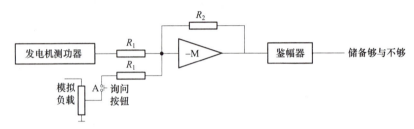

图 8.5　重载询问的基本原理

根据发电机测功器的功率变比,在电位器的动触头上取一电压信号,使之相当于准备投入的大负载功率(应考虑到启动时的冲击)即所谓"模拟负载"。经按钮 A 接到运放,与发电机测功器的输出信号(它对应发电机的实际负载功率)相加,再由鉴幅器来检测求和的结果。鉴幅器的鉴幅电平可以设定在相当于发电机容量的某一百分值(如 80%),当鉴幅器动作时,表明储备容量不够,即可发生"要求增机"信号。若鉴幅器未动作,则表明储备够用,大负载可以启动。

8. 重要负载分级启动

当船舶电网因故障失电又获电时,为避免因负荷同时启动造成的电流冲击,甚至使发电机主开关再次跳闸,自动电站能够对重要负荷进行分级启动。按照在紧急情况下各负荷的重要性排好先后次序,并按其启动电流大小分组,然后按程序逐级启动,每两级启动之间的间隔为 3~6 s。

9. 监视、报警和打印记录

为了取出自动电站做适时控制所需的信号,也为了对系统运行情况做必要的了解,通常的发电系统需做如下的检测与监视。

(1)对于柴油机:

①转速:零转速点、大转速、中速运行、额定转速;

②润滑油压力:低或过低;

③冷却水出口温度:高和过高;

④各缸排烟温度；柴油机运行时间累计。

（2）对发电机：电压、频率、功率、电流、功率因数；

（3）对断路器：合闸、断开。

（4）对电网：汇流排电压、短路、绝缘监视。

（5）对系统状态及工作过程的监视与指示：机组的预热、预润滑；启动空气压力；各机组控制方式选择；正常启动，启动成功或失败；正常停机过程中，停机成功或失败；机组用完以及控制系统的工作电源等。为了便于检查某些逻辑功能，最好能使控制系统的各主要部分可以进行模拟试验。

10. 自动电站控制功能流程图

自动电站的功能较多，其中每一部分都有相对的独立性。由总体控制，将各部分工作有机地协调起来，组成一个系统。在系统的安排上，应充分利用各单元的独立性，使系统运用起来更加灵活。当某部分出现故障时，仍可利用其他单元实现局部自动化或半自动化。

如图 8.6 所示为三台机组的自动化电站功能流程，但并非固定模式。随着自动电站进一步发展，使自动电站功能更趋完善。

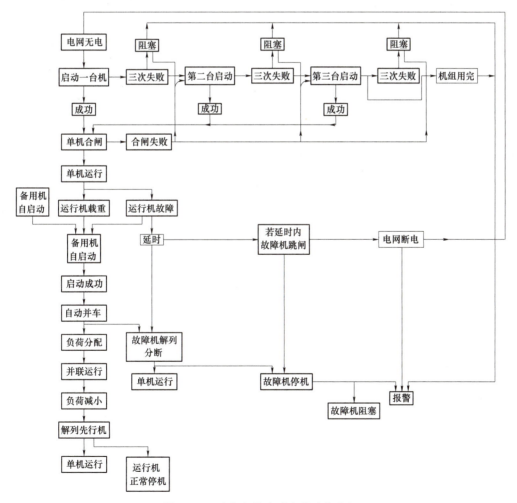

图 8.6　三台机组的自动电站功能流程

项目实施

引导问题1：船舶电站自动化系统要求是什么？

_____
_____
_____
_____

引导问题2：船舶电站自动化系统应实现哪些自动化操作？

_____
_____
_____
_____

引导问题3：分析一种电站的自动控制系统的工作流程。

_____
_____
_____
_____

引导问题4：列出发电机单机运行发生故障时的自动换车的实现步骤。

序号	操作步骤	备注
1		
2		
3		
4		
5		
6		
7		

项目评价

序号	评价项目	自我评价	教师评价
1	学习准备		
2	引导问题填写		
3	规范操作		
4	完成质量		

续表

序号	评价项目	自我评价	教师评价
5	关键操作要领掌握		
6	完成速度		
7	5S管理、环保节能		
8	参与讨论主动性		
9	沟通协作		
10	展示汇报		

说明：表格中每项10分，满分100分。学生根据任务学习的过程与结果真实、诚信地完成自我评价。教师根据学生学习过程与结果客观、公正地完成对学生的评价。

知识拓展：船舶电网故障情况下的重构

技能操作参考手册：发电机单机运行发生故障时的自动换车

》课后习题

8-1　船舶电站综合自动化一般应具有哪些功能？

8-2　自动化机舱分哪几类？各有什么特点？

8-3　柴油发电机组自动启动、停机装置一般应具有哪些功能？启动、自动停机流程是什么？

项目 9 综合全电力推进技术

≫ 项目导入

船舶推进方式有很多种,船舶电力推进作为一种发展方向有诸多优点,如果让你设计综合全电力推进系统,你了解设计程序吗?

≫ 项目分析

船舶电力推进系统已有百年历史,但是由于受各种因素制约,发展缓慢,且大多数只应用在特种船舶上。从 20 世纪 80 年代起,供电系统、推进电动机和微电子及信息技术的迅猛发展,使船舶电力推进装置打破了长期徘徊局面,得到了大力的发展。电力推进系统基本由机械原动机(柴油机、燃气轮机或核动力)构成,用以驱动交流发电机,发电机再为推进电动机提供动力。电动机可能是直流、交流同步电动机或交流感应电动机。同传统的机械推进方式相比,采用电力推进系统的船舶在经济性、振动噪声、船舶操纵、布置和安全可靠性等方面具有明显优点。船舶综合全电力推进系统包括发电、输电、配电、变电、拖动、推进、储能、监控和电力管理,是现行船舶平台的电力和动力两大系统发展的综合;它不是电力推进加自动电站的简单组合,而是从概念到方案、组成、配置、技术等均发生重大变化,给未来的船舶带来一场革命。船舶航运是能效最高的运输方式之一,随着碳中和计划的实施,脱碳将是海事未来 10 年的主题,航运业仍将在全球实施减少排放战略,因此船舶电力推进技术将为船舶航运事业带来一场能源技术革新。通过本项目的学习和扫描二维码观看"船舶电力推进"视频,学习者应了解船舶电力推进系统的优点、类型、体系结构,推进电动机的种类、特点,了解外国综合电力推进系统的典型实例等。

≫ 学习目标

知识目标

1. 了解船舶电力推进的发展。

2. 掌握推进电动机的性能特点和结构特点。

3. 了解 IPS 和 IFEP 的特点及应用。

能力目标

1. 能分析综合电力推进系统的特点和优势。

2. 能根据性能和结构特点选择合适的推进电动机。

3. 能准确分析 IPS 和 IFEP 的特色和利弊。

素质目标

1. 通过电力推进技术由传统装置到综合系统的发展，向学生传达勇于探索的创新精神。

2. 通过选择合适的推进电动机，培养学生的逻辑能力和科学思维能力。

3. 在学习和分析 IPS 和 IFEP 时激发学生对新技术的兴趣，同时鞭策学生学以致用，要有精忠报国的科学精神。

船舶电力推进

任务 9.1 电力推进技术认知

目前应用的推进系统主要有两类：机械式直接推进（柴油机、燃气轮机、热机联合直接推进）和电力推进。电力推进又分为采用独立的推进动力电站为推进电动机供电的传统电力推进和采用综合电站同时为推进电动机和其他用电设备（武器）供电的综合电力推进。

9.1.1 电力推进装置的优点

（1）操纵灵活，机动性能好。采用电力推进易于实现由驾驶室直接进行船舶的操纵，使船舶的操纵十分机动灵活。

对于直接推进，一般是由驾驶室通过车钟向机舱传送主机操作指令，由主机操作人员按指令操纵柴油机，然后通过车钟向驾驶室回令。这样不但执行速度慢而且很容易产生误操作。若采用电力推进，驾驶人员只需在驾驶室操纵发电机或电动机的磁场或改变晶闸管的触发角，即可实现对船舶的操纵，大大减少了误操作的可能性。

电力推进装置的操纵响应时间比直接推进的大大缩短（反应快），因此它应付紧急状态的能力较强，增加了航行安全性。

由于电力推进操纵比较灵活，因此特别适用于某些对机动性能要求较高的船舶，如渡轮、拖轮、破冰船等。

（2）易于获得理想的拖动特性，提高船舶的技术经济性能。

① 低速特性。柴油机的速比一般为 1∶3，因此采用直接推进时，不容易获得低转速（额定转速为 250～300 r/min 时，稳定低速不可低于 90～120 r/min）。而电动机的速比可达一比十甚至一比几十，故采用电力推进时螺旋桨可以获得很低转速（5 r/min 以下），有利于船舶实现机动航行，比如以稳定低速接近目标、靠离码头等。

② 快速性。电动机的启动、停止与反转均比柴油机迅速，因此螺旋桨起车、停车及倒

车速度很快，有利于提高船舶的机动性(表 9.1)。

表 9.1 电力推进渡轮与直接推进渡轮的操纵时间比较

推进形式 时间/s 操作项目	直接推进			电力推进		
	起车 0～300/ (r·min^{-1})	停车 300～0/ (r·min^{-1})	倒车 +300～-300/ (r·min^{-1})	起车 0～300/ (r·min^{-1})	停车 300～0/ (r·min^{-1})	倒车 +300～-300/ (r·min^{-1})
车钟操作	4	4	5	0	0	0
机器加速器	10	10	25	8	8	13
合计	14	14	30	8	8	13

③ 恒功率特性。船舶在航行过程中，由于风浪等因素的影响，阻力经常发生变化。采用电力推进装置可以在阻力经常变化的条件下，始终维持动力设备(柴油机或发电机、电动机)处于恒功率运行，使动力设备的效率保持在较高的水平上，以利于充分发挥动力设备的效能(充分利用设备的装置功率)。

④ 恒电流特性。电力推进系统的主回路电流可以采用一定的调节措施使其保持一定的数值不变，这就有可能在主回路内接若干个电动机，这些电动机可以独立调节而彼此不受影响，这一特性对某些工程船舶特别适合。这些船舶具有容量相近而不同时使用的若干个负载，比如自航式挖泥船的螺旋桨与泥浆泵、火车渡轮的螺旋桨与平衡水泵等，将它们的拖动电动机电枢串接在一条主回路内，由公共的发电机组供电，可以使发电机组的装置容量大大减小，采用恒电流系统时还具有电动机过渡过程较快、工作可靠、操纵灵活、系统无过载危害等特点。

⑤ 堵转特性。当螺旋桨被绳缆、冰块等卡住时，由于采用电力推进，系统具有"堵转特性"，在短时内不必断开电动机，待到卡住的原因消除以后，螺旋桨很快恢复正常运转，免除了系统经常"断开—接通"的弊端。

(3) 推进装置的总功率可以由数个机组共同承担，增加了设备选择的灵活性，提高了船舶的生命力，如图 9.1 所示。

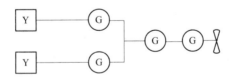

图 9.1 由两套机组提供船舶推进所需要功率

Y—原动机；G—发电机

采用直接推进时，一般是一个螺旋桨由一台柴油机带动。而采用电力推进时，一桨可由两台或两台以上柴油发电机组供电，这将带来一些明显的好处：

① 可以采用很少种类的柴油机获得较多的功率级，因而增加了设备选择的灵活性。

② 有利于提高船舶的生命力以及提高中间航行速度时的经济性。当一部分机组损坏时，其余机组仍可照常工作，生命力强；当只需以较低航速航行时，可以切断部分机组，使剩下的机组以全负荷率工作，获得较高的效率，提高运行的经济性。

(4) 可以采用中高速不反转原动机。螺旋桨的转速不能太高，通常是在 300 r/min 以下，否则其效率将降低。因此在直接推进时，原动机若为柴油机，它的转速就不可能做得很高，只得采用重型低速柴油机，其特点是功率大、速度低。由于速度低，因此质量大。若采用电力推进装置，则可用轻小的中高速柴油发电机组，柴油机也不必采用可反转的。

中高速柴油机质量轻、尺寸小，便于舱室布置；不反转柴油机结构简单、运行可靠、寿命长。在其他条件相同时，不反转柴油机比反转柴油机寿命要长得多。据有关资料，柴油机每反转一次的磨损与它工作 16 h 的磨损相当；中高速柴油机维护管理与检修比较简单，更换也比较方便。由于原动机不必反转，因此电力推进装置也为燃气轮机的广泛应用创造了良好条件。

(5) 原动机与螺旋桨间无硬性连接。可以防止冲击振动，有利降噪；使得螺旋桨转速可以选择最佳值，而不必受到原动机转速的限制；可以允许柴油机转速也选取最佳值，不必受到螺旋桨转速的限制；可以允许主轴长度大为缩短，可使动力设备布置更为灵活。

9.1.2 传统电力推进装置

传统电力推进装置一般是指采用电动机械带动螺旋桨来推动船舶运动的装置。采用电力推进装置的船舶称为电力推进船舶或电动船。船舶电力推进装置一般由下述几部分组成：螺旋桨、电动机、发电机、原动机以及控制调节设备，其结构如图 9.2 所示。

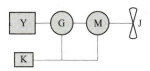

图 9.2 电力推进装置的结构

Y—原动机；G—发电机；M—电动机；J—螺旋桨；K—控制调节设备

其中，原动机 Y 的机械能经发电机 G 变为电能，传输给推进电动机 M，使电动机将电能变为机械能，传递给螺旋桨 J，推动船舶运动。由于螺旋桨所需功率很大（一般为几百千瓦至几千千瓦），推进电动机不能由一般船舶电网供电，必须设置单独发电机或其他大功率的电源；另一方面，由于功率相差悬殊，船舶的一般电能用户（如辅机、照明等），也不能由推进电站供电。因此，传统电力推进船舶一般总是有两个独立的电站——电力推进电站和辅机电站。

电力推进用的原动机可以采用柴油机、汽轮机或燃气轮机。目前一般采用高速或中高速柴油机，大功率时多用汽轮机或燃气轮机。

发电机可以采用直流他励、差复励电机或交流同步发电机。

电动机可以采用直流他励电动机或交流同步电动机、异步电动机、同步－异步电动机等。

船舶推进器一般都采用螺旋桨，因为其效率高，尺寸较小。

常规潜艇不用充气管做水下航行时，必须用蓄电池供电，因为这时原动机因缺氧无法工作，其电力推进装置如图 9.3 所示。原动机只在水面航行时做推进动力或者带动电动机向蓄电池充电。

常规潜艇在水面航行时也可以采用电力推进，但这时不用蓄电池供电而是采用发电机供电。目前多数国家倾向于水上水下全部采用电力推进。

核潜艇的原动机在水下也可以照常工作，它的主电力推进装置不用蓄电池供电，由核反应堆的热能先转变为机械能，再由机械能转变为电能(通过发电机)，发电机将电能传送给电动机，转变为机械能来驱动船舶航行。当采用电磁离合器带动螺旋桨时(图9.4)，由原动机带动电磁离合器主动部分，转矩由主动部分传递给从动部分，从动部分带动螺旋桨转动。主动部分的转速与原动机的转速相同，一般保持恒定，通过调节励磁来改变从动部分的转速，以获得不同的船舶航速。

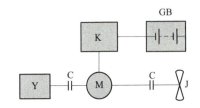

图9.3 常规潜艇的电力推进装置

Y—原动机；C—离合器；M—电动机；
J—螺旋桨；GB—蓄电池；K—控制调节设备

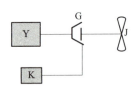

图9.4 电磁离合器电力推进装置

Y—原动机；G—发电机；J—螺旋桨；K—控制调节设备

传统电力推进装置可以根据所用的原动机形式、主电路电流种类及其在船舶推进中的地位等来进行分类。根据原动机形式，电力推进装置可分为柴油机电力推进、汽轮机电力推进、燃气轮机电力推进等；根据主回路电流种类，电力推进装置可分为直流电力推进、交流电力推进、交直流电力推进等。

直流电力推进又可按系统调节原理分为恒压电力推进系统、简单G—M电力推进系统、恒功率电力推进系统、恒电流电力推进系统等。电力推进装置根据其在船舶推进中的地位，可以分为独立的电力推进装置、附加(联合)电力推进装置以及辅助电力推进装置等。

9.1.3 综合电力推进的概念

20世纪70年代后期，人们对于在水面船舶上采用电力推进产生了浓厚的兴趣。美、英、法、加拿大等国先后进行了水面船舶采用高新技术电力推进装置的可行性研究；并且相应地推出了一些设计方案，如美国为6 500 t双轴导弹驱逐舰设计的综合电力推进(IED)系统，虽然该系统可用于巡航推进和加速推进的全电力推进系统，但其未能将日常电力和推进电力完全综合，故离综合全电力系统尚有一定的距离。1986年美国海军作战部制订了"海上革命"计划，称"综合电力推进将是下一代水面船舶主力战舰(BFC)的推进方式"，是"新一代战舰增强战斗力的主要方法"，是"海上革命"的基础。同年，美国海军又研制新的电力推进装置系统，但在研制过程中发现，该系统仍然与之前类似，并不是那种性能上能满足要求，经济上充分合理的系统结构，总方案仍然不是综合全电力推进系统。在1994年美国工程师学会(ASNE)会议上提出了综合电力系统(IPS)的概念，并建成了综合全电力推进系统，该系统适用于潜艇、各种水面船舶、航空母舰等。

随着计算机技术、电力电子技术的飞速发展，大型专业设计计算、仿真软件提供的辅助设计手段加快了设计进程；功率器件容量的不断提高使大功率变频调速得以实现；先进制造和新材料技术的跨越正不断克服大型船用设备的加工难题，以上进展使新型船舶采用综合电力推进技术具备了发展前提。顺应这种技术进步，新型船舶实现全船电气化的基础——综合电力推进技术走向成熟。

综合电力推进系统是一种全新的系统，它包含了大量的高新技术，并不是供电和电力推进两个系统简单地相加，而是从全船舶能源高度通盘考虑，真正地使电力和动力两大系统的全面融合。这样的综合系统采用现代最先进的数控技术，为动力和电力机械领域提供了最新研究成果；又因为采用近年发展起来的大功率电子技术而大大地提高全舰能源利用和变换的效率。此外，该系统可以实施高度的模块化和通用化，因而，既能发扬电力推进的长处，又能提高电网供电的可靠性，为船舶作战使用带来更大的灵活性，使总体设计更能够满足未来船舶的各种需求。

9.1.4 综合电力推进技术的特点与优势

1. 主要特点

综合电力推进的主要特点是综合利用一套船舶综合电站向全船提供推进动力、辅机和日用电力(甚至高能武器用电)，利用电能实现船舶机动和完成相关任务使命的一个完整的系统。基本设备包括原动机、发电机、配电及保护设备、电动机驱动(变流调速)装置、推进电动机、系统监控设备等，如图 9.5 所示。

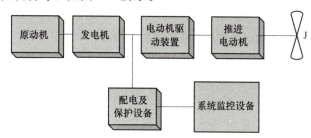

图 9.5 综合电力基本设备

船舶采用全电力推进系统在总体性能、推进效率等方面将得到显著提高，有明显优势。综合电力推进装置是船舶实现高效机动和提供船舶特定电力需求的核心装备，是直接影响船舶性能和舰艇作战能力的关键装备。

2. 技术优势

(1) 降低噪声，提高隐蔽性。取消动力系统推进轴系中的减速齿轮装置，使热机脱离推进轴系，便于采取减振降噪措施，可大幅度改善船舶动力系统的声学性能，其噪声指标可降低约 10 dB。

(2) 缩短推进轴系，热机可灵活布置，有利扩大舱容。如一艘 37 kt 石油制品运输船，与采用电力推进与机械式直接推进相比，在船舶总长不变的情况下，舱容可增加 1 200 m³，若采用吊舱推进器则效果更加显著。

(3) 将推进动力电站和辅机日用电站合并成船舶综合电站，可实现电能的综合管理。综合利用电能可使热机装船容量减小 20%～25%，特种船舶(如工程船舶、大型游轮和作战舰艇等)可减小 30%以上。能量的综合管理，还可使热机在各种推进功率时均工作在最佳工况，从而可节省燃油达 25%以上，同时也降低了污染排放和热辐射。

(4) 便于采用模块化设计和适应性设计，与船舶总体达成最佳匹配。虽然初投资可能增加，但由于降低了船舶全寿命费用(维修工作量和维护费可降低 17%左右)，综合电力推进的节能作用可在 5 年内收回建造时增加的初投资。

综合电力推进技术所体现的种种优势将使船舶动力系统发生"革命性"的技术变革。随着科学技术的不断发展，能源领域新技术、新装备的不断出现以及各国科学家们在这方面工作的不断深入，综合电力推进系统的技术优势还会不断地显现。随着民船应用的增多，军用舰艇研发投入力度的加大，进入21世纪，采用综合电力推进技术已成为船舶动力技术发展的主流趋势之一。

9.1.5 船舶综合电力系统的关键技术

要推出战术技术性能优良的综合电力系统船舶，需要解决以下几个关键技术。

1. 高功率密度的交流或直流发电模块化技术

发电模块是决定综合电力推进系统安全、经济、可靠运行的必要条件。高功率密度发电技术，特别是适用于大型舰艇电力系统的中高压多相交流发电机整流集成发电技术和交直流电力集成多绕组发电机发电技术是发电模块需要解决的重要问题，主要包括不同交直流容量比的交直流电力集成双绕组发电机技术，交流双电压（或三电压）双绕组（或三绕组）发电机以及交流双频率、双电压双绕组发电机技术，高功率密度和高品质舰艇集成发电技术及冷却技术。

2. 智能化管理的环形电网区域输配电及监控管理技术

电力输配电及监控管理是至关重要的环节。采用环形电网区域配电系统取代目前的干馈式配电系统，必须为各类船舶研究设计适当数量和容量的发电模块，确定输配电方式，适时地根据全船负荷工况调控各发电模块的运行方式。主要包括：环形区域电力系统中多电站并联运行特性研究、电力系统的状态监测与集中控制、环形电网区域配电系统各种保护准则。

3. 电力推进（永磁或电励磁）电动机及其变频调速技术

推进电动机及其变频调速装置是综合电力推进系统的核心设备，主要包括大功率电力推进电动机技术如交流永磁推进电动机的结构性能及设计，电力推进系统监测与控制技术（直流推进电动机最优调速控制技术、多相永磁交流同步电动机的变频调速系统、多相交流电动机变频调速控制策略及控制技术）。

4. 大容量电能的静止变换技术

实现大容量电能静止变换技术，关键是开发配套的新型电力、电子器件。美国海军研究局使用氢氧化物、集成电路、电力半导体、电力电子技术对模块化电力电子标准组件进行设计和制造；采用宽带隙半导体材料（如碳化硅）代替硅，以提高电力电子标准组件的运行温度和电压。此外应特别加强从连续电能到脉冲电能静止变换器的开发与研究，并加强相应储能技术的研究。

5. 独立电力系统的电磁兼容技术

船舶设备分布密集，电力系统容量有限，系统内的电磁兼容问题十分突出，直接关系到系统和用电设备的可靠安全运行，这也是决定综合电力系统成败的关键。主要包括电力集成化模块中的电磁干扰研究、船舶直流电力系统电磁兼容研究、船舶交流电力系统电磁兼容研究、船舶壳体及电缆屏蔽网形成的地电网对电力系统电磁兼容性能的影响研究、整个综合电力系统电磁兼容性研究。

6. 电力集成技术

要实现综合电力系统，首先完成各电力模块的集成（包括发电模块、电能变换模块、推进模块、电能智能化管理模块等），再实现全系统的集成。在集成中，必须解决损耗与散热、电磁兼容等难题。电力集成技术的主要学科基础为电机、电气工程、控制工程，与其密切相关的学科有信息与通信工程、计算机科学与技术、仪器科学与技术、动力工程与工程热物理、材料科学与工程、机械工程等。

此外，还要开发经济性能优良的高速原动机，其要求是油耗低；维持费用小；抗冲击、电磁兼容、质量、噪声和振动等指标均应满足军用标准；尺寸不超过现在使用的船用燃气轮机的安装底座；全寿命费用、维修性、可靠性均比现在使用的船用燃气轮机好；低排放等。

综合电力系统设计程序（图9.6）旨在解决设计船舶时如何选择出一套最佳的模块，满足船舶的总体技术要求。

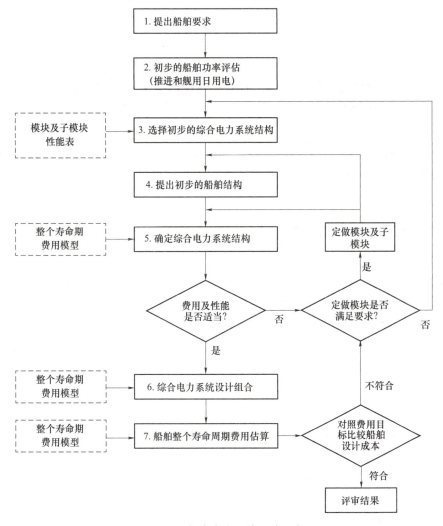

图 9.6　综合电力系统设计程序

该程序大致分 7 个基本步骤：

第 1 步是提出一套完整的船舶总体技术要求，一般包括航速、有效荷载、排水量等，以及成本目标。

第 2 步是提出初步的功率要求，即进行电力负荷计算，综合电力系统应提供多少推进及船用日用电功率。

第 3 步是选择初步的综合电力系统结构。此时应输入模块和子模块性能参数数据。

第 4 步是根据初步的综合电力系统结构提出初步的船舶结构，即将所选定的模块能够合理地放置在船体设计结构中，并评估这些模块的船形、排水量、重心、机舱的尺寸产生的影响。此步骤在选定了船形之后，就要对第 2 步中初步的功率要求进行具体的修订。

第 5 步，确定具体的综合电力系统结构。在这一步，就要开展第一次成本估算。

第 6 步、第 7 步重点是预计船舶的整个寿命期费用，如果整个寿命期费用可以接受，说明设计成功，反之费用超过意味着需要重新设计。进行设计过程中，不总是所有的技术要求能得到满足。在设计完成后，将要对该设计进行评估，确认是否满足要求，满足到什么程度。

任务 9.2 推进电机的种类、特点

推进电机是船舶电力推进的核心设备，从目前研究应用状况来看，适宜战斗舰艇选用的高性能船舶多相推进电机主要有三大类，即先进感应电机（AIM）、永磁同步电机和高温超导电机。

9.2.1 推进电机的性能特点

1. 先进感应电机

先进感应电机（AIM）特指法国 Alstom 公司针对低转速大转矩应用场合所研发的高性能感应电机，它具有普通感应电机的结构原理，转子为鼠笼结构且励磁电流由电磁感应产生，因而具有结构简单牢固、体积小、质量轻、便于维护、造价较低等优点。通过独特的技术措施，AIM 克服了普通感应电机功率因数偏小和噪声较大的缺点，在整个调速范围内都具有较高的功率因数和效率，且功率密度较高、噪声较低。

2. 永磁同步电机

常规径向磁通永磁同步电机与励磁同步电机结构原理相同，但以高性能的永磁体替代励磁绕组，结构较为简单，省去了容易出问题的集电环和电刷，提高了工作可靠性，功率因数可接近 1.0，没有励磁损耗，具有较高的效率和功率密度。由于径向磁通永磁同步电机圆柱体拓扑结构决定了电负荷与磁负荷相互制约，为了进一步提高功率密度，出现了轴向磁通和横向磁通永磁同步电机。

3. 高温超导电机

与电励磁同步电机或直流电机相似的结构原理，但励磁绕组采用高温超导材料，并由冷却模块将其冷却至 35～40 K 低温。由于超导励磁绕组可达到很高的励磁电流密度，且无励磁损耗、无槽等特殊设计使气隙磁密高达2~4 T,因而超导电机的功率密度大幅度提高。另外,无槽结构或直流单极励磁使得转矩脉动和振动噪声大为降低。高温超导电机分为高温超导同步电机和高温超导直流单极电机两类。

9.2.2 推进电机的结构特点

1. 先进感应电机

与普通感应电机具有相同的拓扑结构,但采用相对较大的气隙(典型值为8 mm),其目的是减小噪声和谐波损耗。Alstom公司通过以下技术措施来实现高性能。

(1)电磁优化设计定子和转子槽数、极数和相数优化选择,定子和转子槽合理设计,低频磁路优化设计等。

(2)高效的冷却装置采用了阿尔斯通的"销-通风孔"专利技术。

(3)高性能材料和工艺选用高性能导磁导电材料,采用独特的工艺提高绕组绝缘和散热性能。

(4)高性能的控制。低滑差控制、低噪声控制等AIM设计制造技术成熟但控制较为复杂,高性能的实现有赖于设计、材料、散热和控制的完美结合,其气隙剪切力已达100 kPa,是普通高性能感应电机的2倍以上。

2. 径向磁通永磁同步电机

(1)普通圆柱体的电机结构,在电机尺寸和损耗一定的情况下,定子齿和定子槽空间相互竞争致使电负荷与磁负荷不能同时增加,功率密度存在一个限值。

(2)由于电磁转矩产生于圆柱形气隙表面且与气隙面积成正比,因而电磁转矩与体积近似成正比。径向磁通永磁同步电机设计制造技术日趋成熟,其关键技术在于防止永磁体失磁和提高永磁材料利用率,其功率密度与AIM相当。

3. 轴向磁通永磁同步电机

(1)基本的轴向磁通电机结构,定子和转子采用轴向布置,一个无槽式环状铁心定子盘被夹在两个永磁转子盘中间。定子铁心携有一个环状缠绕的多相绕组,绕组根据铁心横截面的形状设计成矩形并集中轧制而成。多块磁极交替的永磁体呈圆环状布置在转子盘端沿部,从而形成轴向励磁磁场。

(2)电磁转矩产生于圆形盘的外端沿,与外径的立方成正比,仍存在电负荷与磁负荷相互制约,因此对于大盘径的电机才能显示出其结构优点,也称为盘式电机。

(3)若因空间限制,电机直径较小,电磁转矩不能满足需要时,可采用多盘结构,如图9.7所示。

(4)多相定子绕组采用模块化布置且通过分区独立控制,从而提高电机工作可靠性。轴向磁通永磁电机采用无槽轴向磁通,可

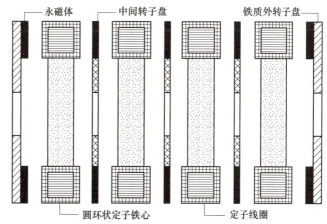

图9.7 多盘轴向磁通永磁电机的结构

提高功率密度和采用模块化设计,其关键技术在于特种电机设计及制造工艺。

4. 横向磁通永磁同步电机

(1)基本结构。由定子部件和转子圆盘组成,转子盘上由片状转子极和永磁体间隔布置所构成转子凸缘,定子部件由定子架支撑在圆周上均匀布置,每个定子部件为电机的一相,由 C 形定子铁心和螺线管线圈组成,如图 9.8 所示。

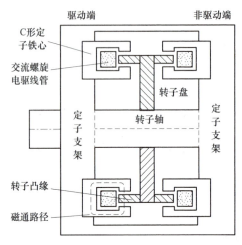

图 9.8 横向磁通永磁电机结构

(2)径向和轴向混合磁通大大缓解了电负荷与磁负荷空间竞争问题,但由此造成功率因数偏低,通常低于 0.6。

(3)每相定子绕组分开布置,不存在相间电磁耦合,采用小气隙(直径 2 m 的转子其气隙小于 5 mm)和间接水冷方式。

(4)为了增大功率可采用多盘结构。横向磁通永磁电机兼有径向和轴向磁通电机的特点,功率密度较大、可模块化设计,但功率因数较低。其关键技术也在于特种电机设计及制造工艺。

5. 高温超导同步电机

(1)采用与普通电机相似的圆柱体结构,励磁绕组布置在转子上,径向磁通,如图 9.9 所示。

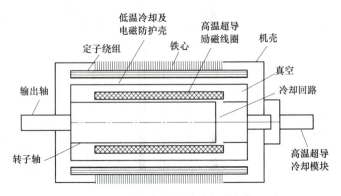

图 9.9 高温超导同步电机的结构

(2)采用无刷励磁,励磁绕组采用了高温超导材料,并由冷却模块将其冷却至35～40 K。

(3)定子绕组采用传统的铜导线,但不放在铁心齿槽中,而是由支撑结构支撑固定、采用无槽布置。无槽结构可避免定子齿在高磁场下饱和,也消除了由于齿槽谐波而产生的振动噪声。

(4)采用新型的水冷电枢绕组。高温超导同步电机采用超导材料及无槽铁心,功率密度大幅度提高,其关键技术包括超导材料利用技术、无槽设计技术和超低温模块设计技术等。

6. 高温超导直流单极电机

(1)采用轴向分离的两个圆柱状磁极结构,两磁极间布置电枢转子,轴向磁通,如图9.10所示。

(2)旋转电枢为圆盘状结构,电枢电流从圆盘中心轴引入,从圆盘外边缘引出。

(3)采用钠钾(NaK)液体金属集电换向器代替传统电刷装置,具有工作电流密度大、换向效率高、使用寿命长等优点。

(4)励磁绕组采用了高温超导材料,并由冷却模块将其冷却至35～40 K。高温超导直流单极电机采用超导单极恒定励磁,功率密度大幅提高,在整个调速范围内转矩恒定无脉动,调速控制简单,其关键技术包括超导材料利用技术、液体金属集电换向技术和超低温模块设计技术等。

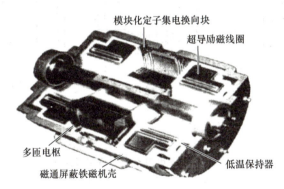

图 9.10 高温超导直流单极电机结构

任务9.3 综合电力推进系统典型实例

9.3.1 美国的综合电力系统(IPS)

美国的综合电力系统(Integrated Power System,IPS)是美国在执行"先进的水面战舰装置规划"过程中,因发现综合电力推进系统(IED)系统的不足而提出来的,该系统将推进功率和日用负载两方面的发电、配电、储能和变电综合为一体,构成了综合电力系统。整个电力系统被分成7部分:发电、储能、变电、推进电力、配电、电力控制管理及平台负载,并相对应地开发了7种模块,如图9.11所示。

所谓模块化设计就是在通用的平台上，通过更换不同功能的模块，组成新的系统，以实现不同的作战目标和任务。武器及系统的模块化提高了船舶整体的可靠性、可用性和可维修性，不但能简化维修，节省工时，而且给现代化改装带来了方便，从而可以大幅度降低武装设备的全寿命费用。目前，用模块化技术构成的主要系统有通风、消防、分布式作战指挥及数据处理、导弹发射装置等。德国的"梅科（MEKO）"概念、美国的"可变有效荷载舰（VPS）"概念、丹麦的"标准—灵活"概念（图9.12）在模块化舰艇设计中独领风骚。

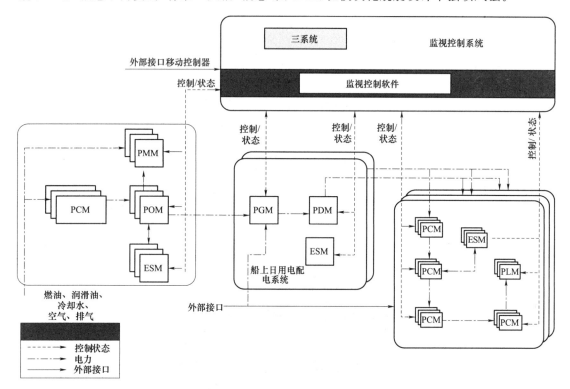

图 9.11　综合电力系统的结构与模块

PGM—发电模块；PMM—推进电机模块；PDM—配电模块；ESM—能量存储模块；PCM—电力变换模块；
PLM—平台负载模块；POM—监视控制模块

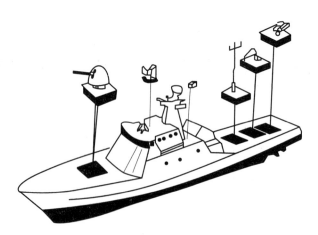

图 9.12　丹麦海军 300 t 护卫艇设计

每个单元模块都有一组能够满足不同要求的可供选择的模块(表 9.2)、各舰种的性能和所需模块(表 9.3),因此船舶在进行总体设计时,可由这些菜单来选择各种模块。

表 9.2 IPS 的功能模块群

模块类型	模块名称	说 明
发电模块 (PGM)	PGM－1	21 MW, 4 160 VAC、3 Φ、60 Hz 中冷回热燃气轮机发电机
	PGM－2	3.75 MW, 4 160 VAC、3 Φ、60 Hz 柴油发电机
	PGM－3	3 MW, 4 160 VAC、3 Φ、60 Hz 501－K34 燃气轮机发电机
	PGM－4	8 MW, 4 160 VAC、3 Φ、60 Hz 柴油发电机
	PGM－5	12 MW, 4 160 VAC、3 Φ、60 Hz 柴油发电机
推进电动机模块 (PMM)	PMM－1	带有功率变换器的 19 MW、150 r/min 鼠笼式感应电动机
	PMM－2	带有功率变换器的 38 MW、150 r/min 鼠笼式感应电动机
	PMM－3	带有功率变换器的 38 MW、±150 r/min 串联鼠笼式感应电动机
	PMM－4	800 kW、360 r/min,辅助推进,可伸缩和变方位
	PMM－5	带有功率变换器的 52 MW、150 r/min 笼式感应电动机
	PMM－6	带有功率变换器的 12 MW、150 r/min 笼式感应电动机
	PMM－7	带有功率变换器的 38 MW、150 r/min 笼式感应电动机
	PMM－8	1 400 kW、360 r/min,辅助推进,可伸缩和变方位
配电模块 (PDM)	PDM－1	4 160 VAC、3 Φ、60 Hz 开关装置和电缆
	PDM－2	1 100 VDC,日用电缆
电力变换模块 (PCM)	PCM－1	多个日用变电模块 1 100 VDC→775 VDC(940~600 VDC)
	PCM－2	多个日用变电模块 775 VDC→450 VAC、3 Φ、60 Hz 或 400 Hz
	PCM－3	多个日用变电模块 775 VDC→155 VDC 或 270 VDC
	PCM－4	多个日用变电模块 4 160 VAC、3 Φ、60 Hz→1 100 VDC
监视控制模块 (POM)	PCON－1	IPS 系统级监控软件
	PCON－1	区域级监控软件
能量存储模块 (ESM)	ESM－1	日用 1 100 VDC
	ESM－2	日用 775 VDC(940~600 VDC)
平台负载模块 (PLM)	PLM－1	不可控 450 VAC 日用负载
	PLM－2	可控 450 VAC 日用负载
	PLM－3	不可控 155 VDC 或 270 VDC 日用负载
	PLM－4	可控 155 VDC 或 270 VDC 日用负载

表 9.3 各舰中的性能数据机所配置的模块

舰种	满载排水量/t	轴数	轴速/(r·min^{-1})	总功率/kW	日用负载/kW	发电模块	推进电机模块	配电模块	电力变换模块
水面主力战舰	9 200	2	168	72 000	4 250	PGM－1, 3 个 PGM－3, 1 个	PMM－7, 2 个 PMM－4, 4 个	PDM－1, 4 个 PDM－3, 2 个	PCM－1, N 个 PCM－2, N 个 PCM－4, 3 个

续表

舰种	满载排水量/t	轴数	轴速/(r·min^{-1})	总功率/kW	日用负载/kW	发电模块	推进电机模块	配电模块	电力变换模块
两栖舰	25 800	2	165	42 000	6 500	PGM—2,1个 PGM—4,5个	PMM—1,2个 PMM—8,2个	PDM—1,6个 PDM—2,4个	PCM—1,N个 PCM—2,N个 PCM—4,4个
航空母舰	26 500	2	180	135 000	10 700	PGM—1,6个 PGM—3,2个	PMM—5,2个 PMM—8,2个	PDM—1,8个 PDM—2,5个	PCM—1,N个 PCM—2,N个 PCM—4,5个
海上运输船	41 000	2	91	60 000	2 400	PGM—1,1个 PGM—5,4个	PMM—1,2个	PDM—1,2个 PDM—2,1个	PCM—1,N个 PCM—2,N个 PCM—4,1个
巡洋舰	18 000	2	150	27 750	9 000	PGM—4,4个	PMM—6,2个	PDM—1,2个 PDM—2,2个	PCM—1,N个 PCM—2,N个 PCM—4,2个

综合电力系统(IPS)的重要特点之一是采用模块设计,它有多方面的好处:

(1)可使造舰周期缩短约10%,直接降低1%的成本;

(2)模块可在多种舰型上通用,从而可减少设计工作量;

(3)由于在多种战舰上采用相同的系统,可使后勤保障设施大量减少,也可减少人员培训工作。

IPS的第二个特点是采用分区域配电系统,它可改善交流60 Hz、400 Hz电或直流电的日用负载的电力质量。

9.3.2 英国的综合全电力推进系统(IFEP)

英国的综合全电力推进系统(Integrated Full electric Propulsion,IFEP)以排水量4 500 t、航速30 Kn(约55.6 km/h)的双轴护卫舰为基准舰对未来船舶综合全电力推进系统进行设计论证。1987年7月,采用柴油发电机、燃气轮机联合推进(CONLAG)系统的双轴护卫舰下水引起了世界关注,但由于该系统没有实现真正意义上的综合全电力推进而被英国作为过渡的系统。此后,为了实现综合全电力推进系统,制定了IFEP发展规划,并将其用于2010年后的护卫舰和航空母舰上。

IFEP系统分为交流与直流推进汇流排两种系统。以英国为排水量4 500 t,航速30 Kn的双轴护卫舰所设计的IFEP为例,它们都需要WR21型燃气轮机,每台燃气轮机驱动一台22 MW的4极交流发电机及两台各为180 r/min、20 MW的推进电动机,所推荐的电动机为鼠笼感应电动机。两种系统都采用高压推进汇流排(6.6 kV AC或4 kV DC),在推进汇流排和440 V、60 Hz日用汇流排之间用功率变换器连接,两台燃气轮机发电机要求能提供2×20 MW,并且同时供电给日用负载(Max 2.5 MW)。

在低速和巡航速度下,推进功率和日用负载由一台燃气轮机发电机或者一台或多台柴油发电机供给。小功率的柴油发电机连接到推进汇流排和日用汇流排上,其规格和分配取决于对其利用率的考虑，以及在燃气轮机发电机变为不经济的低速航行时对其维持合理效率的要求。交流推进汇流排系统的重要特征是燃气轮机直接驱动（无减速齿轮箱）22 MW 发电机以 3 600 r/min 恒速运行，各发电机在 120 Hz 交流汇流排上实现同步。推进功率取自交流汇流排，各电动机由一台带直流环节的变频器驱动。推进汇流排与日用汇流排的连接由可提供高质量电源的旋转变流机（同步电动发电机）实现，旋转变流机能执行频率变换、电压变换、隔离推进汇流排的谐波等功能。

在直流推进汇流排系统中，发电机不必恒速运行或在推进汇流排上实现同步，它们的运行速度可在系统电压和发电机设计所确定的极限范围内变化。因此，对于给定的战舰工况来说，可使原动机的效率最高，推进发电机与直流汇流排通过全波二极管整流器进行连接，但还需要隔离电感器的吸收与整流器波纹和二极管换向所相关的电压差。由于电源侧变换器（二极管整流器）已与发电机联系在一起，故电动机侧变换器是单极的（PWM 逆变器）。推进汇流排与日用汇流排通过 PWM 逆变器进行连接，它是双向的（可逆的），这样就可以使各个发电机组向直流汇流排供电。表 9.4 所示为 22 MW 发电机、20 MW 感应电动机和旋转变流机（同步电动发电机）的设计参数；如图 9.13 所示为护卫舰的综合全电力推进系统（交流汇流排）框图；图 9.14 所示为护卫舰的综合全电力推进系统（直流汇流排）框图。

表 9.4 22 MW 发电机、20 MW 感应电动机和旋转变流机的设计参数

项目	发电机	感应电动机	推进侧	日用侧	总计	变频器
额定功率/MW	22	20	1.5	1.5		10
额定转速/(r·min^{-1})	3 600	180	3 600	3 600		
极数	4	16	4	2		
频率/Hz	120	24	120	60		
相数	3	2×3	3	3		
相连接	Y	△				
线电压/V	6 600		6 600	440		
线电流/A	2 140					
相电压/V		6 000				
相电流/A		655				
满载功率/%	97.3	97.23	95	95	90	
满载功率因数	0.9	0.873				
外壳总长度/mm	2 576	3 635				
质量/t	40	80	5.5	7.5	16.5	
冷却方式		空冷				

除上述美国 IPS 系统和英国 IFEP 系统外，德国 MTG 公司提出了四推进电机双桨（交、直流两方案）综合电力系统的概念。它是基于增强船舶的生命力、降低船舶的水下噪声、减少船舶的全寿期费用等方面来考虑的。另外，还有一种称为"吊舱式综合全电力推进系统"的方案。吊舱式电力推进实质上是一种特殊的推进模块，然而它的体积不大，能够代替一根完整的传统轴系。

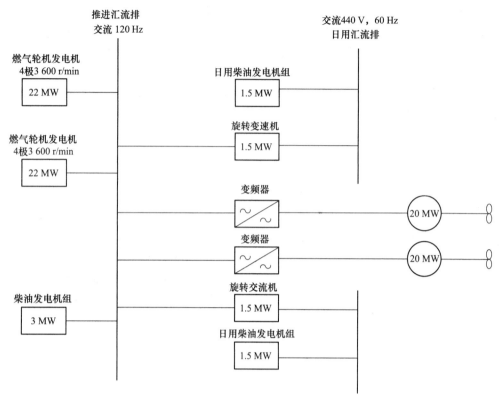

图 9.13 护卫舰的综合电力推进系统(交流汇流排)框图

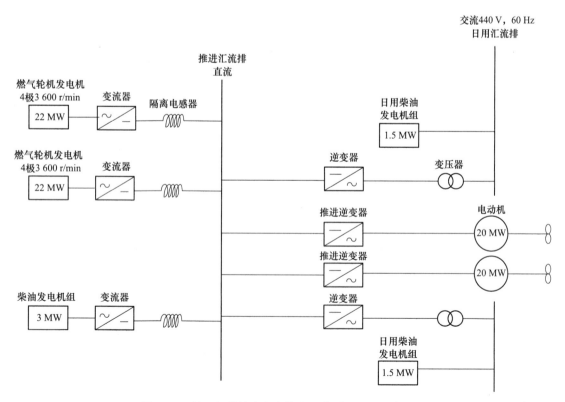

图 9.14 护卫舰的综合电力推进系统(直流汇流排)框图

项目实施

引导问题1：叙述船舶电力推进系统的优点。

_____
_____
_____
_____

引导问题2：阐述船舶电力推进系统的体系结构及运行原理。

_____
_____
_____
_____

引导问题3：画出船舶电力推进系统设计的程序流程图。

项目评价

序号	评价项目	自我评价	教师评价
1	学习准备		
2	引导问题填写		
3	规范操作		
4	完成质量		
5	关键操作要领掌握		
6	完成速度		
7	5S管理、环保节能		
8	参与讨论主动性		
9	沟通协作		
10	展示汇报		

说明：表格中每项10分，满分100分。学生根据任务学习的过程与结果真实、诚信地完成自我评价。教师根据学生学习过程与结果客观、公正地完成对学生的评价。

技能操作参考手册：
船舶电力推进智能协
调数字物理混合仿真
平台介绍

智能新能源技术（船舶）
国内外研究进展

》课后习题

9-1 按照推进器形式，船舶电力推进系统可分为（　　）几大类。

A. 传统电力推进、吊舱式电力推进、混合式电力推进

B. 永磁电动机电力推进、传统电力推进、吊舱式电力推进

C. 永磁电动机电力推进、交流推进、直流推进

D. 传统电力推进、交流推进、直流推进

9-2 下列（　　）电动机一般不属于船舶电力推进电动机类型。

A. 永磁推进　　　　　　　　　　　B. 直线推进

C. 超导推进　　　　　　　　　　　D. 直流推进

9-3 吊舱推进船舶全回转吊舱推进系统重要指示器的主要类型不包括（　　）。

A. 推进器方向指示器　　　　　　　B. 转速指示器

C. 螺距指示器　　　　　　　　　　D. 冷却温度指示器

9-4 吊舱式电力推进装置的结构是将电机放在一个吊舱内，定距螺旋桨直接连接在电机轴上，吊舱可以旋转（　　），可以在任意方向上产生推力，不需要（　　）。

A. 360° 舵叶　　　　　　　　　　B. 360° 转向机构

C. 180° 舵叶　　　　　　　　　　D. 180° 转向机构

9-5 简述船舶电力推进系统的优点及缺点。

项目 10

船舶安全用电和安全管理

▶ 项目导入

由于船上特殊的环境条件,一般来说,普通陆用电气设备不能直接用于船上。为了保证船舶的航行安全,各国船级社对船用电气设备的技术条件和监督检测标准有明确规定。某些重要电气设备的设置和安装要符合国际海上生命安全公约的规定。

▶ 项目分析

本项目内容主要介绍船用电气设备、油轮电气系统和安全用电等一般原则性问题,根据有关要求和规定,说明在选用、安装和维护电气设备时,突出考虑的共同性问题:

(1) 高度可靠性;
(2) 防止引发火灾;
(3) 避免人身触电伤害。

▶ 学习目标

知识目标

1. 掌握触电伤害的种类和原因。
2. 掌握船舶电气设备的特点和安全防护的措施。
3. 了解触电急救常识。

能力目标

1. 掌握急救技能,灵活运用安全用电的规则。
2. 能灵活运用如接地或绝缘等方式方法保证电气设备的用电安全。

素质目标

通过安全管理船舶电气设备的学习,增强学生工作中的安全意识,锻炼学生的科学思维能力,提升运用科学手段解决问题的能力,拓展国家安全知识,践行国家安全观。

任务 10.1　船舶安全用电常识

触电的主观原因：缺乏常识、使用管理不当；具体原因：绝缘损坏（客观上是最大隐患）；环境条件（有重大影响）：船舶属于触电危险场所。

10.1.1　触电伤害的种类与触电方式

触电是当人体触及带电体，受到较高电压或较大电流的伤害，引起人体局部受伤或致残或死亡的现象。

触电可分电伤（外伤）和电击（内伤）两种。

1. 电伤

电伤是电路放电对人体外表造成局部伤害。

电伤是主要由电流的热效应或化学效应或机械效应作用引起。

常见的电伤有灼伤、烙伤和皮肤金属化现象，可造成皮肤红肿烧焦或皮下组织损伤。

2. 电击

人体直接接触带电体时，电流通过人体内部器官而造成伤害。轻者可使肌肉痉挛、内部组织损伤，造成发热、发麻、神经麻痹等；重者可使肌肉与神经的坏死，引起昏迷窒息甚至心脏停止跳动、血液循环中止等而死亡。

调查表明，绝大部分的触电事故都是由电击造成的。电击伤害的程度取决于通过人体电流的大小、持续时间、电流的频率以及电流通过人体的途径等。

3. 触电方式

当人体任何两点直接触及（或通过导电介质连通）不同电位的带电体时，都可能发生触电事故。

对于钢质船，由于船舶整个建筑是一个良导体，而且经常处于潮湿等恶劣环境之中，所以船舶属于触电危险场所。

人体的触电方式一般分为三种：双线触电、单相触电和单线触电，如图10.1所示。

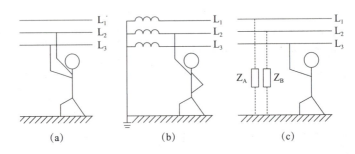

图 10.1　触电方式
(a) 双线触电；(b) 单相触电；(c) 单线触电

10.1.2 人体触电电流及安全电压

触电对人体伤害的程度与通过人体电流的大小、种类、路径和持续时间有关。通过人体电流的大小决定于人体两点的接触电压和人体电阻。

(1)人体电阻：不是固定值，与部位、接触面积、接触紧密程度有关。

(2)危险电流：工频 8～10 mA 难摆脱，呼吸中枢几十毫安或心脏几十微安致死。

电流通过人体的路径不同，其伤害程度不同。手和脚之间或双手之间触电最危险。

所谓安全电压是指对人体不产生严重反应的接触电压。在人体处于一般环境下接触 36 V 以下电压时，通过人体的电流一般不超过 50 mA，故把 36 V 称为安全电压。

安全电压是相对的。根据人体和环境状态不同，国际上为 2.5/25/50 V；我国分别为 12/36/42 V。

10.1.3 触电的原因与预防触电的措施

1. 触电的原因

(1)思想麻痹，违反操作规程，直接触及或过分靠近电气设备的带电部分，如带电作业而未采取必要的安全措施。

(2)电气设备年久失修，绝缘损坏，没有妥善接地，人体触及这些设备的金属外壳时就会触电。

(3)偶然意外事故，船体受破坏，或火灾，使带电体与人体接触而触电。

2. 预防触电的措施

(1)克服麻痹、大意思想。

(2)严格遵守安全操作规程。

(3)及时保养、维修电气设备，保证绝缘和接地处于良好状态。

10.1.4 安全用电规则

(1)工作服应扣好衣扣，必要时扎紧裤脚，不应把手表、钥匙等金属带在身边，工作时应穿电工绝缘鞋。

(2)检查自己的工具是否完备良好，如各种钳柄的绝缘、行灯、手柄、护罩等，如发现有欠缺，应及时更换。

(3)电气器具的电线、插头必须完好，插头应与插座吻合，无插头的移动电器不准使用，36 V 以上电压的电器外壳必须安全接地。

(4)不要先开启开关后接电源(指手提电器)，禁止用湿手或在潮湿的地方使用电器或开启开关。

(5)在任何线路上修理时，应从电源进线端拿走熔断器，并挂上警告牌。修理完毕后，在通电前应先确定无人后，才可装上熔断器，合上开关。

(6)换熔丝时，一定要先拉断开关，再换上规定容量的熔丝，不得用铜丝或其他金属丝代替。

(7)检查电路是否带电，只能用万能表、验电笔和灯，在未确定无电前不能进行工作，带电作业必须经由电气负责人批准，作业时必须有两人一同进行。在带电作业时，尽可能用一只手触及带电设备进行操作。

(8)在带电设备上严禁使用钢卷尺等金属尺进行测量工作。

(9)高空作业(离地 1 m 以上)时,应系安全带以防失足或触电坠落,同时要注意所携带的工具、器材,防止失手落下伤人和损坏设备。

(10)在维修和检查有大电容的电气设备时,应将电容器充分放电,必要时可先予以短接。

(11)在机舱工作时,应有适当的照明,所用灯具电压应符合安全标准。

(12)工作完毕后,应检查清点工具,不要遗留。特别是在配电板、发电机等重要设备附近工作时更应注意。另外,工作完毕后应注意把不必留的灯或未燃尽的火熄灭。

(13)严禁使用四氯化碳作为清洁剂。

10.1.5　触电急救

(1)迅速断电,注意避免连带触电,注意避免碰摔伤;

(2)通风温暖处,呼吸微弱或停止的应实施人工呼吸抢救。

任务 10.2　船舶电气设备的安全管理

10.2.1　船舶电气火灾的预防

船舶电器防火及安全管理

1. 燃烧和爆炸的条件

燃烧和爆炸须同时具备三个条件:

(1)有可燃性气体或物质;

(2)有空气或氧气;

(3)有火源或危险温度。

2. 船舶电气设备引发火灾的原因

(1)电气故障产生的火星;

(2)过载超过温升;

(3)电刷产生火花;

(4)触头、开关接通与断开产生的电弧;

(5)导体接触不良过热;

(6)使用违禁清洗剂,通风不良,造成油气积聚。

3. 电气设备防火要求

(1)电气设备防火的一般要求:

①经常检查电气线路及设备的绝缘电阻,发现接地、短路等故障时要及时排除;

②电气线路和设备的载流量必须控制在额定范围内;

③严格按施工要求,保证电气设备的安装质量;

④按环境条件选择使用电气设备,易燃易爆场所要使用防爆电器;

⑤电缆及导线连接处要牢靠,防止松动脱落。

(2)船舶静电的危害及预防措施。

①静电产生原因:

a. 两种不同物质的摩擦、紧密接触——分离、受压、受热或感应;

b. 液体的流动、过滤、搅拌、喷雾——飞溅、冲刷、灌注、剧烈晃动;

c. 人体和衣着摩擦和接触——分离。

②预防措施:

a. 在静电危险场所的工作人员应穿导电良好的服装和鞋袜。在货油舱甲板上禁止穿脱衣物。由生活居住区进入货油舱区前,手应触摸专设的用来消除静电的金属板,以防止人体带静电进入危险区。

b. 所有船舶除了安装避雷装置外,还必须设置消除静电的装置。

c. 金属导体之间或法兰连接的管路之间要用金属导线可靠地连接,并可靠地金属接地。

d. 电气设备的金属外壳均须可靠接地,所有电气设备的保护接地可作为防静电接地,如图10.2所示。

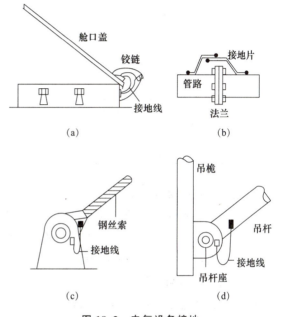

图 10.2　电气设备接地
(a)舱口盖接线;(b)油管接地;
(c)索具接地;(d)活动吊杆接地

(3)油船和散装化学品液货船电气设备的防火。

对油船和散装化学品液货船的电力系统的静电要求:

①不论是直流或单相、三相交流电力系统,都必须是对地绝缘的系统。

②不同电压等级的网络不应有电气上的连接。

③不允许在这些有危险的区域拉临时电线或安装临时设备;不允许使用带电缆的便携照明或普通手电筒,应使用合格的防爆照明器。在油船及散装化学品液货船上禁止挂彩灯。

4. 电气设备的灭火

(1)切断着火电源(停电时应注意尽量缩小停电范围);

(2)用二氧化碳、干粉或卤代烷(如1211)灭火器等灭火。

10.2.2　船舶电气设备的船用条件及船检规定

船舶的环境条件比陆地差,电气设备的绝缘性能及损坏与船舶航行的区域、气温、温度、空气中的盐雾、油雾有直接关系。船舶的摇摆与振动也会造成电气设备的损坏,由于船舶环境条件的特殊性,决定了对船舶电气设备的特殊要求。由于选用的规范和规则不同,要求的性能指标略有不同,见表10.1。

表 10.1 正常工作环境要求

环境因素	正常工作环境条件
周围空气温度最高值	+40 ℃[①] (+45 ℃)
周围空气温度最低值	−25℃[②]
海上潮湿空气影响	有
盐雾影响	有
油雾影响	有
霉菌影响	有
倾斜	≤25°
摇摆	≤25°
振动	有
冲击[③]	有

注：①+40 ℃主要适用于沿海、内河船舶用的电器，对于高于+45 ℃的场所应做特殊考虑；
②适用于安装在露天甲板及无保温措施的露天甲板舱室内的电器。对于低于−25 ℃的场所应做特殊考虑；
③指船舶正常营运时产生的冲击

1. 电气间隙和爬电距离

电气设备的不同电位带电部件之间、带电部件与其他接地金属外壳之间，无论沿表面或通过空气，以及绝缘材料性质和使用条件，应足以承受其工作电压。为此，有关规范和规则均规定了最小电气间隙和爬电距离。

2. 盐雾、油雾和霉菌

必须充分考虑耐腐蚀和不使绝缘性能变坏的措施。例如电气设备的材料和绝缘材料应考虑防盐雾、油雾和霉菌。

3. 爆炸性气体环境条件

电气设备在具有爆炸性气体环境下工作，必须满足在爆炸性气体环境中工作的电气设备的相关要求。

防爆形式和标志如下：

(1) 隔离型——d；
(2) 增安型——e；
(3) 本质安全型——ia，ib；
(4) 正压型——p；
(5) 充油型——o；
(6) 充砂型——q；
(7) 无火花型——n；
(8) 特殊型——s。

4. 外壳防护等级

电气设备的外壳防护形式，应符合 IEC29 号出版物《外壳防护等级分类》或与其等效的国家标准的规定。表示防护等级的标志由特征字母 IP 及后面加两位数字组成。特征数字表示的防护等级规定，见表 10.2。

表 10.2　电气设备外壳的 IP×× 防护等级

电气设备外壳的 IP×× 防护等级			
IP 等级		简要说明	定义
第1位数字	0	无防护	没有专门防护
	1	防>50 mm 的固体	人体大面积部分如手(对有意识接触无防护)，直径>50 mm 的固体
	2	防>12 mm 的固体	手指或类似物，长度不超过 80 mm，直径超过 12 mm 的固体
	3	防>2.5 mm 的固体	直径或厚度大于 2.5 mm 的工具、电线等，直径>2.5mm 的固体
	4	防>1.0 mm 的固体	直径大于 1 mm 的线或片状物，直径超过 1 mm 的固体
	5	防尘	并不防止全部灰尘进入，但进入量不妨碍设备正常运转
	6	尘密	无灰尘进入
第2位数字	0	无防护	没有专门防护
	1	防滴	垂直滴水应无有害影响
	2	15°防滴	设备与垂直线成 15 °时，滴水应无有害影响
	3	防淋水	与垂直线成 60 °范围的淋水应无有害影响
	4	防溅	任何方向溅水应无有害影响
	5	防冲水	任何方向冲水应无有害影响
	6	防猛烈海浪	猛烈海浪或强烈冲水时进入机壳水量应无有害影响
	7	防浸水	沉浸在规定压力的水中经规定时间后，进入水量应无有害影响
	8	防潜水	能长期潜水，完全密封，进水量不产生有害影响

对固体和液体入侵防护，要求：①只存在与带电体接触危险环境 IP20；②存在滴水和机械伤害的舱室环境 IP22；③水和机械伤害危险较大的机器处所 IP34；④水和机械伤害危险较大的舱室处所 IP44，附具(附属器具)IP55；⑤喷水、粉尘、严重机械伤害危险为 IP55 和 IP56；⑥大量水浸入危险的露天甲板为 IP56；⑦爆炸危险除防爆功能外，还应满足相应处所的防护等级。

一般来讲船舶通常使用下列四种类型的防爆电气设备：

(1)本质安全型"i"，是指在正常运行或发生故障情况下产生的火花或热效应，均不能点燃爆炸性混合物的电气设备。

(2)隔离型"d"，是指在电气设备内部发生爆炸时，不致引起外部爆炸性混合物爆炸的电气设备。

(3)增安型"e"，时指在正常运行时不产生火花，电弧或高温的电气设备上采取措施，以提高其安全程度。

(4)正压型"p"，是指内外壳内充入正压的清洁空气，惰性气体或连续通入清洁空气来阻止爆炸混合气体和物质进入壳内的电气设备。

10.2.3　船舶电缆安全使用与维护

电缆的检修和更换局部损坏则局部修复，若无法修复则更换电缆。

(1)修复外部金属屏蔽层局部严重锈烂破损,或接地线锈蚀损坏电缆。
(2)修复电缆进线护套绝缘层或局部芯线绝缘层。
(3)如果电缆的大部分或全部发生上述情况,无法修复;或发生线间短路;或芯线接地短路;或断路;或绝缘电阻低于最低允许值,则需要更换新的电缆。
(4)更换较长线路电缆的工艺比较复杂,电缆敷设、电缆紧固件拆卸和恢复、进线填料函的密封处理、电缆的接头及其标志号码的处理、金属外套的接地处理等,不同情况有不同的处理方法,一般是按原样处理。

10.2.4 船舶电气设备的接地的意义和要求

接地就是把船舶电气设备的金属外壳、支架或电缆的护套等与船体所做的永久性良好连接。
(1)作用:防止触电和保证电气设备正常工作的重要的安全保护措施。
(2)类型:主要有保护接地,工作接地和防干扰接地(屏蔽接地)等。

1. 保护接地

(1)功能:为了防止电气设备因绝缘破损,使人遭受触电危险而进行的接地。
(2)形式:将工作电压在 50 V 以上的电气设备的金属外壳与船体钢结构件做良好的电气连接。
(3)适用:三相三线绝缘系统。
(4)作用:确保人身安全,防止触电。
(5)原理:人体电阻远比接地电阻大,所以流经人体的电流比流过接地体的电流小得多,当接地非常好时,流经人体的电流几乎等于零,如图 10.3 所示。
(6)要求:根据《钢质海船入级与建造规范》规定,电气设备保护接地的要求如下:

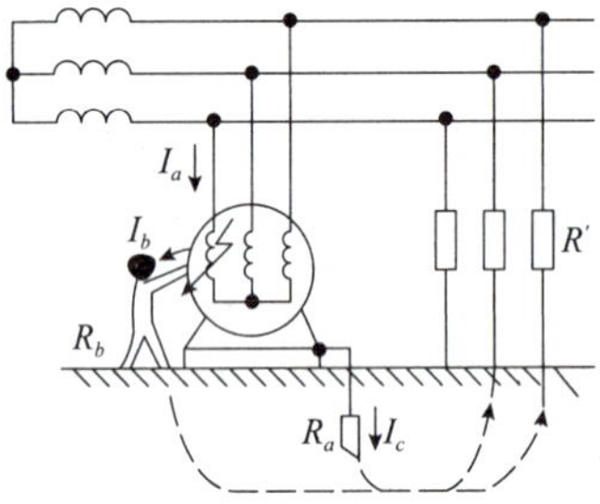

①电气设备的金属外壳均需要进行保护接地。但下列情况除外:工作电压不超过 50 V 的设备;具有双重绝缘设备的金属外壳和为防止轴电流的绝缘轴承座。
②当电气设备直接紧固在船体的金属结构上或紧固在船体金属结构有可靠电气连接的底座(或支架)上时,可不另设置专用导体接地。
③无论是专用导体接地还是靠设备底座接地,接触面必须光洁平贴,接触电阻不大于 0.02 Ω,并有防松和防锈措施。
④电缆所有金属护套或金属覆层须做连续的电气连接,并可靠接地。
⑤接地导体应用铜或耐腐蚀的良导体制成,接地导体的截面面积须符合规定的要求。

图 10.3 保护接地

2. 工作接地

(1)功能:保证电气设备在正常工作情况下可靠运行所进行的接地,如图 10.4 所示。
(2)适用:中性点接地的三相四线制系统。
(3)作用:通过接地线构成电气回路。
(4)形式:将电气设备某一极与船体钢结构件做良好的电气连接,如图 10.4 所示。
(5)要求:《钢质海船入级与建造规范》对船舶电气设备工作接地的要求如下:
①工作接地与保护接地不能共用接地装置;

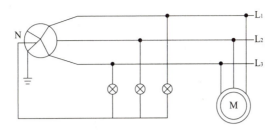

图 10.4 工作接地

②工作接地应接到船体永久结构或船体永久连接的基座或支架上;

③接地点位置应选择在便于检修、维护、不易受到机械损伤和油水浸渍的地方,且不应固定在船壳板上;

④利用船体做回路的工作接地线的型号和截面面积,应与绝缘敷设的那一级(或相)的导线相同,不能使用裸线。工作接地线应尽量短,并要可靠固定,接地电阻不大于 0.01 Ω;

⑤平时不载流的工作接地线截面面积应为载流导线截面面积的一半,但不应小于 1.5 mm^2,其性能与载流导线相同;

⑥工作接地的专用螺钉直径不应小于 6 mm。

3. 屏蔽接地

(1)功能:为了防止电磁干扰。

(2)形式:无线电通信设备装在封闭的金属机壳内,在屏蔽体与地或干扰源的金属机壳之间所做的良好电气连接。

(3)适用:无线电装置或电磁干扰要求高的装置。

(4)作用:抑制无线电干扰,如图 10.5 所示。

①屏蔽任何外来干扰所产生的电磁波,其电力线将垂直终止与封闭机壳的外表面上,而不能穿进机壳内部。

②防止无线电干扰源影响屏蔽体外的无线电通信设备或带电体。

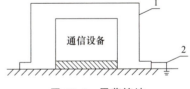

图 10.5 屏蔽接地

(5)要求:《钢质海船入级与建造规范》对屏蔽接地的主要要求如下:

①露天甲板和非金属上层建筑内的电缆,应敷设在金属管内或采用屏蔽电缆。

②凡航行设备的电缆和进入无线电室的所有电缆均应连续屏蔽。与无线电室无关的电缆不应经过无线电室。当必须经过时,应将电缆敷设在金属管道内,该管道进出无线电室均应可靠接地。

③无线电室内的电气设备应有屏蔽措施。无线电分电箱的电源电缆,应在进入无线电室处,设置防止干扰的滤波器。无线电分电箱无线电助航仪器以及分电箱的汇流排上,应设置抑制无线电干扰的电容器。

④内燃机(包括安装在救生艇上的内燃机)的点火系统和启动装置应连续屏蔽。点火系统电缆可采用高阻尼点火线。

⑤所有电气设备、滤波器的金属外壳、电缆的金属屏蔽护套及敷设电缆的金属管道,均应可靠接地。

4. 其他接地

除了上述三种主要接地形式外，还有保护接零、重复接地和避雷接地等。

(1) 保护接零

对于中性点接地的三相四线制系统中工作的电气设备，一般采用保护接零的方法，将电气设备在正常情况下不带电的金属部件与系统零线相接，实现人体安全保护，如图 10.6 所示。

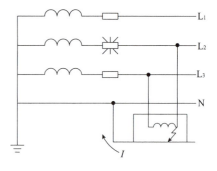

图 10.6　保护接零

电气设备的外壳直接接在系统的零线上。当发生碰壳短路时，短路电流流经零线形成闭合回路，使保护装置能迅速动作，切断故障设备。但要注意的是，在同一系统中，不可以把一部分电气设备接地，另一部分电气设备接零，因为当出现碰壳漏电故障时，零线将具有较高的对地电压，于是保护接零的电气设备外壳将具有较高电位，这将危及人身安全。

(2) 重复接地

沿零线把一点或多点再次接地，成为重复接地，如图 10.7 所示。

重复接地的作用：进一步降低发生单相碰壳接地短路时人体的接触电压，减少零线断线时漏电设备外壳的对地电压。

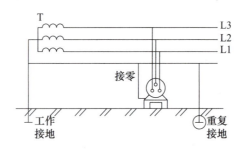

图 10.7　重复接地

(3) 避雷接地

防止雷击的一种接地形式。

避雷针应以直径不小于 12 mm 的铜杆或直径不小于 25 mm 的铁杆制成。避雷针的高度应高出桅顶 300 mm，并可直接焊在钢质桅杆最顶端。

10.2.5　船舶电气设备绝缘

1. 电气设备绝缘的意义和要求

(1) 电气设备绝缘的意义和要求。

电气设备的绝缘作用是保证设备正常运行及使用寿命和用电的安全。绝缘良好是指隔离电气设备中有不同电位的部件，才能使电流能沿着一定的导体路径流通；才能保证电气设备的正常工作；才能使人对其进行安全操作和免遭触电。电气设备绝缘的要求即船用电气设备在潮湿、霉菌、盐雾、油雾等恶劣的环境条件下，能保持良好的绝缘状态。

电气设备的绝缘是靠各种绝缘材料(包括空气、液体的、固体的)来实现的。所有防护或必须适应的要求主要是针对绝缘材料的。如果没有专门的船用产品，可考虑用陆用产品经三防(防湿热、防盐雾、防霉菌)处理之后替代。

电气设备的使用寿命主要决定于绝缘材料的寿命。影响绝缘材料寿命的主要因素是它的耐热性(或热稳定性)。电气设备的损坏主要是由于绝缘材料的热击穿而引起的。因为每一种绝缘材料都有一个耐热的极限温度，超过这个极限温度将加速绝缘材料的老化，过早地失去绝缘性能。在使用中，电气设备中的最高温度不能超过其绝缘材料的最高允许温度。

(2)电气设备的额定值。电气设备使用的额定值是指在给定的工作条件下能保证正常运行所容许使用的电压、电流、功率、频率、温升等数据。

给定(或规定)的条件主要是指环境条件以及使用条件。

①环境条件如前述。

②使用条件如工作制、操作频率等，即在这些规定的条件下不超过额定值运行。

电气设备运行中的温度高低决定于它的发热和散热情况。各种电气设备的各种功率损耗(铜损、铁损和机械摩擦损耗)都将变成热量等，这些热量将电气设备的温度升高。其中铁损与电压(磁通)和频率有关，是不变的固定损耗。而铜损与电流的平方成正比，随电流的大小而变，是决定电气设备温度的主要因素。

电气设备在发热的同时也向外散发热量，散热量的大小与本身的散热面积大小、通风条件、周围的温度有关。周围温度的温差越大，散热量也越大。

电气设备运行时的最高温度不超过其绝缘材料的最高允许温度，就不会减少它的使用寿命。电气设备的额定温升是指在额定运行状态下的最高允许温度与标准环境温度之差。

电气设备按额定值工作时需要注意以下几点：

①绝大多数电气设备发生短暂的过载是允许的，因为额定温升与其绝缘材料的允许温度之间都有适当的余量，而且温度升高需要一定的时间。

②若实际的环境温度超过规定的标准环境温度(如 40 ℃ 或 45 ℃)，应考虑适当减载或加强冷却措施。

③不同工作制的电气设备不能互换代替。其工作制主要有连续工作制、短时工作制和重复短时工作制三种。其标准短时工作制有 15 min、30 min、60 min 和 90 min 四种。重复短时工作制是以 10 min 为一个周期重复循环，重复短时工作制的额定负荷工作时间与工作周期之比称为负载持续率或暂载率(FC%)。标准持续率有 15%、25%、40% 和 60% 四种。

2. 常用电工绝缘材料的类型和等级

绝缘材料是指电阻率在 109 Ω·cm 以上的电解质。

绝缘材料的作用是将带电部件与其周围的其他部件或带电部件之间相互隔离，以使电流按所规定的途径流通，并保证设备的安全运行。

船舶绝缘材料的性能应符合船舶工作条件；具有耐热，抗潮，抗霉，耐酸、碱、盐、油和长期使用等特点。

(1)绝缘材料的性能指标要求：

①耐压；

②耐热性能好；

③耐潮、抗霉性能好；

④机械强度高。

(2)绝缘材料的耐热等级。每种绝缘材料都有一个最高温度的限制,称为最高容许温度,在此温度下长期工作时,材料的性质不发生显著变化,能够可靠工作至设计寿命。按照各种绝缘材料的最高容许温度将其划分为7个耐热等级,见表10.3。

表10.3 绝缘材料的耐热等级

耐热等级	极限温度/℃	材料举例
Y	90	未浸渍的棉纱、丝、纸及其组合物
A	105	Y级材料经绝缘漆处理
E	120	高强度绝缘漆、环氧树脂、合成有机薄膜、青壳纸等
B	130	云母、石棉、玻璃丝用有机胶粘合或浸渍
F	155	B级材料用合成胶粘合或浸渍
H	180	B级材料用硅有机树脂粘合或浸渍
C	>180	B级材料用优良硅有机树脂粘合或浸渍以及云母、玻璃、陶瓷、石英等

电气设备的温度 θ 与环境温度 θ_0 之差称为电气设备的温升,以 τ 表示,则

$$\tau = \theta - \theta_0$$

当所用的绝缘材料确定后,电气设备的最高容许温度 θ_{max} 就确定了,在一定的环境温度下,电气设备与所用绝缘等级相对应的最高容许温升 $T_{max} = \theta_{max} - \theta_0$,称为温升限值。

最高容许温升是制造厂确定额定容量和额定电流的主要依据。对船舶电器来说,国家规定的标准环境温度为 $\theta_0 = 45$ ℃。

电气设备工作时的温度测量方法:电阻法只能测得温度的平均值。温度计测得可接触到的表面的温度。最热点的温度=测量温度值+(10～20 ℃)。

(3)船舶常用的绝缘材料。绝缘材料分固体绝缘材料、液体绝缘材料和气体绝缘材料。

船舶常用绝缘材料主要是固体绝缘材料和液体绝缘材料两类。

①船舶常用的固体绝缘材料。固体绝缘材料包括绝缘布、绝缘带、各种绝缘纸和薄膜、衬垫用的各种绝缘板、绝缘套管等。

对固体绝缘材料的一般要求:有较高的电气绝缘强度,耐热、耐潮,有些材料具有柔韧性,具有一定的抗拉强度,导热良好,并且温度变化对其性能无较大影响。

②船舶常用的液体绝缘材料。液体绝缘材料主要是绝缘漆及溶剂。

常用的绝缘漆分为浸渍用的清漆(浸渍漆)和覆盖用的磁漆(覆盖漆)两种。

a. 浸渍漆。浸渍漆主要用于浸渍电机、电器的线圈和绝缘零部件,以填充其间隙和微孔,提高绝缘结构的耐潮性、导热性、电击穿强度和机械强度等。

b. 覆盖漆。船舶常用的覆盖漆是内含填料或颜色的磁漆,用于涂覆经浸渍处理的线圈和绝缘零部件,在其表面形成连续而厚度均匀的漆膜作为绝缘保护层,以防机械损伤和受大气、润滑油、化学物品等的侵蚀,提高表面放电电压。因此要求覆盖漆具有干燥快、附着力强、漆膜坚硬、机械强度高以及耐潮、耐油、耐腐蚀、耐电弧等特性。

上述各种绝缘清漆在浸渍时都需稀释到一定浓度,在使用各种绝缘漆及其稀释溶剂,应按照说明书的要求进行。

任务 10.3　油船电气设备的安全管理

10.3.1　油船的舱室区域划分与电气装置要求

危险区分为危险区(存在易燃易爆的蒸气或气体、经常累积这些气体的区域或处所)、扩大危险区(可能出现大量易燃易爆气体的区域或处所)。

1. 第一类舱室区域与要求

油船的第一类舱室区域包括货油舱和垂直隔离舱。

要求：在此类舱室内严禁敷设电缆与安装电气设备。在不可避免的情况下，垂直隔离舱允许安装有坚固油密的罩壳测深仪振荡器，电缆应敷设在气密坚固的管子中，在进入隔离空舱处的电缆管道内需以填料封隔。

2. 第二类舱室区域与要求

油船的第二类舱室包括货油泵舱，水平隔离空舱，货油泵舱和垂直隔离空舱上面直接邻近的舱室，储藏输油软管的舱室，货油舱向首尾各延伸 3 m 及离甲板高度为 2.4 m 以内的露天区域，离爆炸性气体出口 3 m 以内的露天区域。

在第二类舱室区域内安装的电气设备必须满足如下要求：

(1)所装电气设备必须是防爆式的，不得安装插座；

(2)电缆应选用护套电缆或穿气密管子敷设，出入该类舱室的电缆孔应以填料分隔，防止可燃性气体进入其他舱室；

(3)所装照明灯具应符合《钢质海船入级与建造规范》的规定；

(4)货油泵舱的照明由两路电源供电，灯点需交错布置，开关安装在室外；

(5)非防爆电气设备与货油舱透气管出口端的距离应不小于 1 m；

(6)若在油泵舱内安装测深仪振荡器，要求与第一类舱室相同。

3. 第三类舱室区域与要求

油船的第三类舱室区域包括上述第一类、第二类除外的所有舱室区域和空间。

要求：在这一类舱室区域和空间内安装的电气独立回路允许工作接地，露天空间安装的插头、插座应具有联锁功能，只有在断开位置时插头才可以插入或拔出，以避免操作时产生火花。沿步桥敷设的电缆应选用足够强度的护套电缆，或设有牢固的金属罩壳，电缆和电缆管道还应远离蒸气管道敷设，并有防止船体变形所引起的应力损伤电缆的补偿措施。

10.3.2　油船静电起火的预防

1. 静电的产生

不论是固体，液体或气体，任何两种不同物质的摩擦，紧密接触一分离，受热受压都能产生正负电荷分离的静电现象。导体在带电物体的影响下，也会感应产生静电荷。

产生静电的具体原因如下：

(1)当货油沿着输油管路流动和流入货舱时，由于油与管壁、油舱的摩擦和冲击，因而产生和积聚静电荷；

(2)船体在风浪影响下的摇摆振动,会使油品与油舱壁产生摩擦而生成和积聚静电荷;

(3)油品通过多孔或网状过滤器、隔离装置时会有静电的产生和积聚;

(4)油品微滴的飞溅与空气摩擦及油中结晶水滴的沉降过程,会产生静电;

(5)油舱内的油品与油面漂浮物的相互撞击,会产生静电;

(6)在对油舱采样测量时,测杆和采样器具在施放和提升过程中,油舱内会产生静电;

(7)洗舱机和喷嘴软管在洗舱工作过程中会产生静电,洗舱水柱、水雾、水珠等形成的水滴降落在油品中发生冲击时,也会产生静电;

(8)油舱内的铁锈,石油渣滓等沉淀物在下沉时,会产生静电;

(9)油舱上索具和吊杆的摩擦,会产生静电;

(10)落到油舱的物品及工具等,在坠落和发生碰撞时,会产生静电;

(11)当人体穿脱毛衣料和合成纤维衣服时,会产生极高的静电电压。

2. 油船静电的预防

静电是引起油船火灾和爆炸事故的重要原因之一。

预防思路:避免或减少静电的产生;采取接地措施消散静电。

具体措施如下:

(1)货油舱在卸油,排压载水或洗舱前,都要向舱内充入惰性气体;航行期间,也要向舱内补充惰性气体,以使其含氧量极低。

(2)由于静电与货油的流速成正比,因此在装卸油时应控制货油的流速。

(3)油管要用接地电缆连接,具体接线要求:接油管时,应先接接地电缆,后接油管;在拆油管时,应先测油管,后拆接地电缆。接地电缆的直径为 16 mm,导线与船体的接触面积应大于 75%。

(4)装油后测量、取样时,应考虑油的半衰时间,宜在装完后 30 min 进行,所用的量尺及取样装置应采用非金属材料制成。

(5)洗舱时,应尽可能避免由于水雾带电而产生的静电电压,洗舱机吊入舱内之前应可靠接地,防止金属工具落入舱内。

(6)油船工作人员应穿导电良好的衣服和鞋袜,不宜佩戴与人体绝缘的金属器件。有条件时,可在油船入口处装设消静电装置,消除人体静电。

10.3.3 油船电气设备的管理要求

1. 油船电气设备的选用和管理

(1)油船配电系统只允许采用对地绝缘系统。

(2)危险区域必须使用的电气设备应为防爆型结构,或采用本质安全型电路或设备。

(3)定期检测电缆、电气设备的绝缘电阻,保持绝缘良好。

(4)检测电气设备时,要防止工具碰击短路产生电火花。

(5)不允许任意架设临时供电线路和装设临时灯具,或随意加大电气设备功率。

(6)在调换灯管、灯泡时应先关闭电源,在防爆灯及灯泡上不得涂刷油漆及包裹易燃纸品等物。

(7)在室外禁止使用非防爆式灯具,手电筒也应是防爆的。

(8)主电站和应急电站应定期清洁,防止油污造成短路。

(9)严格控制使用电炉,尤其是明火电炉,应绝对禁止使用。

(10)防止电缆、电气设备与高温管道接触,保证绝缘不损坏。

2. 油船在进行装卸油品、洗舱、除气、压载作业时的特殊注意事项

(1)不允许动用电焊、风焊、喷灯以及易于发生火灾的电动工具。

(2)停止蓄电池的充电。

(3)无线电通信只许收报,不能发报。

(4)断开靠货舱口及货舱进气口的电动机电源。关好各种启动箱控制室、插座的门盖,以防油气和水侵入。

(5)禁止在室外和气密场所使用万用表和兆欧表。

(6)关闭变流机组、通风机、加温器等的电源。

(7)断开雷达电源,天线转至背向油舱的方向。

(8)使用防爆式报话机时,应站在货舱口的下风;如需换电池,要在室内进行。使用固定式超短波电话时,应将输出功率调到 1 W 以下。

(9)修理雷达、发报机和各种助航仪器时,应先经测爆,在确认无可燃气体威胁时,方可进行修理。严禁悬挂彩灯。

(10)管理人员应熟悉国际公约和规范的有关要求,熟悉全船电气设备的性能和相关技术资料,掌握管理和正确操作这些设备的方法和注意事项,做好全船电气设备的运行管理、日常维修和保养工作。

海轮全船失电的案例分析及应急处理

❯ 项目实施

引导问题 1:人体触电伤害的种类与触电方式有哪些?

___

引导问题 2:预防触电的措施有哪些?

___

引导问题 3:船舶设备接地的类型有哪些?

___

项目评价

序号	评价项目	自我评价	教师评价
1	学习准备		
2	引导问题填写		
3	规范操作		
4	完成质量		
5	关键操作要领掌握		
6	完成速度		
7	5S管理、环保节能		
8	参与讨论主动性		
9	沟通协作		
10	展示汇报		

说明：表格中每项10分，满分100分。学生根据任务学习的过程与结果真实、诚信地完成自我评价。教师根据学生学习过程与结果客观、公正地完成对学生的评价。

课后习题

10-1 我国根据发生触电危险的环境条件分为三种类别，特别危险的环境条件为（　　）。

A. 潮湿、有腐蚀性蒸气或游离物等的建筑物中

B. 潮湿、有导电粉末、炎热高温、金属品较多的建筑物中

C. 干燥、无导电粉末、非导电地板、金属品不多等的建筑物中

D. 潮湿、非导电地板、金属品较多的建筑物中

10-2 按照我国对安全电压的分类，在潮湿、有腐蚀性蒸气或游离物等的场合，安全电压为（　　）V。

  A. 65   B. 12   C. 24   D. 36

10-3 船舶火灾不仅直接影响船舶的安全运输，同时也给广大船员和乘客的人身安全及国家财产造成很大威胁。因此，防止电气火灾，是船舶防火工作的一个重要方面。对电气设备的防火有一定的要求，下列说法错误的是（　　）。

A. 经常检查电气线路及设备的绝缘电阻，发现接地、短路等故障时要及时排除

B. 电气线路和设备的载流量必须控制在额定范围内

C. 严格按施工要求，保证电气设备的安装质量，电缆及导线连接处要牢靠，防止松动脱落

D. 按环境条件选择使用电气设备，易燃易爆场所不必要使用防爆电器

10-4 当某些电气设备没有专用船用系列产品时，若采用经（　　）处理的陆用系列产品，须得到（　　）的认可。

A. 防湿热、防盐雾、防霉菌　船主

B. 防滴、防溅、防水　港务部门

C. 防磁、防静电、防无线电波　国际海事组织
D. 防湿热、防盐雾、防霉菌　有关船级社

10-5　为适应船舶的倾斜、摇摆的条件，减少电动机故障和延长其使用寿命，电动机装置在船舶上的安装方式应采用(　　)安装。

A. 全部直立
B. 全部首尾向卧式
C. 左右横向卧式
D. 直立或首尾向卧式

10-6　按照我国《钢质海船入级规范》规定，对于无限航区的船舶，甲板露天安装的电气设备应在(　　)℃温度范围内能有效地工作。

A. －10～30
B. －20～30
C. －25～45
D. －25～40

10-7　船用电缆和电线按用途可分为两大类，即(　　)。

A. 通用电缆和电信电缆
B. 橡皮电缆和塑料电缆
C. 金属丝编织护套电缆和铅包电缆
D. 耐油橡套电缆和耐寒橡套电缆

10-8　用手摇兆欧表检查异步电动机定子三相绕组对地绝缘状态，则(　　)断开定子绕组的Y形或△形连接，在接线盒中(　　)绕组接线端对地的绝缘。

A. 不必　分别检测三相
B. 应　检测任意一个
C. 不必　检测任意一个
D. 应　分别检测两相

10-9　关于船舶电气设备接地的下列叙述中，错误的是(　　)。

A. 只要能保证接地可靠，对工作接地线截面面积无具体要求
B. 工作接地线不得用裸线
C. 工作接地和保护接地不得共用接地线
D. 工作电压不超过50 V的电气设备，一般不必设保护接地

10-10　用于监视、测量油船货油舱中油温、油位、氧气浓度等参数的电路或电气设备为(　　)。

A. 无触点型
B. 隔爆型
C. 封闭安全型
D. 本质安全型

项目 11

负荷计算和船舶电站容量的确定

▶ 项目导入

船舶电站容量和发电机组台量是以满足船舶用电的需求,并保证船舶的安全性和经济性而确定的。正确合理地计算船舶电站的容量和选择发电机组的台数,将直接影响船舶运行的可靠性和经济性,具有重要意义。根据不同的运行工况,给出最佳运行方式,使电站的功能充分发挥,保证船舶电力系统始终处在安全、可靠、经济、优质的状态下运行。那我们在运维管理船舶电力系统的时候,有没有想过在船舶电力系统设计阶段,工程师是如何确定这条船需要多大的总功率、需要多少台发电机、每台的发电机的功率需配置多少等问题的。

▶ 项目分析

本任务属于船舶配电系统设计与管理项目的任务之一,对船舶负载进行计算。通过企业一线的实际案例导入课程,学生对配电系统设计计算的重要性有一定的认知,继而引出负载计算意义、方法等理论知识。以船为例,简单介绍需要系数法,详细讲解三类负载法,学生运用三类负载法计算并完成船舶电力负荷表,在负载计算完成后,讲解电站容量与数量确定原则,确定案例船发电机组的功率和台数。

▶ 学习目标

知识目标

1. 了解船舶电力负荷计算的意义、方法;
2. 掌握负荷系数法的计算过程;
3. 熟悉船舶发电机功率及数量确定的步骤。

9 万 m³ VLEC 船电力
负荷计算精确化研究
与电站容量确定

能力目标
1. 能够理顺船舶发电机功率及数量的确定过程；
2. 能够对船上设备准确分类并求解三类负荷法各系数。

素质目标
1. 体验船舶电子电气员的设计工作，意识到电站容量设计对船舶安全的重要性，培养学生严谨细致的职业精神；
2. 养成严谨的计算设计习惯，培养团队合作的意识。

  船舶电站是船舶的重要组成部分，是船舶电力系统的核心，船舶电站对保证船舶安全、经济航行具有重要意义。根据船舶负荷的供电需求来确定船舶电站容量和电站的组成方案，并进行电源设备的选型和布置，这是船舶电力系统设计的一项重要内容，也是满足船舶用电的需求和保证船舶的安全性和经济性的基础。随着船舶向大型化、高速化、自动化方向发展，船舶电站的容量显著增加。在船舶电站设计中，要确定船舶电站的总容量、发电机组的数量和单机功率，首先要计算出船舶在各种工况下电力负荷所需总功率值，其中最大工况下所需总功率值常用来作为选择主发电机组的依据；而最小工况下所需总功率值用来确定主发电机组在低负荷条件下的最少台数；以应急工况下所需总功率值作为选择应急发电机组的依据；以停泊工况下所需总功率值作为选择停泊发电机组的依据。由此确定的发电机容量，既能满足各种工况的供电要求，又能获得最经济和高效率的运行效果。

  为了确定船舶电站的总功率和发电机组的台数，就要知道全船电力负载所需的总功率。这个总功率中不是简单地将备用电设备的额定功率相加，而是要通过负荷计算才能得到，当然船舶在不同工况下，其计算负荷也不会相等。根据各工况下计算所得的总功率，同时考虑诸如电网损耗、同时系数等因素的影响，最后才能确定发电机组的功率和数量。

  电力负荷计算在船舶电气中是一项重要的工作，如果计算不准确，选择发电机组不恰当，将直接影响全船用电设备的正常运行和电站运行的经济性、可靠性。由于电站负荷取决于用电设备的实际负荷和具体使用状况，以及全船用电设备同时使用的多少，而这些因素的影响随机性大、动态多变、因素较多，难于精确地确定，所以电力负荷的计算又是一件较困难的工作。因此，负荷计算时应该全盘考虑，与轮机、舾装等专业密切配合，对各个用电设备的实际负荷及具体使用情况，做周密细致的调查研究，科学地分析和合理地预测，才能得到比较准确的计算结果。

  电站容量的负荷计算方法有许多种，一般常用的是概率法、昼夜航行图表法和负荷系数法。概率法适用于同类型船舶，其是根据统计规律得出的。通过找出发电机功率与船舶吨位和主机功率之间的关系，利用回归分析法，推导公式，这样可以在用电设备还未确定时，预先确定发电机的容量。昼夜航行图表法适用于小船或电动辅机不多的船舶。目前用得较多的仍然是负荷系数法。负荷系数法又分为需要系数法和三类负荷法。

任务 11.1　船舶用电设备和运行工况

11.1.1　船舶用电设备和安全用电的原则

由于船上的特殊环境条件,陆用电气设备不能直接用在船上。为了保证船舶航行的安全,各国船级社对船用电器设备的条件和监督都有明确的规定。

船上电气设备必须符合以下船用环境技术条件。

1. 振动和冲击条件

由于振动可使电气设备的固定连接部件松脱,造成部件结构损坏或失灵,因此这些部件要有防松脱的措施;对受振动影响较大的设备应有减振或隔振措施,应具有坚固的耐振动和抗冲击的机械结构。

2. 倾斜和摇摆条件

持续的倾斜和摇摆,破坏了正常静止位置时力的平衡,会对运动部件产生附加力,导致设备故障或损坏。例如,电机转子对轴承产生轴向推力或出现轴锤现象,使轴承受到损害以及使滑动轴承的轴环不能正常润滑运动,使继电接触器的衔铁部件不能正常动作等。因此,要求船用电气设备在结构、技术条件和安装方式上要能适应这种条件。例如,电机轴承游隙要小些,应采用轴向直立安装或沿船舶纵向卧式安装。电磁接触器要有足够的电磁吸引力和弹簧释放力等。电气设备必须能在以下的条件下正常、有效地工作,见表11.1。

表 11.1　倾斜和摇摆的角度容许值　　　　　　　　　　　　　　　　　　　　(°)

设备构成	横倾	横摇	纵倾	纵摇
应急设备、开关设备、电气设备及电子设备	22.5	22.5	10	10
除上述以外的设备	15	22.5	5	7.5

3. 环境温度条件

环境温度对电气设备性能和使用寿命有着十分重要的影响,船用电气设备应能在表11.2所给出的海水温度和空气温度下正常工作。

表 11.2　电气设备应容许的环境温度　　　　　　　　　　　　　　　　　　　　℃

介质	空气温度			海水温度
电气设备安装处所	封闭处所内	高于45℃、低于0℃处所	开敞甲板	热交换器入口
无限航区	0~45	按该处所温度	−25~45	32
除热带海域外的有限航区	0~40	按该处所温度	−25~40	25

4. 适用潮湿、盐雾、油雾和霉菌的环境条件

环境空气的潮湿、盐雾、油雾和霉菌对电气设备绝缘材料最突出、最广泛的影响是绝缘性能下降。电气设备没有船用产品时,采用经防湿热、防盐雾、防霉菌处理的陆用产品,须有关船级社认可。船用电缆、电线、绕组等要用较高耐热等级的耐潮湿、抗盐雾、防霉菌的绝缘材料，还要用阻燃性好、机械强度好和耐腐蚀的材料。

绝缘等级(标在电机等铭牌上)：通常依据最高允许温度(非电机外壳温度)划分的耐热等级。

耐热等级：Y、A、E、B、F、H、C；对应极限温度(℃)：90、105、120、130、155、180、>180；

船用电机材料耐热等级大多为 E、B、F(120～155 ℃)。Y 级材料有未浸渍的棉纱、丝、纸及其组合物，经高强度绝缘漆或环氧树脂处理后绝缘等级可提高；E 级材料有高强度绝缘漆、环氧树脂、合成有机薄膜、青壳纸等。

5. 适用船舶电网电压和频率变化的条件

一般设备容许稳态电压变化率为-6%～$+10\%$，频率稳态变化率为$\pm5\%$(50 Hz 为 47.5～52.5 Hz)。蓄电池半导体变流器供电稳态电压变化率为$\pm20\%$.

6. 箱体防护要求

为了避免电气设备受到外部固体和液体异物的侵入而发生故障或损坏，从而引发火灾危害，一般电气设备应有防护壳罩。

标志"IP××"第一位数字×表示防固体侵入等级，第二位数字×表示防水液侵入等级。

7. 安全用电原则

为了保证船舶的安全稳定的运行和工作人员的安全，应制定完备的预防触电和安全保护措施。

(1)工作接地：将电力系统的中性点与地连接即工作接地。不载流电工作接地截面面积为载流电截面面积的二分之一。应将甲板上的斜拉索具、活动吊杆、金属舱口盖和输油管接地来消除静电。

(2)保护接地：为防止因绝缘损坏而遭受触电的危险，将与电气设备带电部分绝缘的金属外壳或构架同地连接即保护接地。船上主要采用适应于中性点不接地的三相绝缘系统。

(3)保护接零：为防止因绝缘损坏而遭受触电的危险，将与电气设备带电部分绝缘的金属外壳或构架与零线连接即保护接零。陆上主要采用适应于中性点接地的三相四线系统。

(4)中性点接地的三相三线系统，保护接地就是保护接零，但两种保护方式接地位置不同。

(5)航行灯应保护接地和具有安全防护罩。

11.1.2　船舶用电设备的分类

在大型船舶上，其用电设备数以百计或千计，分布在全船的各个部位，按不同的用电设备的用途和分属的系统进行分类，一般包括以下几类：

(1)电力装置用辅机：为主机和锅炉服务的辅机，如燃油泵、润滑泵、淡水冷却泵、分油机等；

(2)甲板机械：舵机、锚机、绞盘机、起货机等；

(3)机舱辅机：生活用水泵、消防泵等；

(4)冷藏通风机械：冷藏货舱、伙食冷库、通风机和空调装置等；

(5)机修机械：车床、钻床、电焊机等；

(6)无线电通信设备：观察、通信和导航设备；

(7)照明及生活设备：照明、航行信号灯、强光灯、风扇、电热器、电炉等；

(8)其他特种船需要的设备和电力推进等；

由上述分类可以得出，船舶电气设备一般可分为船舶机械的电力拖动设备、船舶电气照明设备(普通照明灯、大面积投光灯、手提行灯和探照灯)、船舶通信导航设备(前/后桅灯、左/右舷灯、尾灯)、其他设备等。

11.1.3 船舶运行工况

由于船上各用电设备的工作情况与船舶的运行工况有关，无论用什么方法计算，电站容量都是按照船舶不同的工况分别进行的。研究船舶各种典型工况的目的是要找出最大用电量、最小用电量和经常用电量，从而得出其用电规律。

船舶整个运行周期大体可以划分几个典型工况，在每一个工况中负荷的变化相对说来是不大的。以下具体说明民用船舶和水面舰艇的运行工况。

1. 民用船舶的运行状态

(1)航行状态：满载全速的航行状态；

(2)进出港状态：港内低速航行；

(3)离靠码头状态：包括起锚到主机启动为止的整个备航阶段；

(4)停泊状态：停泊码头无客、货状态；

(5)装卸货状态：货轮的装卸货；

(6)水上作业状态：船的挖泥、拖网或拖缆等状态；

(7)应急状态：船体发生火灾或船壳穿漏时的状态；

(8)应急发电机工作状态：在海损情况下，主电站失效，为保证必需的通信联系、照明等状态。

2. 水面舰艇的运行状态

(1)战斗状态：保证战斗活动时所有电气设备投入工作；

(2)起锚防空状态：起锚完毕到主机启动的整个备航阶段，同时可能会使用对空武器；

(3)巡航状态：以经济航速在海区正常航行；

(4)备战备航状态：在编队航行中做经济航行而处于备战状态；

(5)停泊状态：指船舶停泊或靠岸时的状态；

(6)应急状态：火灾或船舶船体穿漏时的状态。

船舶在航行时的电力负荷一般包括主机辅助设备、导航设备等，这类负荷的大小常和推进主机的功率有关，而且在运行过程中的变化是不大的。船舶在进出、离靠码头、备航时等改变工况状态时，各种装置的电力负荷一般都比较大，而且工作还有较强的随机性。

船舶在停泊状态时，各种装置(甲板机械、起货装置和日常生活设备等)，除了靠岸或停泊需要开动起货机装卸货物外，这类负荷通常是比较低的。靠岸停泊时应尽可能由岸上电源来提供电力。

舰船在战斗时，通过使用武器和电子设备所需的电力负荷(包括导弹、火炮、鱼雷等)往往会构成舰船最大的电力负荷工况。

几种舰船各工况的电力负荷比较，见表11.3。

表11.3 几种船舶各工况的电力负荷的比较   kW

工况 船舶类型	战斗	全速航行	巡航	锚泊	停泊
C70导弹驱逐舰(法国)	1 124(冬) 1 194(夏)	856(冬) 783(夏)	—	690(冬) 546(夏)	—
D963导弹驱逐舰(美)	1 910	—	1 700	—	940
柴油机货轮	—	315	—	—	110.7

综上所述可以得出船舶的负荷与各个工况下的关系：负荷的大小与船舶的工况是密切相关的；船舶各种设备一般是在低于或者等于其额定的功率下的状态工作；不同工作性质的船舶其电力负荷的性质是不同的。

任务11.2　负荷的计算

船舶电力负荷的计算有三类负荷法、需要系数法等。这些计算方法的共同特点如下：
(1)以一定的理论为依据，充分考虑船舶电力系统负荷工作的随机性；
(2)计算结果是客观的，避免了计算人员的主观因素的影响；
(3)计算步骤比较简便，符合工程应用的要求，而且便于计算机进行计算处理。

三类负荷法和需要系数法的基本原理相同，只是前者将负荷分为连续使用的、短时或重复短时使用的、偶然短时使用的以及按操作规程可以在电站尖峰负荷时间以外使用的三类，充分考虑了系统的工作特性。当电气设备有较充分的数据时，大多采用三类负荷法进行全船电力负荷的计算，数据充分时能较准确地求得各用电设备的负荷系数，同时，各用电设备按其使用情况分类，并按类考虑其同时系数可以得到比较精确的计算结果。

11.2.1　三类负荷法

1. 负荷分类

计算全船电力负荷时，可将负荷按使用情况分为三类：
(1)第Ⅰ类负荷：连续使用的负荷。船舶在某一运行状态下连续使用的负荷，例如航行时的主机冷却水泵等。
(2)第Ⅱ类负荷：短时或重复短时使用的负荷。在某一运行状态下的使用的负荷，例如航行状态时的燃油输送泵、滑油输送泵等。
(3)第Ⅲ类负荷：偶然短时使用的负荷以及按操作规程可以在电站尖峰负荷时间以外使用的负荷，例如航行状态下的机修机械等。

三类负荷的分法与船舶的运行工况有关，如在航行中连续使用的负荷属于第Ⅰ类负荷；使用若干小时，停止使用若干小时的负荷算作第Ⅱ类负荷。在靠离码头工况中，虽然起锚机的工作时间较短(只有30 min左右)，但在此工况时，也算作第Ⅰ类负荷。

2. 电动机负荷系数及功率的确定

一般船舶的大部分电能被电动辅机所消耗，因此在计算全船电力负荷时，对电动机负荷应加以特别注意。

(1)电动机利用系数 K_1。对电动机来说,电动机的输出额定功率不一定恰好和机械轴上所需的额定功率相符,为了保证启动力矩和短时发出最大力矩,电动机的额定功率往往选得较大。因此电动机功率未被充分利用。而相应地电动机长期需要电网供给的最大功率也小于其额定需求功率。这一情况在负荷表中利用电动机系数来表示。电动机利用系数定义为

$$K_1 = \frac{P_2}{P_1} \tag{11-1}$$

式中　P_2——机械轴上的额定功率;
　　　P_1——电动机额定功率。

(2)机械负荷系数 K_2。每一台辅机,有一实际使用功率 P_3,在某一运行状态时,机械并不一定满负荷,可用机械负荷系数 K_2 来反映它的影响。机械负荷系数定义为

$$K_2 = \frac{P_3}{P_2} \tag{11-2}$$

式中　P_3——某一状态下机械轴上实际需要功率;
　　　P_2——机械轴上额定功率。

(3)电动机负荷系数 K_3。用 K_1 与 K_2 的乘积来反映电动机的负荷系数情况

$$K_3 = K_1 \times K_2 \tag{11-3}$$

(4)同时使用系数 K_0。在某一运行情况下,同类机械不一定都同时使用,因此我们用一组同功率的用电设备的同时使用系数 K_0 来计及它的影响。

$$K_0 = \frac{n}{m} \tag{11-4}$$

式中　n——该组同时工作的用电设备数目;
　　　m——该组用电设备的总数。

(5)第Ⅰ类、第Ⅱ类负荷同时使用系数的确定。船舶在某运行工况状态下,不可能所有用电设备都一直处于工作状态,例如:润滑油分离机随着润滑油的脏污程度大概每隔 5 h 工作一次,工作时间为 0.5～2 h。某工作状态下总同时使用系数可定义为该类负荷同时使用的总功率与该类负荷总功率之比。以前很多人也将它看作负荷使用时间多少与工作周期之比。

对第Ⅰ类负荷来说,考虑到各辅机和用电设备最大负荷的不同时性,同时系数可选为 0.8～0.9。

$$K_{0Ⅰ} = 0.8 \sim 0.9 \tag{11-5}$$

对第Ⅱ类负荷来说,可按该负荷平均使用时间与工作周期之比来估算,其大概范围为 0.3～1.0。

$$K_{0Ⅱ} = \frac{用电设备在一个工作周期内的平均工作时间}{用电设备一个工作周期} \tag{11-6}$$

第Ⅱ类负荷的同时系数,见表 11.4。

表 11.4　第Ⅱ类负荷的同时系数

名称	航行	进出港	离靠码头	停泊	海上停泊	应急
轻柴油驳运泵	0.3	0.3	0.2	—	0.2	—
重柴油驳运泵	0.3	0.3	0.2	—	0.2	—

续表

名称	航行	进出港	离靠码头	停泊	海上停泊	应急
滑油驳运泵	0.2	0.2	0.2	—	0.2	—
滑油离心分离器	0.3	0.3	—	—	0.3	—
燃油离心分离器	0.3	0.3	—	—	0.3	—
主空气压缩机	—	0.4	0.4	—	—	—
辅锅炉给水泵	0.3	0.3	0.3	0.3	0.3	—
蒸发器给水泵	0.3	0.3	—	—	0.3	—
舱底泵	—	—	—	0.5	—	0.3
舱底压缩泵	—	—	—	0.5	—	0.3
污水泵	0.2	—	—	0.2	—	—
卫生水泵	0.5	—	—	0.2	—	—
淡水泵	0.5	—	—	0.5	—	—
热水循环泵	0.5	—	—	0.5	—	—
冷藏机	0.3	0.2	0.2	0.3	0.2	—
空调冷却水泵	0.3	0.2	0.2	0.3	0.2	—
厨房用电	0.4	0.4	0.4	0.4	0.4	0.2
回转起货机	—	—	—	0.5	0.5	—
回转起货机	—	—	—	0.3	0.3	—
回转起货机	—	—	—	0.3	0.3	—
绞车	—	—	—	0.4	0.4	—

一般在大型船舶上负荷数量较多，同时工作的可能性要小些，因此同时工作系数比负荷少的船舶可取小些；对于工作状态在战斗状态或者活动较多的船舶同时工作的可能性大些。

(6)所需有功功率。即电动机以额定功率运转时从电网所吸收的功率 P_4 为

$$P_4 = \frac{P_1}{\eta} \tag{11-7}$$

式中 η 为电动机在额定功率工作下，确定电动机需要电网供给的所需有功功率时，需要考虑的电动机效率。

一组同类电动机所需额定总功率为

$$P_5 = m \times P_4 \tag{11-8}$$

式中 m——同类电动机数目。

对于照明及弱电设备来说，P_5 就是其装置功率。

P_5 所算得的结果就是运行状态下需要发电机供给的总功率，这个总功率是该状态下选择发电机功率和台数的依据。根据最大负荷时的总的有功功率，再考虑10%～20%的储备容量，即可确定船舶电站的容量。

由于在某一运行状态时，设备不一定都同时使用，电动机实际消耗的功率为 P

$$P = m \times K_1 \times K_2 \times K_0 \times P_4 \tag{11-9}$$

(7)无功功率的计算。对于交流电动机,计算出 P_5 后还应求出无功功率 Q_5

$$Q_5 = P_5 \times \tan\varphi \tag{11-10}$$

式中　φ——用电设备的实际功率因数角。

一般船舶在航行状态等主要运行工况下,总的功率因数不小于 0.7,因此在电站容量选择时,无功功率影响不大,为简化计算,可不计无功功率。

(8)某运行状态下发电机供给的总功率。在计算完各组用电设备所需的有功功率和无功功率后,便可确定各运行状态下发电机应供给用电设备的总功率。

总有功功率

$$P_\Sigma = (K_{0\mathrm{I}} \times P_\mathrm{I} + K_{0\mathrm{II}} \times P_\mathrm{II}) \times 1.05 \tag{11-11}$$

总无功功率

$$Q_\Sigma = (K_{0\mathrm{I}} \times Q_\mathrm{I} + K_{0\mathrm{II}} \times Q_\mathrm{II}) \times 1.05 \tag{11-12}$$

式中　P_I、P_II——该状态下第Ⅰ类、第Ⅱ类负荷的总的有功功率;
　　　Q_I、Q_II——该状态下第Ⅰ类、第Ⅱ类负荷的总的无功功率。

3. 三类负荷法的计算步骤

下面具体介绍三类负荷法的计算步骤:

(1)在全船机械,照明及生活等设备已确定情况下,查出与机械配套的电机的额定参数,计算出照明等其他用电设备的装置功率,并按设备工作性质进行分类,包括甲板机械、舵室辅机机械、冷藏通风、弱电设配、照明设配、生活设配、通信导航等。

(2)对于不同类型、用途的船舶划分为几种船舶运行工况,如航行状态、进出港、靠离码头、停泊、装卸货、应急状态等。

(3)按已确定各工况下所需使用的电机电气设备以及它们使用情况进行负荷分类,即第Ⅰ类负荷(连续使用的负载)、第Ⅱ类负荷(短时或重复短时使用的负荷)、第Ⅲ类负荷(偶然短时使用的负荷以及按操作规程规定可以在电站尖峰负荷时间外使用的负荷)。

(4)计算各用电设备实际消耗的功率。在计算电动辅机电机所消耗的功率时,首先确定各种系数,如机械负荷系数、电动机负荷系数等,最后确定电动机以额定功率运转时从电网所吸收的功率。按以上公式计算各电动机实际所消耗功率。若有两台及两台以上同类型机械设备,还需根据实际使用台数进行计算。

(5)计算每一台工况下各类负荷的总功率,必须按其同时系数计算总负荷。对于第Ⅰ类负荷,因考虑到全船用电量设备最大负荷的不同时性,同时系数可取 0.8~0.9,对于第Ⅱ类负荷,同时系数按该负荷平均使用时间与工作周期之比来估算,但在计算时常不考虑每台辅机的同时系数,而将第Ⅱ类负荷总加起来后再乘以同时系数,一般可在 0.3~0.5 的范围中选择。对于第Ⅲ类负荷,计算时通常忽略不计。

4. 负荷表的编制步骤

在工程应用中,把全船用电设备的数量、负荷大小、使用情况及计算数据汇总成的表,叫作电力负荷计算表,简称负荷表。负荷表的编制可按以下步骤进行:

(1)根据轮机等专业收集来的全船用电设备的原始数据,包括各项负荷的名称、用途、同类负荷的数量;负荷的额定数据,即机械轴上的额定功率;机械轴上所配电动机的额定数据,包括电动机的额定功率、额定转速、额定效率、额定功率因素等。

(2)根据船舶类型选择所需计算工况,确定各工况下所需使用的电动机、电气设备和使用情况等,并进行分类。

(3) 根据船舶类型及用途选定计算方法,并计算各用电设备的实际使用功率。

(4) 计算每一工况下各类负荷的总功率,按其同时系数计算总负荷,在交流电制中,计算无功功率和平均功率因数。

(5) 考虑 5% 的网络损耗,得出发电机的功率。

(6) 根据上述计算,选择发电机组,并核算各工况下发电机的负荷百分率,一般来说发电机有 10%～20% 的储备功率。

(7) 核算发电机的过载能力是否满足。

11.2.2 需要系数法

1. 需要系数的定义

需要系数是用电设备实际所需要的功率与额定负荷时所需要的功率的比值,用公式表示为

$$K=\frac{P_{sh}}{P_e} \tag{11-13}$$

式中 P_{sh}——实际消耗功率;

P_e——额定负荷时所需总功率。

需要系数的大小综合考虑了该用电设备的负荷状态、工作制(指连续、短时、重复短时工作)和该类设备的同时工作概率等方面因素,一般是根据多年的实际经验统计后取平均值。表 11.5 给出了一些用电设备的需要系数,可供参考使用。

表 11.5 需要系数

负荷分类	负荷名称	需要系数	负荷分类	负荷名称	需要系数
柴油机船用辅机	淡水冷却泵	0.85	生活用泵和设备		
	海水冷却泵	0.85		热水循环泵	0.7
	滑油泵	0.65		冷水循环泵	0.7
	燃油阀冷却水泵	0.85		卫生水泵	0.4
	燃油阀冷却油泵	0.70		淡水泵	0.4
	燃油离心分离器	0.65		污水泵	0.2
	增压泵	0.65		引用喷泉	0.3
	辅锅炉鼓风机	0.85		蒸馏器海水给水泵	0.75
	辅锅炉给水泵	0.85		蒸馏器凝水泵	0.6
	辅锅炉燃油喷射泵	0.65		蒸馏器淡水输送泵	0.6
	废气锅炉循环水泵	0.85		蒸馏器化学给水泵	0.2
	空气压缩机	0.85		盐水排出泵	0.75
	发电机用冷却水泵	0.85		管群疏水泵	0.6
	舱底救火总用泵	0.65		厨房及餐室设备	0.3
	舱底压载泵	0.2		洗衣设备	0.2
	潜水舱底泵	0.1		电热水设备	0.5
	潜水真空泵	0.1		房舱电热器	0.4
	压载泵	0.2			
	洗舱泵	0.85			

续表

负荷分类	负荷名称	需要系数	负荷分类	负荷名称	需要系数
甲板机械	舵机	0.2	照明设备	机舱照明	0.9
	起锚机	0.4		舱室照明	0.6
	起艇机	0.8		货舱灯	0.8
	舷梯绞车	0.8		探照灯	0.8
	绞盘、系泊绞车	0.4		航行灯	0.9
	货油泵	0.8		信号灯	0.8
				电风扇	0.8
冷藏通风	机舱通风机	0.85	弱电设备	舱内通信	0.4
	舱室通风机	0.80		航海仪器	0.4
	舱室泵舱通风机	0.80		电罗经	0.4
	货舱干燥装置	0.5		雷达	0.4
	全船用冷藏压缩机	0.4		无线电设备	0.4
	全船用冷藏给水泵	0.4		蓄电池充电	0.45
	货舱用压缩机	0.6		电工实验板	0.2
	空调用压缩机	0.75			0.2
	空调用送风机	0.75			
	空调冷水泵	0.75			
	空调热水泵	0.75			
	空调凝水循环泵	0.75			

2. 功率计算方法

(1)额定状态所需功率的计算。在额定工作状态下,一台电动机需要的电网供给的额定功率,即

$$P_4=\frac{P_1}{\eta} \tag{11-14}$$

式中　P_1——电动机额定功率;
　　　η——电动机额定效率。
一组同类电动机额定所需总功率为

$$P_5=m\times P_4 \tag{11-15}$$

式中　m——该组同类电动机数目。
照明设备和弱电设备的额定所需功率,即采用其安装总功率。

(2)实际消耗功率的计算。用电设备额定所需功率和需要系数的乘积就是实际消耗功率,即

$$P_6=K\times P_5 \tag{11-16}$$

式中　K——需要系数。

(3)全船所需总功率的计算。各类负荷的实际消耗功率相加,便得到全船所需总功率

$$P_\Sigma=\sum(K\times P_5) \tag{11-17}$$

(4)电站总功率的计算。考虑5%的网络损失,所需总功率为

$$P=1.05P_\Sigma \tag{11-18}$$

3. 负荷表的编制及计算步骤

(1)根据船舶的运行状态需要,选择计算工况,并确定各工况下所需使用的电气设备;

（2）估算各辅机和电气设备实际使用功率及了解使用情况，并而确定需要系数 K；

（3）将全船用电设备的名称、数量、电动机额定数据及功率填入相关的负荷表；

（4）计算船舶运行中各电气设备的所需功率 P_4，并计算出船舶额定所需总功率 P_5；

（5）计算船舶各运行工况下备用电设备实际消耗功率 P_6，以及实际消耗总功率；

（6）考虑到 5% 的网络损耗，计算所需总功率；

（7）选择发电机组，计算船舶各种工况下发电机的负荷百分率。发电机组一般应有 10%～20% 的功率余量，因此发电机组的负荷率不应超过 90%。

对每一个船舶电气设计人员来说船舶电力负荷计算，似乎不是一项很困难的工作，但要想得到一个准确的结果，并非易事。这是因为电站负荷取决于各用电设备的实际负荷和具体使用情况，以及全船用电设备同时使用情况，而这些情况受到了多种因素的影响难以确定。综上所述，电力负荷计算是船舶电气设计中一项比较困难的工作。

11.2.3　电站容量确定的原则

对电站容量和数量的确定，通过对船舶各种运行工况电力负荷的计算，得到了各工况下全船电力负荷所需总功率，取得了船舶电站应该提供的全船最低限度的电力需要量。这是确定船舶发电能力的基础。电站容量的确定和发电机台数的选择要遵循以下原则：

（1）电站机组在最常用的工况：航行和停泊且无装卸工况时的负载，应该不少于电站总容量的 70%～75%；

（2）选择供停泊装卸作业用的发电机功率，储备量最好不要超过 10%；

（3）不能过多地分散电站功率，虽然分散功率能增加每台机组的利用率和调用方便，但会使整个装置复杂化；

（4）在选择电站时，应尽量考虑到发电机组与主机的寿命比不要相差过大；

（5）尽量选用同容量、同型号的机组；

（6）对备用机组的功率应保证在船上最大发电机故障后，仍能充分满足船舶航行状态用电的需求。

将电站容量计算好后，就可以查对产品目录，根据发电机组标准和配套情况，选用发电机。

▶ 项目实施

引导问题 1：船舶电力负荷计算的目的和意义是什么？
_____
_____
_____
_____

引导问题 2：船舶电力负荷计算方法有哪些？
_____
_____
_____
_____

引导问题 3：如何确定船舶电力负荷计算工况？

_____
_____

引导问题 4：如何确定发电机组功率和台数？

_____
_____

▶ 项目评价

序号	评价项目	自我评价	教师评价
1	学习准备		
2	引导问题填写		
3	规范操作		
4	完成质量		
5	关键操作要领掌握		
6	完成速度		
7	5S 管理、环保节能		
8	参与讨论主动性		
9	沟通协作		
10	展示汇报		
说明：表格中每项 10 分，满分 100 分。学生根据任务学习的过程与结果真实、诚信地完成自我评价。教师根据学生学习过程与结果客观、公正地完成对学生的评价。			

知识拓展：船舶电力负荷计算书

▶ 课后习题

11-1 确定船舶电站容量的目的是什么？船舶电站负荷计算方法都有哪些？

11-2 船舶用电设备是怎样分类的？通常民用船舶运行工况都有哪些？船舶运行工况与电力负荷之间的关系是什么？

11-3 何谓三类负荷法？三类负荷是怎样划分的？用三类负荷法如何进行负荷计算？怎样编制负荷表？

11-4 请解释系列名词的意义：①电动机利用系数；②机械负荷系数；③电动机负荷系数；④同时使用系数；⑤总同时系数；⑥额定所需有功功率；⑦实际所需有功功率。

11-5 何谓需要系数法？需要系数的含义什么？用需要系数法如何进行负荷计算？怎样编制负荷表？

11-6 船舶电站发电机组功率和数量选择确定的基本原则是什么？

项目 12 船舶电网短路计算方法

▶ 项目导入

为什么要进行短路计算？在船舶电力系统实际运行中，短路故障是难以避免的。绝缘的损坏和错误操作等会导致船舶交流电力系统的短路。当短路发生在主配电板的母线或干线上时，将会出现比正常电流大许多倍的短路电流，其所产生的机械应力和热效应会导致设备本身及其他电气设备的损坏，同时也会造成电网电压的大幅度降低，使用电设备受到影响，从而危及船舶和人的生命安全。为了保证系统在短路情况下的稳定性、可靠性和连续可用性，并实现电力系统的选择性保护，必须计算系统故障后的短路电流。

精确地推算出电网中各点短路电流值的大小，有助于确定系统的保护策略和方法，合理地选择配电方式和保护装置，以保证电力系统发生短路时能快速有效地切断短路故障，将故障限制在较小的范围内，防止故障点引发火灾并避免设备损坏，把短路故障引起的破坏降低到最小。

▶ 项目分析

明确短路计算的目的和重要性之后，本项目以案例的形式讲解了应用较多的 IEC 方法和 GJB 173A—2015 算法，让学生能掌握短路计算的整个过程。

▶ 学习目标

知识目标

1. 了解短路电流计算的目的。
2. 了解短路计算的基础知识。
3. 了解短路计算的几种常用方法。

能力目标
1. 掌握船舶电力系统短路计算几种方法的优缺点，并能选择合适的方法。
2. 掌握船舶电力系统的短路计算常用方法的步骤，并能独立计算。

素质目标
1. 意识到短路计算的重要性，培养学生迎难而上的无畏精神。
2. 培养学生克服困难的坚韧意志。

通常所说的船舶电力系统的短路，是指电机、电器和电缆的绝缘老化，或受机械损伤，或带电部分发生异常接触等原因造成的短路。短路时故障点通过很大的电流，这是与正常状态下产生的过载完全不同的危险状态。电力系统在发生短路故障时，系统的总阻抗减小，各支路的电流也比正常情况下增大很多倍，而系统内各点的电压也将下降很多，在故障点附近更为严重。

短路发生时，短路阻抗是由电弧的电阻和短路电流从一相至另一相或者从一相到地所经过的元件的阻抗所组成的。想要计算这种阻抗是不可能的，因为电弧电阻是随电流的大小和电弧的长短变化的，而且变化的范围很大，很难估计。但在某些情况下，该阻抗的数值可能很小，实际上可以忽略不计，这种短路称为"金属性短路"。

在船舶电力系统实际运行中，短路故障是难以避免的，对于战斗的舰艇尤其如此，因此短路电流计算是船舶电站设计的重要内容之一，很多国家的船舶规范明确提出，需要提交短路电流计算书。

船舶电力系统电网独立运行，功率储备不大、线路比较短、升压和降压环节较少或没有，因而同等容量的船舶电力系统与陆上电力系统相比，短路电流偏大。其原因包括以下几个方面：

(1) 船舶电力系统电压等级较低，绝大多数负载开关都是直接由发电机供电，供电线路中缺少能有效抑制短路电流的变压器。

(2) 发电机与各配电板和各配电开关距离比较近，线路阻抗小，对短路电流抑制能力较差。

(3) 电网功率不大，相对发电机容量而言，某些电动机的容量比较大，甚至接近单台发电机的容量，为了追求良好的动态性能，在船用发电机的设计中，必须进一步强化阻尼绕组的作用，但这样做会使发电机馈送短路电流的能力进一步增强。

在船舶电力网络设计中，设计师非常关注短路电流的大小以及开关设备的分断能力。船舶科技进步日新月异，自动化程度也越来越高，所使用的电气设备也越来越多，船舶电站的容量也随之不断增大，船舶电站容量与船舶吨位之比不断上升，某些大型船舶的电站总容量甚至达到数万千瓦。船舶电力网中的短路电流也随船舶电站的容量不断上升。很多比较大的船舶电力系统的短路电流已经超过 75 kA，甚至还有一些特殊船舶的短路电流已经超过 100 kA。当短路电流超过 75 kA 后，船电系统对于配电开关的分断能力要求会很高，设计师不得不寻找一些具有高分断能力的船用开关进行配电设计；当短路电流超过 100 kA 后，寻找高分断能力船用开关也变得困难。这是由于船用开关的体积不可能太大，让自动开关可靠地分断很大的短路电流必然需要更加复杂的结构，使开关尺寸和重量上升，价格升高，大量使用高分断能力的自动开关的费用是相当可观的，而开关的分断能力不可能无限地提高，短路电流过大时可能找不到合适的开关，只能改变船舶电力网的结构，牺牲某些性能。

综上所述，船舶工业在不断发展，船舶的吨位也不断上升，随之而来不断增大的短路电流给船舶设计、使用带来很大的压力和影响。减小船舶电力系统的短路电流成为目前船舶电气设计中必须面临的课题，那么该如何降低船舶电力系统的短路电流呢？

降低船舶短路电流最简单的办法是使各电源不并联工作，或增加变压器阻抗，这样可以增大短路电路的阻抗从而减小短路电流。具体来说，常用的方法有以下几种：

(1)提高船舶电力网的电压。功率不变的情况下，提高船舶电力网的电压可以有效地减小电流，进而在短路故障时可以降低短路电流；升高船舶电力系统的电压等级还可以一定程度地提高发电机的容量，减少发电机数量。但是，随着电压的升高必须加强导电部分的绝缘和消弧措施，大多数船用设备采用标准电压，采用中、高压系统必须增设降压变压器，提高了成本，也给电力系统设计带来新的压力，所以目前这种方法在船舶上应用并不广泛。

(2)在电力线路上使用串联感应电抗。这种方法的原理是人为增加短路电路阻抗来降低、限制短路电流。其缺点是设备体积大，投资费用和操作费用高。通常为一个或少数几个断路器的经济性而加装电抗器来限制短路电流是不合适的，加装电抗器所增加的投资往往比一个或少数几个断路器改用高短路分断能力所耗的投资更大。

(3)多电站分区供电。船舶采用多电站分区供电的方法，将电力网分为相互独立的几个部分，每个部分由相应的发电机供电。虽然这种方法是切实有效的，但是大大降低了电力网的可靠性，而且日常使用也相当不方便，必须增加一些冗余线路和联锁设备。对于追求经济性和安全性的船舶来说，这种方法并不可取。

(4)使用高阻抗发电机。所谓高阻抗发电机就是指发电机的直轴电抗、直轴瞬变电抗和直轴超瞬变电抗比较大，也就是发电机阻尼绕组的作用比较弱。这样的发电机短路电流将显著降低，但同时也导致发电机的动态稳定性降低，抗突加或突减负载的能力下降。由于小型船舶电网的单个负载容量相对于电网的容量来说往往比较大，必须有较好的动态稳定性，而一般的中大型船舶电网中，单个负载容量相对于电网的容量来说并不大，冲击负载对电网的影响已不再像小电网那样突出，因此可以通过适当减弱阻尼绕组的作用来牺牲一些单台发电机的动态稳定性能，从而降低整个电网的短路电流。

此外，还有在电力线路上使用串联有常闭开关、并联有旁路开关的限流电阻和采用快速熔断的熔断器等方法。

由于船舶电力系统与陆上高压电力系统、电压等级及环境条件不同，两者有很大差别，这决定了船舶电力系统的短路电流计算具有某些特点。船舶电站与陆上电站相比，前者可以看作一个流动的电站，一般以发电机作为主电源。电网内负载的种类很多，但其主要负载是感应电动机，且在船舶电力系统中，电动机的容量与发电机容量可相比拟，这与陆上电站大不相同。当船舶电力系统短路时，虽然电源不再供电给感应电动机，但旋转机械没有立即停止，由于惯性的作用，感应电动机继续旋转，此时与转子导体交链的磁通不能立即消失，这就出现感应电动机产生感应电势向短路系统供电的情况。所以在计算短路电流时，不能忽视感应电动机的影响，也可以说感应电动机是短路电流的供给源。

船舶电力系统与陆上高压系统相比，其电压低得多，所以外电路的阻抗对短路电流影响很大。因此，在计算短路电流时，对外电路的阻抗应给予重视。在船舶电力系统设计时，精确地推算电网中各点的短路电流值大小，合理地选择配电方式和保护装置，以保证电力系统发生短路时，能快速有效地切断短路故障，使系统与短路故障点断开，防止故障处发生火灾和避免损坏设备，把短路破坏限制在最小范围。

对船舶电力系统设计而言，计算短路电流主要有两个目的：一个目的是在船舶电力系统设计初期，估算出短路电流，提供数据作为电气设备选型的重要依据，也给电网设计提供重要数据；另一目的是电力系统确定之后，计算短路电流可以校验所选电力设备的热稳定性、电动力稳定性以及开关的通断能力。由此看来，合理地计算出船舶电力系统的短路电流具有十分重大的意义。

任务 12.1　船舶电力系统短路计算

12.1.1　短路电流计算基础知识

船舶电网运行可分为两个状态，即稳定工作状态和瞬态工作状态。当电网中的负载保持恒定不变时，我们认为系统处于稳定工作状态，此时，电压、电流等值均保持不变，其值与负载阻抗有关。当电网总负载发生突变时，电压、电流等值均随之变化，当负载中含有感性负载和容性负载时，这些参数要经过一段时间之后才能达到新的稳定值，这时系统便又处于新的稳定工作状态。系统从一个稳定工作状态过渡到另一个新的稳定工作状态的中间过程，便称为过渡过程或瞬态过程。

船舶电力系统发生短路时，同步发电机在瞬态时产生的过渡过程十分复杂。需给出一个研究问题的前提假设，确保能比较简单地对这个过程进行研究，假设内容如下：为了对短路时的一些概念有一个比较明确地了解，我们假设发电机的功率非常大，以致在电网中发生短路电流的时候，其端电压不变。

假设船舶电站的负载主要是感性负载，可以将船舶电力系统看作简单的三相交流电路来研究。为了解简单三相交流电路的瞬态过程的有关概念，假设电力系统三相交流电路是对称的，而且暂时不考虑发电机内部的瞬态过程。有了这个假设，短路后的三相电路可以看作是对称的。由于电力系统中三相交流电路的相电流可以视为是对称的，任意两相之间仅差120°相位角，所以其中一相的瞬态过程的电流、电压的变化规律就可以说明三相交流电流的电流、电压的变化规律。

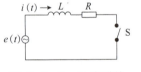

图 12.1　$R-L$ 串联的简单正弦交流电路

研究从最简单的正弦交流 $R-L$ 电路开始，如图 12.1 所示，这是一个由电感、电阻和电动势组成的简单的电路，其瞬态过程可以用方程式表示如下

$$e(t)=Ri(t)+L\frac{\mathrm{d}i(t)}{\mathrm{d}t} \tag{12-1}$$

因为 $e(t)=\sqrt{2}E\sin(\omega t+\theta)$，所以可以求出上式的通解，再根据初始条件 $t=0$ 时，$i(t)=0$，可求得 $i(t)$ 的特解为

$$i(t)=\sqrt{2}I\sin(\omega t+\theta-\varphi)-\sqrt{2}I\sin(\theta-\varphi)e^{-\frac{t}{T}} \tag{12-2}$$

式中　θ——代表短路瞬时的电压相位角；

φ——代表短路电路的功率因数；

$\theta-\varphi$——代表短路瞬时的电流相位角。

从上式中我们可以看出，短路电流由两部分组成，即周期分量和非周期分量。周期分量随时间而衰减，周期分量与非周期分量的合成电流就是非对称短路电流。在计算短路电流的时候，一般分别计算短路电流的周期分量（交流分量）和非周期分量（直流分量），再将两者合成得到总的短路电流。

一般在计算船舶电力系统中某一点的短路电流时，把该点的短路电流分为两部分：同步发电机馈送的短路电流和电动机作为发电机运行时馈送的短路电流。对短路点的最大短路电流影响较大的还是同步发电机馈送的短路电流。

1. 交流发电机提供的短路电流

发电机是船舶电力系统的短路电流的主要供给源，发电机定子、转子的饱和以及整流器的非线性等诸多原因使发电机的短路电流计算变得十分复杂，无法简单地给出准确的解析式，常用的计算式都是经过某些假设的近似解析计算。根据有关的试验数据，在发电机发生线间短路时，其冲击短路电流比三相短路时冲击短路电流小 10%～15%，线间稳态短路电流近似为三相稳态短路电流的 90%～110%。发电机中点接地时单相接地短路电流近似地等于三相短路电流。可见，当计算发电机的短路电流选择合适的保护装置时，仅求得三相短路电流就足够了。因此，我们将重点研究三相短路的有关问题。

在发电机出线端发生三相突然短路时，在短路的瞬间，直流补偿瞬态电流限制磁场的急剧变化，仅漏抗限制短路电流，超瞬态电流非常大。随着直流补偿电流的衰减，短路电流逐渐减小，最后变成稳态短路电流。由于发电机的电枢电阻比漏抗小得多，所以计算阻抗时，一般忽略电枢电阻，仅考虑表示直流补偿电流衰减程度的电枢时间常数。发电机在负载情况下发生短路与空载情况下发生短路其短路电流大小是不一样的，因为在负载状态下发生短路时，负载电流 I_L 的存在使励磁电流变大，比空载时大出来的这部分励磁电流 I_d 用来补偿短路时电枢内产生的电枢反应电压降和漏电抗压降 $I_L \cdot X_d$，换种说法就是，多出来的这部分励磁电流 I_d 产生内部感应电动势 E_d 而补偿了内阻抗 Z_d 产生的电压降。十分明显，E_d 在负载时是不存在的，仅在短路时起作用，所以负载时的励磁电流为($I_{d0}+I_d$)，导致负载时感应的相电压比空载时大。

2. 电动机提供的电流

当船舶电力系统发生短路时，不仅发电机是短路电流的供给源，正在运行中的电动机也是短路电流的供给源。因为在短路发生瞬间，电动机由于惯性的作用仍然保持转动，同时和转子导体相交链的磁通没有立即消失，转子在内部做切割磁力线运动，产生三相电势。我们可以认为是由于三相电势的存在而向短路系统供电。利用已有的公式来描述感应电动机馈送的短路电流的大小和特性是十分复杂的，在长期的工程试验和理论研究后，国际上已经产生了很多实用的计算公式，当然这些公式都是一定程度的近似计算，目前采用的计算公式大多是将馈电线阻抗作为简单串联电路，这种计算不够精确，存在一定误差。

常用的传统的计算船舶交流电力系统中感应电动机的短路电流的计算方法有以下三种：

（1）根据感应电动机额定电流计算短路电流。IEC算法计算电动机部分短路电流就用这种算法，详细内容待后面介绍。

（2）根据感应电动机阻抗计算短路电流。这种计算方法的要点：先求出感应电动机的堵转阻抗和馈电线阻抗的合成值，然后利用该阻抗计算短路电流。因此，在已知电动机阻抗的条件下，采用这种方法比较简单。该方法把短路后 1/2 周期内的短路电流看作是不衰减的。堵转阻抗可以用感应电动机堵转试验得到的漏抗和绕组电阻求得。

(3) 考虑短路电流衰减的计算公式。短路电流的周期分量和非周期分量都是随时间而衰减的，该算法就是在计算电动机馈送的短路电流时也考虑其周期分量和非周期分量的衰减，公式如下

$$I_{mac}(t) = \frac{U}{\sqrt{3}Z_{mc}} \cdot e^{-\frac{t}{T_{ac}}} \tag{12-3}$$

$$i_{mdc}(t) = \frac{\sqrt{2}U}{\sqrt{3}Z_{mc}} \cdot e^{-\frac{t}{T_{dc}}} \tag{12-4}$$

$$T_{ac} = \frac{X_1 + X'_2 + X_c}{2\pi f r'_2} \tag{12-5}$$

$$T_{dc} = \frac{X_1 + X'_2 + X_c}{2\pi f (r_1 + r_c)} \tag{12-6}$$

12.1.2 短路点选择

1. 就近原则

在图 12.2 中 F_1、F_5 点处主汇流排附近发生的短路是首先要关心的问题。故把短路点选择在 F_1 和 F_5 两点，而非 F_1' 和 F_5' 点处。短路点选择 F_1 点是因为此时流经开关 1CB 处的是其他两台发电机提供的电流，反之，如选择 F_1' 点则不能对短路电流产生的影响做出有意义的分析。因为要选择尽可能靠近 G_1 发电机的短路点，所以常被称为就近原则。

2. 最大原则

短路故障对电力系统所产生的损害可能是很大的，必须做最坏的打算。比如图 12.2 中 F_2、F_6 点，当考虑由主汇流排引出线路上的电气设备发生短路时，应选择距汇流排最近的点处设置短路点，这是因为此处电阻最小，电流最大，对系统及设备可能造成的冲击也最大。

3. 优先原则

各用电设备也是最值得关注的地方之一。用电设备，特别是在特殊工况下，比如战斗工况下的正常使用显得尤为重要。将用电设备附近作为短路点是不容忽视的选择，比如图 12.2 中 F_4、F_8 点。不但要更大限度地计算出短路电流，而且要估计出其对其他用电设备的影响。

短路点选择时要综合考虑各方面因素，合理选择短路点对电力系统相关参数的获取及电气设备的校验都有很大帮助。

12.1.3 船舶电力系统短路电流常用算法

1. 各种常用算法比较

短路电流计算结果的准确性直接影响开关的选型和继电保护仿真结果的合理性等。因为船舶电力系统的短路电流计算方法有很多种，不同的算法的计算目的不同，因此存在着一个计算方法的选择和使用的问题。目前常用的故障电流计算方法包括 IEC 计算法、美国海军标准计算法、劳氏船级社简易计算法、日本电气协同研究会精密计算法、等效发电机计算法、阻抗百分比计算法、图解计算法以及国内比较广泛采用的国家军标(QJB 173A—2015)计算法等。这些计算方法可以用来计算船舶电力系统中各处的短路电流，其计算目的

是获得短路电流的有效值和峰值数据,不要求计算短路电流的波形曲线,每种计算方法都做了一些忽略次要因素的假设,计算结果也不尽相同。

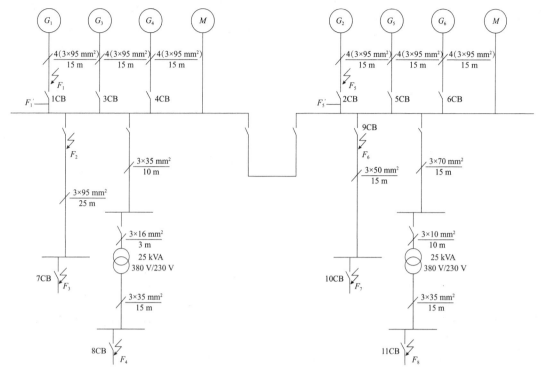

图 12.2　典型船电系统网络

不同计算方法间的比较见表 12.1。

表 12.1　短路电流计算方法比较表

方法	发电机交流分量的衰减	发电机内阻	发电机有负载时处理	外阻抗对时间常数的影响
IEC 法	考虑次瞬态衰减,不考虑瞬态衰减	不考虑	交流分量增加 10%	考虑发电机
GJB 173A—2015 法	不考虑衰减	考虑	不考虑	
图解法	考虑次瞬态衰减,不考虑瞬态衰减	考虑	交流分量增加 10%	考虑发电机
网络计算法(适合远距离,大容量电站)	断开电流只考虑瞬态衰减,衰减时间以 50 ms 左右计算,接通电流只考虑次瞬态衰减,衰减时间以 $T/2$ 计算	不考虑	不考虑	不考虑
IEC 扩展法	与 IEC 法基本相似,所不同的是 IEC 法只计入与短路点同电压级的电动机的反馈电流(船舶电力系统有不同的电压系统时——6.6 kV/3.3 kV),忽略其他电压等级的电动机反馈电流。而 IEC 扩展法考虑计入所有电压等级电动机的馈送电流			
IEC 法	电动机的额定电流乘以一定的倍数	与各发电机的阻抗串联计算	发电机和电动机馈送短路电流代数和	
GJB 173A—2015 法	汇流排处将额定电流乘以一定电流的倍数,馈电线处将馈电线的阻抗考虑进去	与发电机和电动机分别串联计算	发电机和电动机馈送短路电流代数和	

续表

方法	发电机交流分量的衰减	发电机内阻	发电机有负载时处理	外阻抗对时间常数的影响
图解法	汇流排处将电动机的额定电流乘以一定的倍数	与等效发电机的阻抗串联计算	汇流排处为各分量代数和，在馈电线处为1台等效发电机短路计算	
网络计算法（适合远距离，大容量电站）	考虑计入所有电压等级电动机的馈送电流	不考虑	根据发电机和电动机综合出 I'' 和 I'，断开电流考虑 I'，接通电流考虑 $1.414 \times K \times I''$。其中：$K = e^{-\frac{t}{T'_d}} + e^{-\frac{t}{T_{dc}}}$，$t = \frac{T}{2}$	
IEC 扩展法	与IEC法基本相似，所不同的是IEC法只计入与短路点同电压级的电动机的反馈电流（船舶电力系统有不同的电压系统时——6.6 kV/3.3 kV），忽略其他电压等级的电动机反馈电流。而IEC扩展法考虑计入所有电压等级电动机的馈送电流			

除以上计算方法外也有学者在讨论船舶电力系统同步发电机参数与短路电流的关系时，为了避免误差过大，直接分析单台发电机接线端的三相突然短路。这是因为，在船舶电力系统发生短路时，发电机的参数和电力网的结构对短路点的最大短路电流起决定作用。计算船舶电力系统任意短路点时，发电机馈送的短路电流的大小，与发电机接线端的短路电流的大小关系紧密，两者的区别仅在于前者还包含了电力系统线路阻抗的影响，两者的变化规律基本相同。分析单台发电机接线端的三相突然短路具有代表性。

下面具体介绍应用较多的IEC法和GJB 173A—2015算法。

2. IEC 法

在IEC第363号出版物中，详细说明了计算船舶电力系统短路电流的方法，该出版物规定：对于交流系统的最大短路电流的计算，在故障点极为接近主配电板汇流排的情况下，短路阻抗一般可以假定与接入系统的运行电机的电抗相同，而将其电阻忽略不计。但是，当计算短路功率因数时，必须计入故障影响所及的电路的电阻。也就是说，必须计入电机以及串接的任何电路元件的电阻。

(1) 发电机短路电流。发电机空载短路时，次瞬态短路电流为

$$I''_{cg0} = \frac{U_n}{X''_d} \tag{12-7}$$

式中 X''_d——发电机纵轴超瞬态电抗。

当发电机在负载状态下短路时，其超瞬态短路电流 I''_{cg} 可以由 I''_{cg0} 乘以适当的系数求得。该系数取决于电机的特性，在没有确切的资料情况下，可取1.1。

短路电流的周期分量有效值为

$$I_{cg} = (I''_{cg} - I'_{cg})e^{-\frac{t}{T'_d}} + I'_{cg} \tag{12-8}$$

$$I''_{cg0} = \frac{U_n}{X''_d} \tag{12-9}$$

IEC第363号出版物中假定发电机短路电流的最大值出现在短路后1/2周期时，所用公式为

$$I_{cgp} = \sqrt{2}\left[(I''_{cg} - I'_{cg})e^{-\frac{T}{2} \cdot \frac{1}{T'_d}} + I'_{cg}\right] + \sqrt{2}\,I''_{cg}e^{-\frac{T}{2} \cdot \frac{1}{T_{dc}}} \tag{12-10}$$

(2) 电动机的短路电流。对电动机的短路电流，规定：在短路时把所有运行的电动机看

作一台等效电动机,其额定功率为可能同时运行的电动机额定功率之和,根据等效电动机额定电流之和进行计算。根据等效电动机的额定输出乘以一定的系数求得短路电流。计算公式如下

$$I_{\text{msym}} = 4.0 I_{\text{NM}} \tag{12-11}$$

$$i_{\text{mp}} = 8.0 I_{\text{NM}} \tag{12-12}$$

$$I_{\text{NM}} = \frac{P}{\cos\varphi \times \sqrt{3} \times U} \tag{12-13}$$

式中 I_{mac}——等效电动机短路电流交流分量有效值;

i_{mp}——等效电动机短路电流非对称最大峰值。

(3)总的短路电流。总的短路电流等于各发电机和电动机馈送的短路电流的代数和。

本计算法特征分析如下:

①发电机和电动机的各短路电流的代数和作为总短路电流;

②考虑按次瞬态时间常数衰减;

③在负载状态,仅考虑发电机对称交流短路电流增加10%,而最大峰值不考虑增加相应分量;

④在计算电动机提供的短路电流时,汇流排短路和馈电线端短路计算方法完全相同,都是将可能同时运行的电动机的额定电流之和乘以一个系数求得。因此,在馈电线端短路计算时,由于计算方法中忽略了电动机短路电流直流分量的大幅度衰减,所以此时计算值将比实际短路电流值大。但其计算较简便;

⑤由于将汇流排至馈电线故障点之间的阻抗考虑为分别与各发电机串联进行计算,所以计算求得的短路电流值将比实际值大;

⑥根据馈电线阻抗修正了时间常数,所以近似于实际衰减。

3. GJB 173A—2015算法

(1)一般要求

①在船舶电力系统中,负载中大部分是异步电动机。在发生短路故障时,异步电动机将转变为发电机运行状态,向短路点馈送周期分量和非周期分量电流。为了计算方便,GJB 173A算法分别计算发电机和异步电动机各自馈送的短路电流,总电流等于这两部分电流之代数和。

②在计算最大短路电流时,应按船舶电力系统短路最严重的工况进行计算。

③在计算最小短路电流时,只考虑容量最小的一台机组在运行,异步电动机的影响可忽略不计。二相短路电流的初始值为三相短路电流初始值的86.6%。

④在短路计算时,仅计算发电机、电动机、变压器及电缆阻抗,而忽略如汇流排、电流互感器等元件的阻抗。

⑤计算短路电流最大峰值和对称短路电流,来校核断路器的短路接通能力和分断能力。

⑥当短路功率因数低于所选用断路器的给定值时,应根据制造厂提供的数据进行分断能力的换算。

(2)下面分别计算发电机和电动机馈送的短路电流

1)发电机馈送短路电流计算

①计算最大短路电流时应按照发电机带额定负载进行计算。当发电机在空载及额定电压V_{Ng}情况下,在邻近主汇流排处短路时,其超瞬态对称短路电流初始值和瞬态对称短路

电流初始值：

$$I''_g = \frac{V_{Ng}}{Z''_d} \tag{12-14}$$

$$I'_g = \frac{V_{Ng}}{Z'_d} \tag{12-15}$$

$$Z''_d = \sqrt{(R_a + R_c)^2 + (X''_d + X_c)^2} \tag{12-16}$$

$$Z'_d = \sqrt{(R_a + R_c)^2 + (X'_d + X_c)^2} \tag{12-17}$$

在短路发生后第一个半周时，发电机馈送的对称短路电流按式(12-18)计算；当短路故障发生在发电机带额定负载时，对称短路电流按式(12-19)计算：

$$I_{ac0g} = (I''_g - I'_g) e^{-\frac{T}{2T'_d}} + I'_g \tag{12-18}$$

$$I_{acg} = 1.1 I_{ac0g} \tag{12-19}$$

②发电机的短路电流非周期性分量：

$$I_{dcg} = \sqrt{2} I''_g e^{-\frac{T}{2T_{dcbg}}} \tag{12-20}$$

式中

T_{dcbg} ——发电机至主汇流排之间的线路阻抗影响的发电机非周期时间常数，其数值计算：

$$T_{dcbg} = \frac{T_a + 1000 X_c / 2\pi f R_a}{1 + (R_c / R_a)} \tag{12-21}$$

③非对称短路电流最大峰值：

$$I_{pg} = \sqrt{2} I_{ac0g} + I_{dcg} \tag{12-22}$$

④非对称短路电流最大有效值：

$$I_{maxg} = I_{acog} \cdot \sqrt{1 + 2e^{-\frac{T}{T_{dcbg}}}} \tag{12-23}$$

发电机短路前带负载的情况也按式(12-22)和式(12-23)进行计算，但需要把 I_{ac0g} 替换为 I_{acg}。

⑤稳态短路电流：

$$I_K = \frac{\frac{I_{Kf}}{I_{Of}}(S \cdot C \cdot R) X_d I_{Ng}}{X_d + X_c} \tag{12-24}$$

在缺乏确切数据的情况下 I_k 取 $3.2 I_{Ng}$。

2)电动机馈送短路电流计算

①短路发生后第一个半周时的对称短路电流：

$$I_{acM} = 3.3 I_{NM} \tag{12-25}$$

②非对称短路电流最大有效值：

$$I_{max} = 4.0 I_{NM} \tag{12-26}$$

③非对称短路电流最大峰值：

$$I_{pM} = 7.0 I_{NM} \tag{12-27}$$

式中：

$$I_{NM} = \frac{2}{3}(I_{Ng1} + I_{Ng2} + \cdots\cdots) = \frac{2}{3} I_{Ng} \tag{12-28}$$

(3)在邻近主汇流排处短路时，短路点的短路电流计算

当有等效电动机和 n 台发电机向短路点馈送短路电流时，短路发生后第一个半周时的

对称短路电流：

$$I_{ac} = \sum_{i=1}^{n} I_{acgi} + I_{acM} = \sum_{i=1}^{n} I_{acgi} + 3.3 I_{NM} \tag{12-29}$$

非对称短路电流最大有效值，按式(12-30)计算；非对称短路电流最大峰值，按式(12-31)计算：

$$I_{max} = \sum_{i=1}^{n} I_{maxgi} + I_{maxM} = \sum_{i=1}^{n} I_{maxgi} + 4.0 I_{NM} \tag{12-30}$$

$$I_p = \sum_{i=1}^{n} I_{pgi} + I_{pM} = \sum_{i=1}^{n} I_{pgi} + 7.0 I_{NM} \tag{12-31}$$

(4)在主汇流排外馈电缆处短路时短路电流计算

1)等效发电机及其参数的求取

① n 台发电机并联运行，这些发电机在主汇流排处等效成一台等效发电机时，求取其各项参数。发电机规格相同且到主汇流排电缆长度相同时可以用阻抗值直接等效，按照下②进行计算，发电机规格相同但到主汇流排电缆长度不同时需要先计算出每台发电机的短路电流，相加和后计算出等效发电机的参数，按照下③进行计算。

② n 台相同规格发电机并联运行时，其等效发电机的参数 X''_D、X'_D 和 R_A 计算：

$$X''_D = \frac{X''_d + X_c}{n} \tag{12-32}$$

$$X'_D = \frac{X'_d + X_c}{n} \tag{12-33}$$

$$R_A = \frac{R_a + R_c}{n} \tag{12-34}$$

③ n 台不同规格的发电机并联运行时，其等效发电机的参数 X''_D、X'_D、R_A、T_A 和 T''_D 分别按式(12-26)～式(12-30)计算，等效发电机的各项参数按下列步骤计算：

a. 各台发电机的 I''_g、I'_g、I_{ac0g}、I_{dcg} 分别按式(12-14)、式(12-15)、式(12-18)、式(12-20)计算。

b. 等效发电机的各项短路电流：

$$I''_G = \sum_{i=1}^{n} I''_{gi} \ (i = 1, 2, \cdots\cdots, n) \tag{12-35}$$

$$I'_G = \sum_{i=1}^{n} I'_{gi} \ (i = 1, 2, \cdots\cdots, n) \tag{12-36}$$

$$I_{ac0G} = \sum_{i=1}^{n} I_{ac0gi} \ (i = 1, 2, \cdots\cdots, n) \tag{12-37}$$

$$I_{dcG} = \sum_{i=1}^{n} I_{dcgi} \ (i = 1, 2, \cdots\cdots, n) \tag{12-38}$$

c. 等效发电机的各项参数：

$$X''_D = \frac{V_{Ng}}{I''_G} \tag{12-39}$$

$$X'_D = \frac{V_{Ng}}{I'_G} \tag{12-40}$$

$$T_A = \frac{1000}{2f \ln(\sqrt{2} \ I''_G / I_{dcG})} \tag{12-41}$$

$$T''_D = \frac{1000}{2f \ln[(I''_G - I'_G)/(I_{ac0G} - I'_G)]} \quad (12\text{-}42)$$

$$R_A = \frac{1000 X''_D}{2\pi f T_A} \quad (12\text{-}43)$$

2）短路电流计算

① 发电机馈送的短路电流。等效发电机的参数按下列步骤计算：

a. 当主汇流排至短路点之间的线路电抗为 X_f 和线路电阻为 R_f 时：

$$Z''_{eG} = \sqrt{(R_A + R_f)^2 + (X''_D + X_f)^2} \quad (12\text{-}44)$$

$$Z'_{eG} = \sqrt{(R_A + R_f)^2 + (X'_D + X_f)^2} \quad (12\text{-}45)$$

b. n 台相同规格发电机并联运行时：

$$T_{dceG} = \frac{T_a + 1\,000(X_c + nX_f)/(2\pi f R_a)}{1 + (R_c + nR_f)/R_a} \quad (12\text{-}46)$$

$$T''_{eG} = \frac{T''_d [1 + (X_c + nX_f)/X''_d]}{1 + (X_c + nX_f)/X'_d} \quad (12\text{-}47)$$

c. n 台不同规格发电机并联运行时：

$$T_{dceG} = \frac{T_A + [1\,000 X_f/(2\pi f R_A)]}{1 + (R_f/R_A)} \quad (12\text{-}48)$$

$$T''_{eG} = \frac{T''_D [1 + (X_f/X''_D)]}{1 + (X_f/X'_D)} \quad (12\text{-}49)$$

d. 等效发电机的各类短路电流：

$$I''_G = \frac{V_{Ng}}{Z''_{eG}} \quad (12\text{-}50)$$

$$I'_G = \frac{V_{Ng}}{Z'_{eG}} \quad (12\text{-}51)$$

$$I_{ac0G} = (I''_G - I'_G) e^{-\frac{T}{2T''_{eG}}} + I'_G \quad (12\text{-}52)$$

$$I_{acG} = 1.1 I_{ac0G} \quad (12\text{-}53)$$

$$I_{dcG} = \sqrt{2}\, I''_G\, e^{-\frac{T}{2T_{decG}}} \quad (12\text{-}54)$$

$$I_{maxG} = I_{ac0G} \cdot \sqrt{1 + 2 e^{-T/T_{decG}}} \quad (12\text{-}55)$$

$$I_{pG} = \sqrt{2}\, I_{ac0G} + I_{dcG} \quad (12\text{-}56)$$

② 电动机馈送的短路电流：

$$I'_M = \frac{V_{Nm}}{\sqrt{\left(\frac{0.07 V_{Nm}}{I_{NM}} + R_f\right)^2 + \left(\frac{0.19 V_{Nm}}{I_{NM}} + X_f\right)^2}} \quad (12\text{-}57)$$

$$I_{acM} = 0.67 I'_M \quad (12\text{-}58)$$

$$I_{max} = 0.81 I'_M \quad (12\text{-}59)$$

$$I_{PM} = \lambda I'_M \quad (12\text{-}60)$$

式中 λ 值根据 β 值的范围从表 12.2 中选定。

$$\beta = \frac{\dfrac{0.07 V_{Nm}}{I_{NM}} + R_f}{\dfrac{0.19 V_{Nm}}{I_{NM}} + X_f} \quad (12\text{-}61)$$

表 12.2 λ 值表

β	λ
$\beta < 0.55$	1.3
$0.55 \leqslant \beta < 0.7$	1.2
$0.7 \leqslant \beta < 0.9$	1.1
$0.9 \leqslant \beta$	1.0

当 $Z_K \geqslant 5Z''_D$ 时，电动机馈送的电流可忽略不计，即 $I'_M = 0$。

3）短路点的短路电流

①流向短路点的短路电流等于发电机和电动机馈送的短路电流的算术和。

②短路发生后第一个半周时的对称短路电流：

$$I_{ac} = I_{acG} + I_{acm} = I_{acG} + 0.67 I'_M \tag{12-62}$$

③非对称短路电流最大有效值：

$$I_{max} = I_{maxG} + I_{maxM} = I_{maxG} + 0.81 I'_M \tag{12-63}$$

④非对称短路电流最大峰值：

$$I_p = I_{pG} + I_{pM} = I_{pG} + \lambda I'_M \tag{12-64}$$

（5）变压器次级侧短路时短路电流计算

①三角形接法的变压器的电阻和电抗折算成星形接法的电阻、电抗：

$$R_T = \frac{1}{3} R_{T\Delta} \tag{12-65}$$

$$X_T = \frac{1}{3} X_{T\Delta} \tag{12-66}$$

②变压器次级侧的线路阻抗全部折算到变压器初级侧时：

$$R'_{f2} = R_{f2} \left(\frac{U_{N1}}{U_{N2}}\right)^2 \tag{12-67}$$

$$X'_{f2} = X_{f2} \left(\frac{U_{N1}}{U_{N2}}\right)^2 \tag{12-68}$$

③将变压器阻抗作为线路阻抗的一部分计入线路阻抗中时：

$$R_f = R_{f1} + R_T + R'_{f2} \tag{12-69}$$

$$X_f = X_{f1} + X_T + X'_{f2} \tag{12-70}$$

④变压器次级侧的短路电流：

$$I_{ac2} = I_{ac} \cdot (U_{N1}/U_{N2}) \tag{12-71}$$

$$I_{max2} = I_{max} \cdot (U_{N1}/U_{N2}) \tag{12-72}$$

$$I_{p2} = I_p \cdot (U_{N1}/U_{N2}) \tag{12-73}$$

（6）最小短路电流计算

最小短路电流：

$$I_{min} = 0.866 I_{ac0gi} \tag{12-74}$$

式中 I_{ac0gi}——相应短路点发生三相对称短路时，单台发电机馈送的第一个半周时的对称短路电流；

I——最小容量的机组序号，若机组容量相同，则选择到短路点电缆长度最长的那一台。

(7)短路功率因数计算

1)邻近汇流排短路时：

$$\cos\varphi_K = \frac{R_A}{Z''_D} \quad (12\text{-}75)$$

式中：

$$Z''_D = \sqrt{R_A^2 + X''^2_D} \quad (12\text{-}76)$$

2)远离汇流排短路时：

$$\cos\varphi_K = \frac{R_K}{Z_K} \quad (12\text{-}77)$$

式中：

$$Z_K = \sqrt{R_K^2 + X_K^2} \quad (12\text{-}78)$$

$$R_K = R_A + R_f \quad (12\text{-}79)$$

$$X_K = X''_D + X_f \quad (12\text{-}80)$$

❯ 项目实施

引导问题1：短路计算的目的是什么？

_____
_____
_____
_____

引导问题2：短路计算有哪些常用的方法？

_____
_____
_____
_____

❯ 项目评价

序号	评价项目	自我评价	教师评价
1	学习准备		
2	引导问题填写		
3	规范操作		
4	完成质量		
5	关键操作要领掌握		
6	完成速度		
7	5S管理、环保节能		
8	参与讨论主动性		
9	沟通协作		

续表

序号	评价项目	自我评价	教师评价
10	展示汇报		

说明：表格中每项 10 分，满分 100 分。学生根据任务学习的过程与结果真实、诚信地完成自我评价。教师根据学生学习过程与结果客观、公正地完成对学生的评价。

知识拓展：船舶交直流混合
电力系统短路计算与仿真

课后习题

12-1　试述船舶电力系统产生短路故障的原因及其危害。

12-2　计算短路电流的目的是什么？

12-3　已知 5 万吨油轮交流电力系统单线图，如图 12.3 所示，试根据短路电流的计算值选定 1 号、2 号和 3 号自动开关。各元件的参数如下：

(1)两台同步发电机并联运行，型号：TFH－630/10，$x''_d=0.145$，$x'_d=0.299$，$R_a=0.007\ \Omega$，$x_d=10.3$，$x_a=0.59$，$T''_d=0.003\,2$ s，$T_a=0.022$ s，$T'_d=0.35$ s，$R_1=0.5\ \Omega$，$P_N=630$ kW，$E_G=400$ V，$\cos\varphi=0.8$；

(2)异步电动机参数：最大工况下同时运行电动机总的额定电流为 644 A；

(3)电缆的参数：由发电机端到主母线采用 $4\times3\times120$ mm² 电缆，长 15 m，由主母线至分配电板间馈电线采用 $1\times3\times120$ mm² 的电缆，长 100 m。

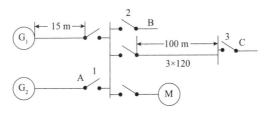

图 12.3　12-3 题图

附 录

中华人民共和国海事局现行有效规范性文件目录

《海船船员适任评估科目和大纲》电子电气员评估规范

船舶电机员考试大纲

中华人民共和国海事局船舶电子员适任考试大纲

参考文献

[1] 谭银朝. 基于 Profibus 现场总线的船舶电站监控系统开发研究[D]. 浙江海洋学院, 2014.

[2] 林洪贵. 船舶电站[M]. 西安：西安交通大学出版社, 2015.

[3] 朱永强, 姚建飞. 船舶电站操作[M]. 大连：大连海事大学出版社, 2016.

[4] 谭银朝, 刘国平, 韩正云. 基于 CC-Link/LT、PLC、Lab VIEW 的船舶电站监控系统研究[J]. 船电技术, 2014(12)：19-22.

[5] 张利军, 孟杰, 兰海. 计及螺旋桨负载的船舶电力系统协调控制设计[J]. 控制理论与应用, 2011(4)：531-537.

[6] 管小铭. 船舶电力系统及其自动化[M]. 大连：大连海事大学出版社, 1999.

[7] 章以刚. 舰船供电系统和装置[M]. 哈尔滨：哈尔滨工程大学出版社, 2007.

[8] 吴忠林. 船舶交流电力系统的短路电流[M]. 北京：国防工业出版社, 1983.

[9] 杨秀霞, 张晓铎, 张毅. 大型船舶电力网络重构研究[J]. 海军工程大学学报, 2004(002)：44-47.

[10] 郭永基. 电力系统可靠性分析[M]. 北京：清华大学出版社, 2003.

[11] 张平, 彭戈, 程智斌. 舰艇作战系统生命力评估[J]. 船舶工程, 1999(3)：57-58.

[12] 张利军, 孟杰, 兰海. 带有 SMES 和电力推进负载的舰船电力系统鲁棒协调控制[J]. 控制与决策, 2011(12)：1808-1812.

[13] 张利军, 孟杰, 兰海. 基于 Hamilton 函数方法的船舶发电机组综合协调控制[J]. 控制理论与应用, 2011(11)：1541-1548.

[14] 庞科旺. 船舶电力系统设计[J]. 北京：机械工业出版社, 2010.

[15] 韩正云, 刘国平, 谭银朝. 基于干扰观测的 PID 控制器的电机调速系统设计[J]. 中国水运：下半月, 2015(10)：177-179.

[16] 王玉振. 广义 Hamilton 控制系统理论——实现、控制与应用[M]. 北京：科学出版社, 2007.

[17] 宋克明, 黄曼磊, 魏志达. 船舶电站柴油发电机组 H_2/H_∞ 控制器的研究[J]. 系统仿真技术, 2007(4)：221-224+216.

[18] 黄曼磊, 王常虹. 船舶电站柴油机 H_∞ 调速器的仿真研究[J]. 电机与控制学报, 2006(2)：125-129.

[19] 王海全, 谭银朝, 刘胜. 船舶机舱虚拟现实仿真系统研究[J]. 现代信息科技, 2019(07)：85-86+89.

[20] 张兴华. 永磁同步电机的模型参考自适应反步控制[J]. 控制与决策, 2008(3)：341-345.

[21] 李殿璞, 王宗义, 池海红. 螺旋桨特性四象限 Chebyshev 拟合式的建立与深潜艇直航全工况运动仿真的实现[J]. 系统仿真学报, 2002(7)：935-938+951.

[22] 梅生伟，申铁龙，刘康志．现代鲁棒控制理论与应用[M]．2版．北京：清华大学出版社，2008．

[23] 燕居怀，谭银朝．基于S7-300PLC和PPU的远洋渔船船舶电站控制系统设计[J]．船电技术，2016(4)：37-41．

[24] 刘国平．船舶电气与通信[M]．2版．北京：海洋出版社，2010．

[25] 吕闯，解璞．脉冲性负载研究现状与展望[J]．飞航导弹，2017(9)：70-73．

[26] 刘胜，郭晓杰，张兰勇，等．船舶航速/航向协调自适应滑模容错控制[J]．控制工程，2021，28(10)：1946-1954．

[27] 刘胜，郭晓杰，张兰勇，等．基于模糊置信理论的全电力船舶推进FMEA评估[J]．控制工程，2021，28(9)：1807-1813．

[28] 杨荣峰，于雁南，俞万能，等．新能源船舶并网逆变器电网支撑协调控制[J]．电工技术学报，2019，34(10)：2141-2154．

[29] 顾思宇，施伟锋，兰莹，等．基于灰云证据推理规则的电力推进船舶电能质量在线评估[J]．电力系统保护与控制，2020，48(8)：17-24．

[30] 贺亚鹏，严新平，范爱龙，等．船舶智能能效管理技术发展现状及展望[J]．哈尔滨工程大学学报，2021，42(3)：317-324．

[31] 刘兴华，张潇月，曹晖，等．多端直流输电系统分散式二次频率恢复及功率协调控制[J]．电网与清洁能源，2021，37(5)：1-8．

[32] 段树华．应用于船舶的自动化风力发电系统研究[J]．舰船科学技术，2016(IX)：40-42．

[33] 王聪．基于海洋工程动力定位船舶的电力系统安全设计[J]．船舶物资与市场，2019(4)：43-44．

[34] 盛奋华．船舶电力推进系统高压整流控制技术研究[J]．舰船科学技术，2016(12A)：64-66．

[35] 兰海，刘长庆，曹融，等．船舶交直流混合电力系统短路计算与仿真[J]．电力系统及其自动化学报，2016(02)：61-68．

[36] 智能新能源技术(船舶)国内外研究进展[J]．交通信息与安全，2022(05)：181-184．